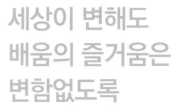

세상이 변해도
배움의 즐거움은
변함없도록

시대는 빠르게 변해도
배움의 즐거움은
변함없어야 하기에

어제의 비상은
남다른 교재부터
결이 다른 콘텐츠
전에 없던 교육 플랫폼까지

변함없는 혁신으로
교육 문화 환경의 새로운 전형을
실현해왔습니다.

비상은 오늘, 다시 한번
새로운 교육 문화 환경을 실현하기 위한
또 하나의 혁신을 시작합니다.

오늘의 내가 어제의 나를 초월하고
오늘의 교육이 어제의 교육을 초월하여
배움의 즐거움을 지속하는 혁신,

바로, 메타인지 기반 완전 학습을.

상상을 실현하는 교육 문화 기업 비상

메타인지 기반 완전 학습
초월을 뜻하는 meta와 생각을 뜻하는 인지가 결합한 메타인지는
자신이 알고 모르는 것을 스스로 구분하고 학습계획을 세우도록 하는
궁극의 학습 능력입니다. 비상의 메타인지 기반 완전 학습 시스템은
잠들어 있는 메타인지를 깨워 공부를 100% 내 것으로 만들도록 합니다.

자기 주도 학습 습관을 쌓는
한끝 진도표

시작!

1. 기분을 말해요

소단원 1	월	일
소단원 2	월	일
단원 평가	월	일
핸드북	월	일

2. 낱말을 정확하게 읽어요

소단원 1	월	일
소단원 2	월	일
단원 평가	월	일
핸드북	월	일

3. 그림일기를 써요

소단원 1	월	일
소단원 2	월	일
단원 평가	월	일
핸드북	월	일

잘하고 있어!

4. 감동을 나누어요

소단원 1	월	일
소단원 2	월	일
단원 평가	월	일
핸드북	월	일

다음 페이지에서 계속 →

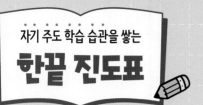

자기 주도 학습 습관을 쌓는
한끝 진도표

5. 생각을 키워요

소단원 1	월	일
소단원 2	월	일
단원 평가	월	일
핸드북	월	일

힘을 내!

6. 문장을 읽고 써요

소단원 1	월	일
소단원 2	월	일
단원 평가	월	일
핸드북	월	일

7. 무엇이 중요할까요

소단원 1	월	일
소단원 2	월	일
단원 평가	월	일
핸드북	월	일

수고했어!

8. 느끼고 표현해요

소단원 1	월	일
소단원 2	월	일
단원 평가	월	일
핸드북	월	일

한끝

1·2

초등 국어

『한끝 국어』를 선택해야 하는 이유

국어 공부,
『한끝』 한 권이면
충분해요!

① 예습, 복습을 한 권으로 끝!

『국어』를 [준비 》 소단원 1 》 소단원 2 》 실천]의 새 교과서의 흐름에 따라 배치하고, 여기에 『국어활동』까지 더하였어요. 새 교과서를 가장 충실히 반영한 『한끝』으로 예습은 물론, 복습까지 확실하게 할 수 있어요.

② 단원 평가, 수행 평가까지 한 번에!

핵심 문제, 역량 문제, 실력 UP 문제, 서술형 문제 등 다양한 형태의 문제를 담아 단원 평가와 수행 평가를 한 번에 대비할 수 있어요.

③ 단계별로 탄탄하게 기르는 기초 문해력!

○ **[따라 쓰기] 코너**

낱말을 따라 쓰며 초등 저학년의 문해력 기초를 다질 수 있어요.

○ **[핸드북] 문해력 부록 특별 제공**

교과서 낱말을 해독·확장·추론하는 3단계 학습법을 적용한 [핸드북]으로 국어 교과 문해력을 탄탄하게 기를 수 있어요.

○ **[디지털 매체 문항] 신설**

디지털·미디어 환경 변화에 대응할 수 있도록 하기 위해 새롭게 구성한 [디지털 매체 문항]을 통해 디지털 문해력까지 키울 수 있어요.

④ 저학년부터 쌓는 자기 주도 학습 습관!

○ **[진도표] 특별 제공**

매일매일 공부한 날짜를 [진도표]에 쓰며, 스스로 공부하는 습관을 들일 수 있어요.

○ **새 교과서와 동일한 흐름**

『한끝』의 학습 흐름이 새 교과서와 동일하여 학생 혼자서도 어렵지 않게 자기 주도적인 학습을 할 수 있어요.

한끝 국어 사용 설명서

설명서를 잘 읽으면
국어 공부, 어렵지 않아요!

진도표

매일매일 공부한 날짜를 [진도표]에 쓰며 쌓아가는
자기 주도 학습 습관

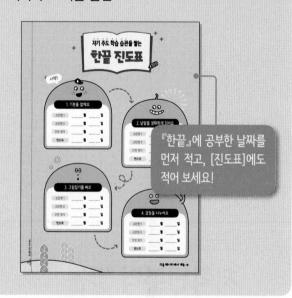

『한끝』에 공부한 날짜를
먼저 적고, [진도표]에도
적어 보세요!

교과서 핵심 / 준비

단원에서 배울 내용을 미리 훑어 보
며 배경지식 활성화하기

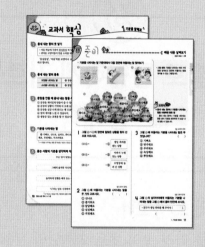

문해력을 기르는 특별 부록

• 문해력 기초를 다질 수 있는 [따라 쓰기]
• 교과서 낱말로 문해력을 기르는 [핸드북]

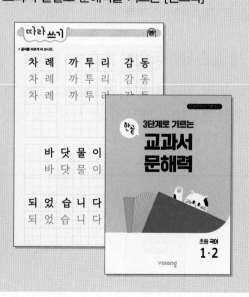

국어활동

소단원에서 학습한 내용을 연계하여
자기 주도적으로 연습하고 점검하기

「국어」+「국어활동」 교과서 핵심/준비 ≫ 소단원 1~2 ≫ 국어활동 ≫ 실천 ≫ 단원 평가

소단원 1, 소단원 2

교과서 내용 그대로 기본 학습과 통합 학습 내용을 담고,
다양한 형태의 문제를 풀어 보며 학습 내용 익히기

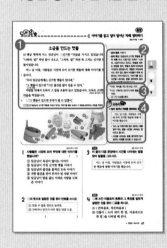

이런 내용을 배워요.

❶ 지문: 교과서 지문을 그대로 담아 예습과 복습
을 할 수 있어요.

❷ 지문의 특징: 글, 영상 등 지문의 특징을 정리
해 지문을 쉽게 이해할 수 있어요.

❸ 문해력을 높이는 낱말: 문해력의 출발점은
어휘력! 어려운 낱말의 뜻을 확인할 수 있어요.

❹ 교과서 핵심: 교과서의 핵심 내용을 정리해 교
과서를 쉽고 깊이 있게 이해할 수 있어요.

이런 문제를 배워요.

❶ 교과서 속 문제와 동일한 교과서 문제
❷ 지문 속 핵심 내용을 묻는 핵심 문제
❸ 소단원의 역량을 확인하는 역량 문제
❹ 생각을 문장으로 정리해 보는 서술형 문제
❺ 디지털 문해력을 기르는 디지털 매체 문제

실천

소단원에서 학습한 내용을 정리하고
국어 지식까지 확대하기

단원 평가

단원에서 배운 내용을 최종 정리하며
실력을 점검하고, 평가에 대비하기

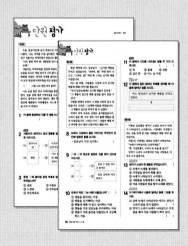

1-2
교과서에 실린 작품

국어

단원	제재 이름	지은이	나온 곳	한끝 쪽수	교과서 쪽수
1	「내 마음을 보여줄까?」	윤진현	『내 마음을 보여 줄까?』, 웅진주니어, 2010.	13~14쪽	14~17쪽
	「화내지 말고 예쁘게 말해요」	안미연	『화내지 말고 예쁘게 말해요』, 상상스쿨, 2020.	16쪽	24쪽
2	「대단한 참외씨」	임수정	『대단한 참외씨』, 한울림어린이, 2019.	30~31쪽	50, 52, 54~56, 58~59쪽
	「다니엘의 멋진 날」	미카 아처 글, 이상희 옮김	『다니엘의 멋진 날』, ㈜비룡소, 2020.	33~34쪽	65~70쪽
4	첫 번째 그림	㈜몬스터 스튜디오	「브레드 이발소」, 한국방송공사, 2021.	59쪽	112쪽
	두 번째 그림	㈜아이코닉스, 오콘, 한국교육방송공사, ㈜에스케이 브로드밴드	「뽀롱뽀롱 뽀로로 시즌 4」, 한국교육방송공사, 2012.	59쪽	112쪽
	세 번째 그림	㈜아이코닉스, 한국교육방송공사	「꼬마 버스 타요 시즌 4」, 한국교육방송공사, 2016.	59쪽	112쪽
	「빨간 모자가 된 아이쿠」	㈜마로 스튜디오	「우당탕탕 아이쿠 2」, 한국방송공사, 2011.	63~64쪽	125쪽
	「아기 거북이가 숲으로 왔어요!」	㈜퍼니플럭스	「엄마 까투리 시즌 3」, 한국교육방송공사, 2020.	65~66쪽	128쪽
5	「백성을 위해 세종 대왕이 만든 글자, 한글!」		「방과 후 초능력」 제9회, 한국방송공사, 2021.	77쪽	150쪽
	「그래, 책이야!」	레인 스미스 글·그림, 김경연 옮김	『그래, 책이야!』, ㈜문학동네, 2011.	79~80쪽	154~165쪽
6	「발명보다 위대한 발견」 (「에너지 절약 ― 발명보다 위대한 발견 ― 」)	㈜크리스마스필름	한국방송광고진흥공사, 2014.	92쪽	182쪽
	「반짝반짝」	신형건	『나는 나는 1학년』, 끝없는이야기, 2023.	93쪽	186쪽
	「괜찮아 아저씨」	김경희 글·그림	『괜찮아 아저씨』, ㈜비룡소, 2017.	96~97쪽	194, 196~205쪽
	「아주 무서운 날」	탕무니우 글, 홍연숙 옮김	『아주 무서운 날』, 찰리북, 2014.	100쪽	211쪽
7	「진짜 일 학년 책가방을 지켜라!」	신순재	『진짜 일 학년 책가방을 지켜라!』, 천개의바람, 2017.	111~112쪽	224~228쪽

차례

이제 국어 공부를 시작해 볼까요?

1

기분을 말해요

무엇을 배울까요?

준비
- 배울 내용 살펴보기

소단원 1
흉내 내는 말을 넣어
문장 만들기

- 흉내 내는 말 알기
- 흉내 내는 말을 넣어
  문장 만들기

소단원 2
자신의 기분을
말로 표현하기

- 기분을 나타내는 말 하기
- 듣는 사람을 생각하며
  자신의 기분 말하기

실천
- 배운 내용
  마무리하기

1 흉내 내는 말의 뜻 알기

> • 가을 하늘에 구름이 둥실둥실 떠 있습니다.
> • 귀여운 고양이들이 <u>야옹</u> 소리를 내며 반겨 줍니다.

'둥실둥실', '야옹'처럼 모양이나 소리를 나타내는 말을 '흉내 내는 말'이라고 합니다.

2 흉내 내는 말의 종류

모양을 나타내는 말	예 깡충깡충, 둥실둥실, 활짝, 울긋불긋
소리를 나타내는 말	예 깔깔, 째깍째깍, 맴맴, 삐악삐악

3 문장을 만들 때 흉내 내는 말을 사용하면 좋은 점

① 문장을 재미있게 만들어 쓸 수 있습니다.
② 문장의 상황이 기억에 더 오래 남습니다.
③ 문장을 실감 나게 만드는 데 도움이 됩니다.
④ 말의 재미를 느낄 수 있습니다.
⑤ 생동감 있는 표현을 할 수 있습니다.

4 기분을 나타내는 말

> 예 기뻐요, 신나요, 슬퍼요, 화나요, 무서워요, 뿌듯해요, 행복해요, 편안해요, 후련해요, 부끄러워요

↳ 기분을 나타내는 말을 할 때에는 자신이 겪었던 일을 떠올리며 그때 어떤 기분이었는지 생각해 봅니다.

5 듣는 사람의 기분을 생각하며 자신의 기분을 말하는 방법

> 무슨 일이 있었는지 생각해 봅니다.

↓

> 그때의 솔직한 자신의 기분을 생각해 봅니다.

↓

> 솔직하게 말했을 때의 듣는 사람의 기분을 생각해 봅니다.

↓

> '나'라는 말로 시작하며 정리한 생각을 말합니다.

↳ 자신의 기분을 다른 사람에게 말할 때에는 '나'라는 말로 시작하고, 있었던 일과 기분을 말합니다.

1 모양이나 소리를 나타내는 말을 □□□□□(이)라고 합니다.

2 '깡충깡충', '울긋불긋'은 소리를 흉내 내는 말입니다.
(○ , ×)

3 다음 문장에서 알맞은 낱말을 찾아 ○표를 하시오.

> 문장을 만들 때 흉내 내는 말을 사용하면 문장의 상황이 기억에 더 (오래, 짧게) 남습니다.

4 다음 낱말 가운데에서 기분을 나타내는 말을 찾아 ○표를 하시오.
(1) 작아요 ( )
(2) 기뻐요 ( )
(3) 놀아요 ( )

5 듣는 사람의 기분을 생각하며 자신의 기분을 말할 때에는 '□'(이)라는 말로 시작하며 정리한 생각을 말합니다.

● 기분을 나타내는 말 가운데에서 다음 장면에 어울리는 말 찾아보기

가

나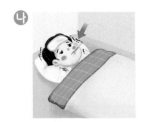

다

• **그림 설명:** 기분을 나타내는 여러 가지 말을 살펴보고 장면에 어울리는 말을 찾아볼 수 있는 그림입니다.

라

무서워요 궁금해요 고마워요 기뻐요
답답해요 놀라워요 부러워요 괜찮아요 속상해요
화나요 걱정돼요 신나요 즐거워요 심심해요 뿌듯해요 반가워요

교과서 핵심

● 흉내 내는 말이나 기분을 나타내는 말을 사용하면 좋은 점
흉내 내는 말이나 기분을 나타내는 말을 넣어 기분을 표현하면 더 실감 나게 말할 수 있습니다.

📖 교과서 문제

1 그림 **가**~**다**의 장면에 알맞은 상황을 찾아 선으로 이으시오.

(1) **가** •   • ① 생일 축하를 받는 상황

(2) **나** •   • ② 아파서 누워 있는 상황

(3) **다** •   • ③ 수영장에 놀러 간 상황

📖 교과서 문제

3 그림 **나**에 어울리는 기분을 나타내는 말은 무엇입니까? (   )

① 기뻐요
② 반가워요
③ 부러워요
④ 속상해요
⑤ 뿌듯해요

📖 교과서 문제

2 그림 **가**에 어울리는 기분을 나타내는 말을 두 가지 고르시오. (,   )

① 신나요
② 즐거워요
③ 답답해요
④ 심심해요
⑤ 걱정돼요

📖 교과서 문제

4 그림 **다**의 남자아이에게 어울리는 기분을 나타내는 말을 그림 **라**에서 골라 빈칸에 쓰시오.

• 친구가 생일 축하를 해 주어서 (   ).

(   )

● 흉내 내는 말을 찾아 ○표 해 보기

> ㉮ 가을 하늘에 구름이 둥실둥실 떠 있습니다. 단풍나무의 잎이 가을바람에 살랑살랑 움직입니다. 귀여운 고양이들이 야옹 소리를 내며 반겨 줍니다. 아이가 자전거를 타고 씽씽 지나갑니다.

● 그림에 어울리는 흉내 내는 말을 넣어 문장 만들어 보기

㉯

(꽃)	꽃이 (㉠) 피었습니다.
(매미)	매미가 (㉡) 울고 있습니다.
(단풍나무)	단풍이 (㉢) 물들었습니다.
(병아리)	병아리가 (㉣) 소리를 냅니다.

교과서 핵심

○ 흉내 내는 말의 뜻
'둥실둥실', '야옹'처럼 모양이나 소리를 나타내는 말을 '흉내 내는 말'이라고 합니다.

○ 흉내 내는 말의 종류

모양을 나타내는 말	예 깡충깡충, 둥실둥실
소리를 나타내는 말	예 깔깔, 째깍째깍

○ 문장을 만들 때 흉내 내는 말을 사용하면 좋은 점
• 문장을 재미있게 만들어 쓸 수 있습니다.
• 문장의 상황이 기억에 더 오래 남습니다.
• 문장을 실감 나게 만드는 데 도움이 됩니다.
• 말의 재미를 느낄 수 있습니다.
• 생동감 있는 표현을 할 수 있습니다.

핵심 📖 교과서 문제

1 글 ㉮에서 흉내 내는 말이 <u>아닌</u> 것은 무엇입니까? ( )

① 야옹
② 씽씽
③ 둥실둥실
④ 가을바람
⑤ 살랑살랑

2 다음 흉내 내는 말을 모양을 나타내는 말과 소리를 나타내는 말로 구별해 선으로 이으시오.

(1) 깔깔 •

(2) 깡충깡충 •

(3) 째깍째깍 •

(4) 둥실둥실 •

• ① 모양을 나타내는 말

• ② 소리를 나타내는 말

핵심 📖 교과서 문제

3 그림 ㉯의 ㉠~㉣에 어울리는 흉내 내는 말을 찾아 선으로 이으시오.

(1) ㉠ •

(2) ㉡ •

(3) ㉢ •

(4) ㉣ •

• ① 맴맴

• ② 활짝

• ③ 삐악삐악

• ④ 울긋불긋

서술형 📖 교과서 문제

4 문장을 만들 때 흉내 내는 말을 사용하면 좋은 점을 <u>한 가지</u> 쓰시오.

_____

_____

내 마음을 보여 줄까?

윤진현

❶ 친구들 앞에서 노래를 불렀어.
^{'나'가 한 일 ❶}
떨려서 ♥노랫말이 떠오르지 ♥않아.

내 마음이 꽁꽁, 얼음처럼 꽁꽁!

(중심 내용) '나'가 친구들 앞에서 노래를 부를 때 떨려서 '나'의 마음이 꽁꽁 얼어붙었다.

- **글의 종류:** 이야기
- **글의 특징:** 일상에서 주인공이 느끼는 기분의 변화를 여러 가지 흉내 내는 말을 사용하여 표현한 글입니다.

♥노랫말 노래로 부르기 위해 쓴 글. ⓔ 노랫말이 아름답다.

♥않아 앞에 오는 낱말이 뜻하는 행동을 부정하는 뜻을 나타내는 말. ⓔ 책을 읽지 않아.

♥부러워해 남이 잘되는 것이나 좋은 것을 보고 자기도 그렇게 되고 싶어 해. ⓔ 동생은 노래를 잘 부르는 나를 부러워해.

❷ 폴짝! 나만 뜀틀에 올랐어.
^{'나'가 한 일 ❷}
친구들 모두 날 ♥부러워해.

내 마음이 반짝반짝, 보석처럼 반짝반짝!

(중심 내용) '나'만 뜀틀에 올라서 '나'의 마음이 보석처럼 반짝반짝 빛났다.

교과서 핵심

◦ **이 글에 쓰인 흉내 내는 말** ①: 꽁꽁, 폴짝, 반짝반짝

◦ **주인공의 기분이 어떻게 바뀌었는지 정리하기** ①

친구들 앞에서 노래를 부를 때 떨렸습니다.

↓

'나'만 뜀틀에 올라가서 신났습니다.

📖 교과서 문제

1 '나'가 친구들 앞에서 노래를 부를 때 노랫말이 떠오르지 않은 까닭은 무엇입니까? (   )

① 너무 떨려서
② 노래를 싫어해서
③ 노랫말을 잘 몰라서
④ 노래를 더 부르고 싶어서
⑤ 노래 부를 시간이 없어서

(중요)　　　　　　　　　　📖 교과서 문제

2 '나'만 뜀틀에 올랐을 때 '나'는 어떤 기분이 들었을지 쓰시오.

(　　　　　　　　　)

3 그림에 어울리는 흉내 내는 말을 찾아 선으로 이으시오.

(1) •　　　　• ① 꽁꽁

(2) •　　　　• ② 반짝반짝

(핵심) (서술형)　　　　　📖 교과서 문제

4 긴장하거나 무서워서 떨렸던 경험을 떠올려 보고, 흉내 내는 말을 넣어 문장으로 쓰시오.

_____

_____

❸ ♥블록으로 멋진 성을 만드는데, 민호가 달려들어 깜짝 놀랐어.
'나'가 한 일 ❸

내 마음이 찌지직, 번개처럼 찌지직!

중심 내용 '나'는 블록으로 성을 만들 때 민호가 달려들어 깜짝 놀랐다.

❹ 내가 만든 성이 ㉠♥와장창 무너졌어.
'나'에게 일어난 일

민호한테 너무 화가 나.

내 마음이 우르릉 쾅쾅, ♥화산처럼 우르릉 쾅쾅!

중심 내용 '나'는 민호 때문에 성이 무너져서 화가 났다.

♥블록 쌓아 올리도록 만든 장난감.
　예 블록으로 성을 쌓았다.

♥와장창 갑자기 한꺼번에 무너지거나 부서지는 소리나 모양.
　예 창문이 와장창 소리를 내며 깨졌다.

♥화산 땅속에 있는 가스나 마그마가 땅 위로 나와서 생긴 것.
　예 화산이 폭발했다.

🦉 교과서 핵심

○ **이 글에 쓰인 흉내 내는 말 ②:**
깜짝, 찌지직, 와장창, 우르릉 쾅쾅

○ **주인공의 기분이 어떻게 바뀌었는지 정리하기 ②**

> 민호가 갑자기 달려들어 깜짝 놀랐습니다.

↓

> 성이 무너져서 민호에게 화가 났습니다.

중요　　　📖 교과서 문제

5 민호가 갑자기 달려들었을 때 '나'는 어떤 기분이 들었는지 쓰시오.

（　　　　　　　）

중요

6 성이 무너졌을 때, '나'는 어떤 기분이 들었습니까? （　　）

① 기뻤다.
② 지루했다.
③ 민호가 부러웠다.
④ 민호에게 고마웠다.
⑤ 민호에게 화가 났다.

중요

7 글 ❸, ❹에 쓰인 말 가운데에서 흉내 내는 말을 두 가지 고르시오. （　　,　　）

① 성
② 마음
③ 찌지직
④ 무너졌어
⑤ 우르릉 쾅쾅

핵심

8 ㉠을 넣어 만든 문장 가운데에서 가장 자연스러운 것은 무엇입니까? （　　）

① 빗방울이 와장창 떨어졌다.
② 냉동실의 얼음이 와장창 얼었다.
③ 강아지가 꼬리를 와장창 흔들었다.
④ 공에 맞은 유리창이 와장창 깨졌다.
⑤ 산들바람에 종이가 와장창 날아갔다.

소단원 2

🍃🍃_____《 기분을 나타내는 말 하기

정답과 해설 ● 3쪽

● 그림에 어울리는 기분을 나타내는 말 찾아 써 보기

　　ㄱ　　　　　　　ㄴ

● 듣는 사람의 기분을 생각하며 자신의 기분을 말하는 방법 알아보기

훈이에게 내 기분을 어떻게 말할까?

| 무슨 일이 있었는지 생각해 본다. | 훈이가 지나가다가 쳐서 내가 만든 성이 무너졌어. |

↓

| 그때의 솔직한 자신의 기분을 생각해 본다. | 그때 정말 속상하고 화가 났어. |

↓

| 솔직하게 말했을 때의 듣는 사람의 기분을 생각해 본다. | 내가 화를 내면 훈이가 상처받을 거야. |

↓

| '나'라는 말로 시작하며 정리한 생각을 말한다. | 나는 내가 만든 성이 무너져서 정말 속상해. |

● 그림 설명: 상황에 맞는 기분을 나타내는 말을 떠올릴 수 있는 그림입니다. 그림과 관련된 자신의 경험을 떠올리고 그때 느꼈던 기분을 생각하며 기분을 나타내는 말을 써 봅니다.
● 그림 설명: 수영이가 만든 성을 훈이가 실수로 무너뜨린 상황입니다. 훈이의 기분을 생각하며 수영이가 자신의 기분을 어떻게 말하는지 살펴봅니다.

● 기분을 나타내는 말 예
즐겁다, 좋아하다, 재미있다, 이상하다, 궁금하다, 화나다, 놀라다, 무섭다, 실망하다, 후회하다, 다행이다, 한심하다, 안타깝다, 부끄럽다, 조마조마하다, 어색하다, 외롭다, 통쾌하다, 재미없다, 흥겹다, 속상하다, 부럽다

🐌 교과서 핵심

○ 듣는 사람의 기분을 생각하며 자신의 기분을 말하는 방법
• 무슨 일이 있었는지 생각해 봅니다.
• 그때의 솔직한 자신의 기분을 생각해 봅니다.
• 솔직하게 말했을 때의 듣는 사람의 기분을 생각해 봅니다.
• '나'라는 말로 시작하며 정리한 생각을 말합니다.

📖 교과서 문제

1 그림 ㄱ에 어울리는 기분을 나타내는 말은 무엇입니까?　　　　　　（　　　）
① 기뻐요　　　　② 슬퍼요
③ 어색해요　　　④ 무서워요
⑤ 부끄러워요

서술형
2 그림 ㄴ에 어울리는 기분을 나타내는 말을 넣어 문장을 만들어 쓰시오.

_____

_____

3 그림 가에서 수영이의 기분은 어떠할지 두 가지 고르시오.　　　　（　　，　　）
① 즐겁다.　② 부럽다.　③ 미안하다.
④ 속상하다.　⑤ 화가 난다.

핵심 역량
4 그림 가에서 훈이의 기분을 생각하며 수영이가 자신의 기분을 말하는 방법으로 알맞지 않은 것은 무엇입니까?　　　　　　（　　　）
① 훈이에게 화를 내며 말한다.
② '나'라는 말로 시작하며 말한다.
③ 솔직한 자신의 기분을 생각해 본다.
④ 무슨 일이 있었는지 먼저 생각해 본다.
⑤ 자신의 기분을 솔직하게 말했을 때 훈이의 기분을 생각해 본다.

화내지 말고 예쁘게 말해요

안미연

❶ 도치는 화를 내며 말을 하는 버릇이 있어요.

그래서 도치 별명은 버럭쟁이예요.

그러던 어느 날, 도치 머리 위에 <u>손바닥만 한 구름</u>이 생겼어요.
<small>구름 모습의 변화 ❶</small>

"저리 가! 귀찮단 말이야!"

5 도치가 ㉠<u>버럭버럭</u> 소리를 질러도 구름은 없어지지 않았어요.

"내가 먼저 탈 거야!"

도치는 친구 치치에게도 화를 냈어요. / 치치가 도치보다 먼저 왔는데도 말이에요.

그러자 <u>구름이 그림책만 하게 커졌어요.</u>
<small>구름 모습의 변화 ❷</small>

번쩍! 우르르 쾅! / <u>구름에서 번개가 떨어지고 천둥이 쳤어요.</u>
<small>구름 모습의 변화 ❸</small>

10 ㉮"구름 때문에 친구들이랑 놀 수가 없잖아." / 도치는 슬퍼서 **펑펑** 울었어요.

<small>중심 내용</small> 화를 내며 말하는 버릇이 있는 도치 머리 위에 구름이 생겼고 화를 내며 말할 때마다 구름의 모습이 변했다.

❷ "이런, <u>나쁜 말 구름</u>이잖아!"
<small>도치 머리 위에 생긴 구름의 정체</small>

어디선가 작은 <u>양산</u>을 쓴 할머니가 나타나 말했어요.
<small>햇볕을 가리기 위하여 쓰는 우산 모양의 물건.</small>

"나쁜 말 구름을 없애려면 말이다……."

할머니는 도치에게 ㉡<u>소곤소곤</u> 이야기해 주었어요.

<small>중심 내용</small> 양산을 쓴 할머니가 나타나 도치에게 나쁜 말 구름을 없애는 방법을 알려주었다.

15 ❸ 도치는 놀이터에 갔어요.

그런데 친구들이 모두 도치를 <u>모른 척했어요.</u>

도치는 화가 났어요. / 하지만 양산 할머니의 말씀이 떠올랐지요.
<small>도치가 화를 내면서 말해서</small>

"얘들아, 난 너희들이랑 함께 놀면 좋겠어."

친구들은 깜짝 놀라 도치를 쳐다보았어요.

20 도치가 이렇게 예쁘게 말을 하다니요.

도치는 친구들과 **사이좋게** 놀 수 있어서 무척 기뻤어요.

이제 도치 머리 위에 있던 <u>구름은 감쪽같이 사라졌어요.</u>
<small>바로 이때에.</small>   <small>구름 모습의 변화 ❹</small>

<small>중심 내용</small> 도치가 친구들에게 예쁘게 말하자 나쁜 말 구름이 사라졌다.

• **글의 종류**: 이야기
• **글의 특징**: 화를 내며 말하는 버릇이 있는 도치 머리 위에 '나쁜 말 구름'이 생겼는데, 도치가 예쁘게 말하자 '나쁜 말 구름'이 사라졌습니다. 도치의 이야기를 통해 듣는 사람을 생각하며 자신의 기분을 말해야 한다는 것을 알 수 있습니다.

교과서 핵심

● **듣는 사람을 생각하며 자신의 기분이 잘 드러나게 말하기** 예

상황	할머니께서 맛있는 음식을 만들어 주셨을 때
있었던 일	나는 맛있는 음식을 먹게 되어서
내 기분	기뻤어.

→ 듣는 사람을 생각하며 자신의 기분을 말할 때에는 '나'라는 말로 시작하고, 있었던 일과 자신의 솔직한 기분을 말합니다.

1 화를 내며 말하는 버릇이 있는 도치의 별명은 무엇인지 글에서 찾아 쓰시오.

📖 교과서 문제

(   )

2 도치 머리 위에 생긴 나쁜 말 구름이 점점 커지는 까닭은 무엇입니까? (   )

📖 교과서 문제

① 도치가 그네를 너무 많이 타서
② 도치가 친구와 사이좋게 지내서
③ 도치가 자꾸만 화를 내며 말해서
④ 도치가 말을 하지 않고 울기만 해서
⑤ 도치가 양산 할머니의 말씀을 잘 들어서

3 양산 할머니가 알려 주신, 나쁜 말 구름을 없애는 방법은 무엇이겠습니까? (   )

① 혼자서 놀아라.
② 구름에게 화를 내라.
③ 그네를 타지 말아라.
④ 친구들과 말을 하지 말아라.
⑤ 듣는 사람을 생각하며 예쁘게 말해라.

4 이 글에 쓰인 흉내 내는 말 ㉠과 ㉡의 뜻으로 알맞은 것을 찾아 선으로 이으시오.

📖 교과서 문제

(1) ㉠ • • ① 작은 목소리로 가만가만 이야기하는 소리 또는 모양.

(2) ㉡ • • ② 화가 나서 소리를 지르는 모양.

5 이 글에 쓰인 낱말 가운데에서 다음 뜻을 가진 낱말은 무엇입니까? (   )

📖 교과서 문제

> 꾸미거나 고친 것이 전혀 알아챌 수 없을 정도로 티가 나지 않게.

① 버릇   ② 펑펑
③ 어디선가   ④ 사이좋게
⑤ 감쪽같이

종요

6 도치가 한 다음의 말 가운데에서 예쁘게 말한 것에 ○표를 하시오.

(1) "내가 먼저 탈 거야!"   (   )
(2) "저리 가! 귀찮단 말이야!"   (   )
(3) "얘들아, 난 너희들이랑 함께 놀면 좋겠어."   (   )

핵심 **서술형** **역량**

📖 교과서 문제

7 자신이 도치라면 ㉮에서 듣는 사람을 생각하며 자신의 기분을 어떻게 말할지 쓰시오.

_____

_____

핵심 **서술형**

📖 교과서 문제

8 다음 상황에서 듣는 사람을 생각하며 자신의 기분이 잘 드러나게 쓰시오.

상황	동생이 우유를 쏟아서 내 책이 젖었을 때
(1) 있었던 일	
(2) 내 기분	

실력 키우기 • 8~11 쪽　　**소단원 1. 흉내 내는 말을 넣어 문장 만들기**

● 글에서 흉내 내는 말을 모두 찾아 ○표 해 보기

> ㉮ 어제 집 앞 놀이터에서 놀았다. 놀이터에는 친구들이 많이 나와 있었다. 정글짐을 낑낑 오르는 친구도 보였다. 나는 미끄럼틀을 타고 스르륵 내려왔다. 친구들과 함께 회전 무대에 올랐다. 흔들흔들 그네를 타는 것도 재미있었다. 놀이터에서 친구들과 함께 재잘재잘 이야기하며 즐거운 시간을 보냈다.

● 흉내 내는 말을 보기 에서 찾아 넣어 글 완성해 보기

> **보기**
>
> 　　방긋　　어흥　　휘휘　　대롱대롱

> ㉯ 동물원으로 현장 체험 학습을 갔습니다. 동물들이 반갑다고 웃으며 인사를 합니다.
> 　코끼리가 코를 (　　　　　) 휘저으며 우리를 반겨 줍니다. 그러자 곰도 (　　　　　) 웃는 것 같습니다. 원숭이는 나무에 (　㉠　) 매달리며 인사합니다. 호랑이는 (　　　　　) 소리를 냅니다.
> 　또 다른 동물들은 우리를 어떻게 맞아 주었을까요?

● 흉내 내는 말을 사용해 사진에 어울리는 문장 만들어 보기

거울이 떨어지며 (　㉡　) 깨졌다.

사과나무에 사과가 (　㉢　) 열렸다.

● 주어진 낱말을 사용해 보기 처럼 짧은 글 써 보기

첨벙첨벙	**보기** 계곡에서 첨벙첨벙 물놀이를 했다.
윙윙	㉣

1 글 ㉮에서 흉내 내는 말이 아닌 것은 무엇입니까?　　（　　　）
① 많이
② 낑낑
③ 스르륵
④ 흔들흔들
⑤ 재잘재잘

2 글 ㉯에서 ㉠에 들어가기에 적절한 흉내 내는 말을 보기 에서 찾아 쓰시오.
（　　　　　　　）

3 ㉡과 ㉢에 들어갈 흉내 내는 말이 바르게 짝 지어진 것은 무엇입니까?　　（　　　）

	㉡	㉢
①	따르릉	바삭바삭
②	쨍그랑	주렁주렁
③	드르렁	홀쩍홀쩍
④	우당탕	소곤소곤
⑤	뽀드득	펄쩍펄쩍

4 주어진 낱말 '윙윙'을 사용해 ㉣에 들어갈 짧은 글을 만들어 쓰시오.

_____

_____

실력 키우기 • 12~15쪽　**소단원 2. 자신의 기분을 말로 표현하기**

● 기분을 나타내는 말 살펴보기

떨려요

ㄴ

ㄱ

ㄷ

● 기분을 나타내는 말을 보기 에서 골라 써 보기

보기

뿌듯했어요　속상했어요　미안했어요　부러웠어요　신났어요

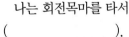
가
나는 회전목마를 타서
(　　　　　).

나
나는 달리기에서 일 등을 해서
(　　　　　).

다
나는 친구가 만든 성을 내가 망가뜨
려서 친구에게 (　　　　　).

라
나는 옷이 젖어서
(　　　　　).

5 ㉠과 ㉡에 들어가기에 알맞은 기분을 나타내는 말을 찾아 선으로 이으시오.

(1) ㉠ ・　・① 신나요

(2) ㉡ ・　・② 웃겨요

6 ㉢에 들어가기에 알맞은 기분을 나타내는 말은 무엇입니까?
(　　　)

① 어색해요
② 지루해요
③ 힘들어요
④ 통쾌해요
⑤ 반가워요

7 그림 가~다 가운데에서 다음 기분을 나타내는 말이 들어가기에 알맞은 그림의 기호를 쓰시오.

미안했어요

(　　　　　　　)

8 그림 라의 빈칸에 어울리는 기분을 나타내는 말에 ○표를 하시오.

(1) 부러웠어요　　(　　　)
(2) 속상했어요　　(　　　)
(3) 뿌듯했어요　　(　　　)

핵심　📖 교과서 문제

1 빈칸에 어울리는 흉내 내는 말은 무엇입니까?
（　　　）

> 봄이 되자 새싹이 (　　　　) 자랐다.

① 쑥쑥
② 덜컹
③ 바스락
④ 첨벙첨벙
⑤ 데굴데굴

핵심　📖 교과서 문제

2 빈칸에 들어가기에 알맞은 흉내 내는 말을 쓰시오.

> 고양이가 (　　　　) 걸어간다.

（　　　　　　　）

핵심　📖 교과서 문제

3 자신의 기분을 말하는 방법으로 알맞은 것을 두 가지 고르시오.　（　　,　　）

① 너 때문이라고 말한다.
② 자신의 기분을 화내며 말한다.
③ '나'라는 말로 시작하며 말한다.
④ 있었던 일과 자신의 기분을 말한다.
⑤ 듣는 사람의 기분을 생각하지 않는다.

4~5

나는 진수가 준비물을 빌려줘서 (㉠)

나는 민지가 함께 놀자고 말해 줘서 기뻤어.

나는 지수가 병원에 입원해서 걱정했어.

4 ㉠에 가장 어울리는 기분을 나타내는 말은 무엇입니까?　（　　　）

① 떨렸어.
② 고마웠어.
③ 무서웠어.
④ 걱정됐어.
⑤ 재미없었어.

핵심　**서술형**　**역량**　📖 교과서 문제

5 그림의 친구들과 같이, 친구와 있었던 일을 한 가지 고르고 듣는 사람을 생각하며 그때 자신의 기분을 문장으로 쓰시오.

_____

_____

6~7

보기

	모자를	벗습니다.
곰이	그림책을	봅니다.
		삽니다.
	우유를	마십니다.

📖 교과서 문제

6 다음 문장의 빈칸에 들어갈 말로 알맞은 것은 무엇입니까?　（　　　）

> 곰이 (　　　　) 마십니다.

① 모자를
② 우유를
③ 봅니다
④ 삽니다
⑤ 그림책을

서술형　📖 교과서 문제

7 보기의 낱말을 넣어 자연스러운 문장을 만들어 쓰시오.

_____

_____

단원 평가

1~2

> 가을 하늘에 구름이 둥실둥실 떠 있습니다. 단풍나무의 잎이 가을바람에 살랑살랑 움직입니다. 귀여운 고양이들이 야옹 소리를 내며 반겨 줍니다. 아이가 자전거를 타고 (㉠) 지나갑니다.

1 ㉠에 어울리는 흉내 내는 말은 무엇입니까?
( )

① 씽씽
② 꼬꼬댁
③ 반짝반짝
④ 풍덩풍덩
⑤ 야옹야옹

2 이 글에서 흉내 내는 말을 두 가지 찾아 쓰시오.
( )

3 다음 흉내 내는 말 가운데에서 소리를 나타내는 말을 두 가지 고르시오. (,)

① 깔깔
② 깡충깡충
③ 째깍째깍
④ 둥실둥실
⑤ 엉금엉금

4 그림에 어울리는 흉내 내는 말을 보기 에서 골라 ○표를 하시오.

병아리가
( ) 소리를
냅니다.

보기
활짝   맴맴   울긋불긋   삐악삐악

국어 활동

5 이 글에 쓰인 낱말 가운데에서 흉내 내는 말이 **아닌** 것은 무엇입니까? ( )

> 코끼리가 코를 **휘휘** **휘저으며** 우리를 반겨 줍니다. 그러자 곰도 **방긋** 웃는 것 같습니다. 원숭이는 나무에 **대롱대롱** 매달리며 인사합니다. 호랑이는 **어흥** 소리를 냅니다.

① 휘휘
② 방긋
③ 어흥
④ 휘저으며
⑤ 대롱대롱

서술형

6 다음 흉내 내는 말 가운데에서 두 가지를 넣어 문장을 만들어 쓰시오.

> 폴짝폴짝, 쌩쌩, 뒤뚱뒤뚱, 엉금엉금,
> 덩실덩실, 빙글빙글, 사뿐사뿐

_____

_____

중요

7 흉내 내는 말을 넣어 만든 문장으로 자연스러운 것은 무엇입니까? ( )

① 단풍이 맴맴 물들었다.
② 가슴이 반짝반짝 떨렸다.
③ 빗방울이 후드득 떨어졌다.
④ 냉동실의 얼음이 활활 얼었다.
⑤ 밤하늘에 별이 우르릉 쾅쾅 빛나고 있다.

1
단원

월

일

8 문장을 만들 때 흉내 내는 말을 사용하면 좋은 점이 <u>아닌</u> 것은 무엇입니까? ( )

① 문장이 더 어렵게 느껴진다.
② 생동감 있는 표현을 할 수 있다.
③ 문장의 상황이 기억에 오래 남는다.
④ 문장을 재미있게 만들어 쓸 수 있다.
⑤ 문장의 내용이 더 실감 나게 느껴진다.

9~11

> ㉮ 친구들 앞에서 노래를 불렀어.
> 떨려서 노랫말이 떠오르지 않아.
> 내 마음이 꽁꽁, 얼음처럼 꽁꽁!
> ㉯ 폴짝! 나만 뜀틀에 올랐어.
> 친구들 모두 날 부러워해.
> 내 마음이 반짝반짝, 보석처럼 반짝반짝!

9 글 ㉯에서 친구들이 '나'를 부러워한 까닭은 무엇입니까? ( )

① '나'만 뜀틀에 올라가서
② '나'에게 보석이 있어서
③ '나'에게 친구가 많아서
④ '나'가 노래를 잘 불러서
⑤ '나'가 달리기를 잘 해서

10 글 ㉮와 ㉯에서 흉내 내는 말을 <u>두 가지</u> 찾아 쓰시오.

( )

11 글 ㉮와 ㉯에서 '나'의 기분이 어떻게 바뀌었는지 쓰시오.

> ㉮ 친구들 앞에서 노래를 부를 때
> (1) ( ).
>
> ↓
>
> ㉯ '나'만 뜀틀에 올라가서
> (2) ( ).

12~13

> 블록으로 멋진 성을 만드는데, 민호가 달려들어 깜짝 놀랐어.
> 내 마음이 찌지직, 번개처럼 찌지직!

12 '나'가 깜짝 놀란 까닭은 무엇입니까? ( )

① 민호가 갑자기 달려들어서
② 민호가 블록을 함부로 던져서
③ 하늘에서 갑자기 번개가 쳐서
④ 민호가 만든 성이 너무 멋져서
⑤ 민호가 큰 소리로 '나'의 이름을 불러서

중요

13 깜짝 놀란 '나'의 기분을 나타낸 흉내 내는 말을 글에서 찾아 쓰시오.

( )

국어 활동

14 밑줄 친 기분을 나타내는 말이 그림과 어울리지 <u>않는</u> 것은 무엇입니까? ( )

①
옷이 젖어서 <u>속상해요.</u>

②
그늘에서 쉬어서 <u>편해요.</u>

③
회전목마를 타서 <u>조마조마해요.</u>

④
달리기에서 일등을 해서 <u>뿌듯해요.</u>

⑤
친구가 만든 성을 망가뜨려서 친구에게 <u>미안해요.</u>

15 그림에 어울리는 기분을 나타내는 말을 쓰시오.

수영장에 놀러 가서
(　　　　　　　).

정답과 해설 ● 5쪽

18~20

도치는 화를 내며 말을 하는 버릇이 있어요.
그래서 도치 별명은 버럭쟁이예요.
그러던 어느 날, 도치 머리 위에 손바닥만 한 구름이 생겼어요.
"저리 가! 귀찮단 말이야!"
도치가 (　　ㄱ　　) 소리를 질러도 구름은 없어지지 않았어요.
"내가 먼저 탈 거야!"
도치는 친구 치치에게도 화를 냈어요.
치치가 도치보다 먼저 왔는데도 말이에요.
그러자 구름이 그림책만 하게 커졌어요.
번쩍! 우르르 쾅!
구름에서 번개가 떨어지고 천둥이 쳤어요.

중요

16 듣는 사람의 기분을 생각하며 자신의 기분을 말하는 방법으로 알맞지 **않은** 기호를 쓰시오.

ㄱ 무슨 일이 있었는지 생각해 본다.
ㄴ 그때의 솔직한 자신의 기분을 생각해 본다.
ㄷ '너'라는 말로 시작하며 정리한 생각을 말한다.
ㄹ 솔직하게 자신의 기분을 말했을 때의 듣는 사람의 기분을 생각해 본다.

(　　　　　　　)

18 화를 내며 말을 하는 버릇이 있는 도치 머리 위에 생긴 것은 무엇인지 쓰시오.

(　　　　　　　　　　　)

19 ㄱ에 어울리는 흉내 내는 말은 무엇입니까?

(　　　)

① 번쩍
② 두근두근
③ 팔랑팔랑
④ 버럭버럭
⑤ 소곤소곤

실력 UP

17 다음 상황에서 민주의 기분을 생각하며 영빈이가 자신의 기분을 바르게 말한 것은 무엇입니까? (　　　)

① 민주야, 난 너무 속상해.
② 민주야, 조심 좀 해 주겠니?
③ 민주야, 난 너 때문에 화가 나.
④ 민주야, 너 때문에 내 장난감이 망가졌어.
⑤ 민주야, 나는 내 장난감이 망가져서 정말 속상해.

서술형

20 화를 내며 말하는 버릇이 있는 도치에게 어떤 말을 해 주면 좋을지 쓰시오.

_____

_____

● 글씨를 바르게 써 보시오.

와	장	창	쌩	쌩	활	짝
와	장	창	쌩	쌩	활	짝
와	장	창	쌩	쌩	활	짝

노	랫	말	이		떠	오
노	랫	말	이		떠	오
르	지		않	아	.	
르	지		않	아	.	

2

낱말을
정확하게 읽어요

무엇을 배울까요?

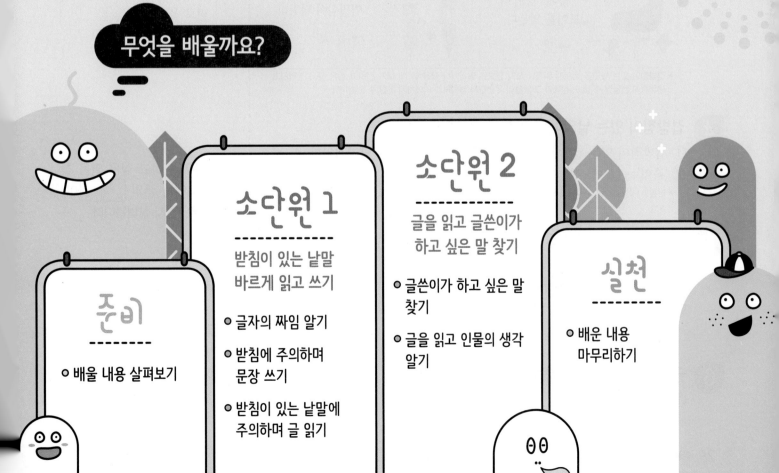

준비

○ 배울 내용 살펴보기

소단원 1

받침이 있는 낱말
바르게 읽고 쓰기

● 글자의 짜임 알기

● 받침에 주의하며
문장 쓰기

● 받침이 있는 낱말에
주의하며 글 읽기

소단원 2

글을 읽고 글쓴이가
하고 싶은 말 찾기

● 글쓴이가 하고 싶은 말
찾기

● 글을 읽고 인물의 생각
알기

실천

● 배운 내용
마무리하기

1 쌍받침과 겹받침 → 낱말의 받침에 자음자가 두 개 있어도 한 개만 발음됩니다.

쌍받침	같은 자음자가 겹쳐서 된 받침. 예 났, 닦, 았, 겠
겹받침	서로 다른 두 개의 자음자로 이루어진 받침. 예 맑, 밟, 옳, 값

2 받침이 있는 글자의 짜임

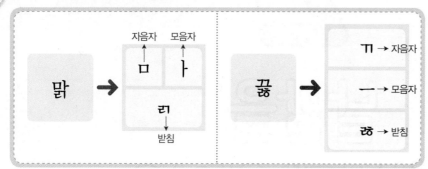

3 겹받침이 있는 낱말에 주의하며 문장 쓰기

 닭과 병아리가 모이를 먹는다.　→ 닭

 연필심이 달았다.　→ 닳았다

↳ 겹받침이 있는 낱말을 바르게 읽거나 쓰지 않으면 말하거나 글을 쓸 때 내가 전하고 싶은 뜻을 정확하고 분명하게 전달할 수 없고, 상대가 그 낱말이 무엇인지 정확하게 이해하지 못할 수 있습니다.

4 겹받침이 있는 낱말에 주의하며 글 읽기

① 겹받침이 있는 낱말은 뒤에 오는 글자에 따라 발음이 달라집니다.
② '흙이'는 [흘기], '흙 속에'는 [흑쏘게]로 발음합니다.
↳ 받침 'ㄺ'이 있는 낱말은 뒤에 오는 글자에 따라 'ㄹ'이나 'ㄱ'으로 발음합니다.

5 글쓴이가 하고 싶은 말을 찾는 방법 → 글쓴이가 글을 통해 전하고 싶은 생각을 '글쓴이의 생각'이라고 합니다. 글쓴이의 생각은 글의 제목에 나타나기도 합니다.
═ 글을 쓴 사람
① 글의 제목이 무엇인지 살펴봅니다.
② 글쓴이가 글을 쓴 까닭이 무엇인지 찾아봅니다.
③ 글쓴이가 누구인지 알고 글쓴이가 하고 싶은 말을 찾아봅니다.

6 글을 읽고 인물의 생각을 알아보는 방법

① 이야기에 어떤 인물이 나오는지 찾아봅니다.
② 인물이 한 말이나 행동을 살펴봅니다.

---

1 서로 다른 두 개의 자음자로 이루어진 받침을 (쌍받침, 겹받침)이라고 합니다.

2 '맑'에서 받침을 찾아 ○표를 하시오.
(1) ㅁ　　　　　　( )
(2) ㅏ　　　　　　( )
(3) ㄺ　　　　　　( )

3 다음 문장에서 잘못 쓴 낱말을 찾아 바르게 고쳐 쓰시오.

> 아침이 되자 닥이 큰 소리로 울었다.

(　　　) → (　　　)

4 글쓴이가 하고 싶은 말을 찾을 때에는 글의 □□이/가 무엇인지 살펴봅니다.

5 글을 읽고 인물의 생각을 알기 위해서는 인물이 한 □ (이)나 □□을/를 살펴봅니다.

● 글자의 받침을 살펴보며 글을 읽고 두 친구가 궁금한 것이 무엇인지 말해 보기

> ㉮ 호랑이가 잡은 동아줄은 **썩은** 동아줄이
> 었어요.
> 굵고 튼튼하게 꼰 줄.
>
> "어흥! 어흥!"
>
> 호랑이는 수수**밭**으로 뚝 떨어졌어요.
>
> 5 호랑이가 **흘린** 피 때문에 수수가 **붉게** 물
> 들었어요.

㉠서로 다른 두 개의 자음자로 이루어진 받침은 어떻게 읽어야 할까?

'붉게'를 어떻게 읽지?

• **글의 특징**: 글자의 받침에 주의하며 두 친구가 보고 있는 글을 읽으면서 서로 다른 두 개의 자음자로 이루어진 받침을 어떻게 읽어야 하는지 생각해 봅니다.

● 글을 읽을 때 받침에 주의하며 읽어야 하는 까닭 생각해 보기

> 받침이 있는 글자를 바르게 읽어야 그 낱말이 무엇인지 듣는 사람이 정확하게 알 수 있어.

> ㉡

교과서 핵심

● **글을 읽을 때 받침에 주의하며 읽어야 하는 까닭**

　받침이 있는 글자를 바르게 읽어야 그 낱말이 무엇인지 듣는 사람이 정확하게 알 수 있고, 내가 하고 싶은 말을 정확하고 분명하게 전달할 수 있습니다.

---

1 글 ㉮에서 호랑이가 잡은 것은 무엇인지 쓰시오.

（　　　　　　　）

2 글 ㉮에서 다음 받침이 들어 있는 글자는 무엇입니까? （　　）

> 서로 다른 두 개의 자음자로 이루어진 받침.

① 썩　　　　② 동
③ 밭　　　　④ 흘
⑤ 붉

중요

3 ㉠에 알맞은 대답은 무엇이겠습니까? （　　）
① 받침은 읽지 않아도 돼.
② 읽을 때마다 다르게 읽어야 해.
③ 읽는 사람 마음대로 읽으면 돼.
④ 바르게 읽는 방법을 알고 주의하며 읽어야 해.
⑤ 두 개의 자음자 가운데에서 아무거나 골라서 읽으면 돼.

중요 **서술형**　　　　　　📖 교과서 문제

4 ㉡에 들어가기에 알맞은, 글을 읽을 때 받침에 주의하며 읽어야 하는 까닭을 쓰시오.

_____

_____

● 받침이 있는 글자의 짜임을 생각해 보고 빈칸에 알맞은 자음자나 모음자 써 넣어 보기

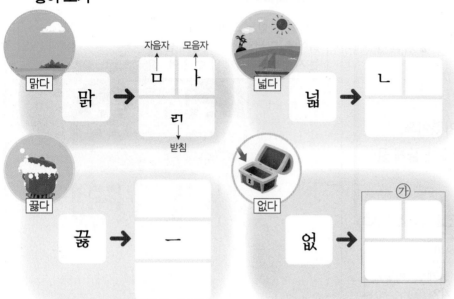

낱말의 받침에 자음자가 두 개 있어도 한 개만 발음이 됩니다.
📖 맑다[막따], 넓다[널따], 끓다[끌타], 없다[업따]

🐛 교과서 핵심

● 쌍받침과 겹받침 알기

쌍받침	같은 자음자가 겹쳐서 된 받침. 📖 ㄲ, ㅆ
겹받침	서로 다른 두 개의 자음자로 이루어진 받침. 📖 ㄺ, ㄻ, ㅀ, ㅄ

● 받침이 있는 글자의 짜임 알기

ㅁ	ㅏ	ㄲ
	ㄺ	ㅡ
		ㅀ

● 두 낱말에 공통으로 들어갈 받침을 쓰고 낱말 완성해 보기

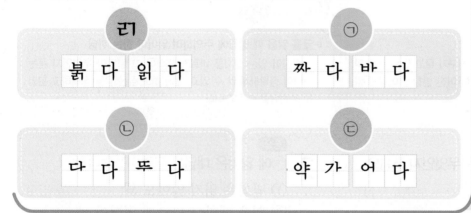

📖 교과서 문제

1 받침에 자음자가 두 개인 글자가 <u>아닌</u> 것은 무엇입니까?　　　　　（　　）

① 싫　　② 없　　③ 즐
④ 닳　　⑤ 흙

핵심

📖 교과서 문제

2 글자 '없'의 짜임을 생각해 보고 ㉮에 들어갈 자음자와 모음자, 받침을 알맞게 쓰시오.

(1)	(2)
(3)	

핵심

📖 교과서 문제

3 짝 지어진 두 낱말에 공통으로 들어갈, ㉠~㉢에 알맞은 받침을 각각 찾아 선으로 이으시오.

(1) ㉠ •　　　　　• ① ㅀ

(2) ㉡ •　　　　　• ② ㄳ

(3) ㉢ •　　　　　• ③ ㅄ

중요

4 쌍받침과 겹받침에 맞게 선으로 이으시오.

(1) 쌍받침 •　　　　　• ① ㄲ, ㅆ

(2) 겹받침 •　　　　　• ② ㄶ, ㅄ

1 빈칸에 알맞은 받침을 쓰시오.

📖 교과서 문제

• 불빛이 | 바 | 다 | .

핵심

📖 교과서 문제

2 다음 문장 가운데에서 밑줄 그은 낱말을 바르게 쓴 것은 무엇입니까? ( )

① 물이 <u>없다</u>.
② 감기를 <u>앓다</u>.
③ 들판이 <u>넓다</u>.
④ 태양이 <u>밣다</u>.
⑤ 비를 맞은 강아지가 <u>가엿다</u>.

---

3 빈칸에 공통으로 들어갈 받침은 무엇입니까? ( )

• 무릎을 꿇다
• 구멍을 뚫다.

① ㄹ   ② ㄿ
③ ㄽ   ④ ㄼ
⑤ ㅀ

핵심

📖 교과서 문제

4 그림에 어울리는 낱말을 보기 에서 찾아 문장을 완성하시오.

보기
밝다   없다   잃어버렸다

연우는 학교에서 우산을
(   ).

핵심

5 빈칸에 들어가기에 알맞은 낱말은 어느 것입니까? ( )

호수가
(   ).

① 넓다   ② 앓다
③ 낡다   ④ 긁다
⑤ 떫다

핵심

📖 교과서 문제

6 그림을 보고 겹받침이 들어 있는 낱말을 넣어 문장을 완성하시오.

아이가 머리를 (   ).

핵심

📖 교과서 문제

7 문장에서 밑줄 그은 낱말을 바르게 고친 것은 무엇입니까? ( )

<u>닥</u>과 병아리가 모이를 먹는다.

① 달   ② 닭
③ 닳   ④ 닯
⑤ 담

핵심

📖 교과서 문제

8 그림을 보고 밑줄 그은 낱말을 바르게 고쳐 쓰시오.

크레파스의 길이가 연필의 길이보다 <u>짧다</u>.

(   )

대단한 참외씨

임수정

❶ "휴, ♥간신히 살았네. ♥하마터면 잡아먹힐 뻔했어."

참외씨 한 개가 ♥탈출을 했네요!

철이가 쓰윽 입을 닦아요.
<small>참외씨를 잡아먹을 뻔한 사람</small>
"아이코! 세상은 ♥무시무시한 곳이구나."

5 참외씨는 재빨리 팔꿈치로 도망갔어요.
<small>참외씨가 도망간 위치(철이의 팔꿈치)</small>
"두 번째 탈출 성공!"

참외씨는 달리기 시작했어요.

〈중심 내용〉 잡아먹힐 뻔했던 참외씨가 탈출을 하였다.

❷ "어딜 그리 ♥바삐 가는 게야?"

"탈출하는 중이에요. 그런데 할아버지는 누구세요?"

10 "바람 따라 여기저기 떠돌아다니는 먼지란다."

〈중심 내용〉 탈출하던 참외씨가 먼지 할아버지를 만났다.

- **글의 종류**: 이야기
- **글의 특징**: 흙 속에 들어가 참외가 되는 것이 꿈인 참외씨가 잡아먹힐 뻔한 상황에서 간신히 탈출하여 흙 속에 도착하는 이야기입니다. 겹받침이 들어간 낱말을 찾아 바르게 읽어 봅니다.

♥간신히 겨우, 매우 힘들게.
  <small>예</small> 높은 책꽂이에 책을 간신히 꽂았다.

♥하마터면 조금만 잘못했더라면. 위험한 상황을 겨우 벗어났을 때 쓰는 말.
  <small>예</small> 하마터면 버스를 놓칠 뻔했다.

♥탈출 어떤 상황에서 빠져나옴.

♥무시무시한 아주 많이 무서운.
  <small>예</small> 아빠께 무시무시한 호랑이 이야기를 들었다.

♥바삐 몹시 급하게.
  <small>예</small> 집으로 바삐 걸어갔다.

---

1 참외씨는 어떤 상황에서 탈출을 했습니까?
( )

① 잡아먹힐 뻔한 상황
② 먼지가 될 뻔한 상황
③ 흙 속에 들어갈 뻔한 상황
④ 친구들과 헤어질 뻔한 상황
⑤ 다른 곳으로 쫓겨날 뻔한 상황

2 참외씨는 세상은 어떤 곳이라고 생각합니까?
( )

① 지루한 곳
② 재미있는 곳
③ 무시무시한 곳
④ 인정이 많은 곳
⑤ 바쁘게 돌아가는 곳

3 참외씨가 탈출하는 중에 누구를 만났는지 찾아 쓰시오.

( )

📖 교과서 문제

4 이 글에 쓰인 낱말의 뜻을 떠올리며 낱말이 들어갈 알맞은 문장을 찾아 선으로 이으시오.

(1) 간신히 • • ① 할머니께 ( ) 옛날이야기를 들었다.

(2) 하마터면 • • ② ( ) 우유를 쏟을 뻔했다.

(3) 무시무시한 • • ③ 학교에 ( ) 도착했다.

❸ "그럼, 혹시 ㉠흙이 어디 있는지 아세요? 제 꿈은 ㉡흙 속에 들어가서 달고 맛있는 참외가 되는 거예요."

"음, 참외가 되는 건 쉽지 않아. 세상은 아주 넓고 ♥위험하거든."

"그래도 전 꼭 참외가 될 거예요!"

"네 꿈이 그렇다면 알려 주지. 흙은 말이야……."

중심 내용 참외씨는 먼지 할아버지에게 자신의 꿈이 흙 속에 들어가서 달고 맛있는 참외가 되는 것이라고 말하였다.

❹ 그런데 그때 세상이 흔들리기 시작했어요.

"으악! 어딜 가는 거야?"

참외씨는 ♥휘리릭 날아가다가…….

고양이 꼬리에 톡!
날아가던 참외씨가 떨어진 곳 ❶
앞 발등에 통!
날아가던 참외씨가 떨어진 곳 ❷
나비 날개에 매달려 ♥흔들흔들
날아가던 참외씨가 떨어진 곳 ❸
"참외씨 살려!"

톡!
통!
툭!
— 참외씨가 고양이 꼬리, 앞 발등에 떨어졌다가 흙 속에 떨어지는 소리

"휴, 이제 살았네."
날아가던 참외씨가 결국 흙 속에 떨어짐.

중심 내용 날아가던 참외씨는 간신히 흙 속에 도착하였다.

♥위험하거든 해로움이나 손해가 생길 걱정이 있거든.
예 걱정이야. 폭풍으로 배가 위험하거든.

♥휘리릭 무언가 빠르게 움직이는 모양.
예 휘리릭 빠르게 옷을 갈아 입었다.

♥흔들흔들 자꾸 이리저리 흔들리거나 흔들리게 하는 모양.
예 바람이 불 때마다 나뭇잎이 흔들흔들 춤을 춘다.

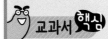

교과서 핵심

● 겹받침에 주의하며 문장 읽기

- 흙이[흘기] 어디 있는지 아세요?
- 흙 속에[흑쏘게] 들어가서 달고 맛있는 참외가 되는 거예요.

→ 받침 'ㄺ'이 있는 낱말은 뒤에 오는 글자에 따라 'ㄹ'이나 'ㄱ'으로 발음합니다.

교과서 문제

5 참외씨가 흙을 찾아다니는 까닭은 무엇입니까? ( )

① 먼지가 되고 싶어서
② 고양이를 쓰다듬고 싶어서
③ 넓은 세상을 구경하고 싶어서
④ 달고 맛있는 참외가 되고 싶어서
⑤ 나비 날개에 매달려 하늘을 날고 싶어서

교과서 문제

6 먼지 할아버지는 세상을 어떤 곳이라고 했는지 쓰시오.

( )

핵심 교과서 문제

7 ㉠과 ㉡을 바르게 읽은 것끼리 묶인 것은 무엇입니까? ( )

	㉠	㉡
①	[흐리]	[흘소게]
②	[흑리]	[흘쏘께]
③	[흐기]	[흐쏘게]
④	[흑기]	[흑소게]
⑤	[흘기]	[흑쏘게]

서술형 역량

8 자신이 먼지 할아버지라면 참외가 되고 싶은 참외씨에게 어떤 말을 해 줄 것인지 쓰시오.

소단원 2

기본 글쓴이가 하고 싶은 말 찾기

정답과 해설 ● 7쪽

□□ 신문

┌→ 글쓴이가 글을 통해 전하고 싶은 생각을 '글쓴이의 생각'이라고 합니다.
글쓴이의 생각은 글의 제목에 나타나기도 합니다.

사용한 물건을 제자리에 두자

글을 쓴 사람을
'글쓴이'라고 합니다.
1학년 김서연 ─↑

　나는 물건을 쓰고 나서 ♥제자리에 둡니다. 그렇게 하면 다
음에 그 물건을 쓰려고 할 때 빨리 찾을 수 있습니다. 하지만
　　　　　물건을 쓰고 나서 제자리에 두면 좋은 점
내 동생은 풀이나 가위와 같은 물건을 쓰고 나서 아무 데나
둡니다. 그래서 다음에 쓰려면 한참을 찾아야 합니다.
　　　　　　물건을 쓰고 나서 아무 데나 두면 불편한 점
5　물건을 쓰고 나서 제자리에 둡시다. 그렇게 해야 물건을
쉽고 ♥빠르게 찾을 수 있습니다.

（중심 내용）물건을 쓰고 나서 제자리에 두자.

• 글의 종류: 주장하는 글
• 글의 특징: 학교 신문에 쓴 글로, 물건을 쓰고 제자리에 두어야 한다는 글쓴이의 생각이 드러나 있습니다.

♥제자리 본래 있던 자리.
　예 사용한 물건은 제자리에 갖다 놓아라.

♥빠르게 어떤 일이 이루어지거나 지나는 데 걸리는 시간이 짧게.
　예 달님, 제 소원을 빠르게 이루어주세요.

🐌 교과서 **핵심**

◦ 글쓴이가 하고 싶은 말을 찾는 방법
• 글의 제목이 무엇인지 살펴봅니다.
• 글쓴이가 글을 쓴 까닭이 무엇인지 찾아봅니다.
• 글쓴이가 누구인지 알고 글쓴이가 하고 싶은 말을 찾아봅니다.

중요　　　　　　📖 교과서 문제

1 이 글의 글쓴이와 제목을 쓰시오.

(1) 글쓴이

(2) 제목

핵심 **서술형**　　　　📖 교과서 문제

3 이 글에서 글쓴이가 하고 싶은 말이 무엇인지 쓰시오.

_____

_____

📖 교과서 문제

2 서연이의 습관과 동생의 습관으로 알맞은 것을 찾아 선으로 이으시오.

(1) 동생 • 　 • ① 물건을 쓰고 나서 제자리에 둔다.

(2) 서연이 • 　 • ② 물건을 쓰고 나서 아무 데나 둔다.

핵심　　　　　　📖 교과서 문제

4 글에서 글쓴이가 하고 싶은 말을 찾는 방법으로 알맞지 않은 것은 무엇입니까? (　　　)

① 글의 제목을 살펴본다.
② 글쓴이가 누구인지 알아본다.
③ 글쓴이가 글을 쓴 까닭을 찾아본다.
④ 글쓴이가 하고 싶은 말을 찾아본다.
⑤ 글쓴이와 친한 친구가 누구인지 알아본다.

다니엘의 멋진 날

· 글: 미카 아처, 옮김: 이상희

❶ 다니엘은 여러 이웃과 잘 알고 지내요.

다니엘이 할머니 집에 갈 때면 이웃들이 인사하지요, "♥멋진 날 보내렴!"

[중심내용] 다니엘이 할머니 집에 갈 때면 이웃들이 다니엘에게 멋진 날을 보내라고 인사한다.

❷ "잠깐만요." 하고 다니엘이 산체스 부인에게 물어요.

5 "어떤 날이 멋진 날이에요?"

산체스 부인이 대답해요.

"하늘이 이렇게 맑아서 페인트칠하기 좋은 날이란다."

[중심내용] 산체스 부인은 하늘이 맑아서 페인트칠하기 좋은 날이 멋진 날이라고 하였다.

· **글의 종류:** 이야기
· **글의 특징:** 등장인물들이 자신의 경험을 바탕으로 '멋진 날'이 어떤 날인지 이야기하는 것을 살펴보며 같은 질문에 대한 인물들의 다양한 생각을 정리할 수 있습니다.

♥멋진 보기에 썩 좋은.
  ⓔ 형은 멋진 옷을 입고 사진을 찍었다.

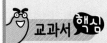 **교과서 핵심**

◎ 이 글에 나오는 인물들이 생각하는 멋진 날 ①

산체스 부인	하늘이 맑아서 페인트칠하기 좋은 날

통합

2 단원

월

일

📖 교과서 문제

1 이웃들이 다니엘에게 어떻게 인사를 하였습니까? ( )

① 자주 찾아오렴!
② 멋진 날 보내렴!
③ 건강하게 지내렴!
④ 공부 열심히 하렴!
⑤ 즐거운 시간 보내렴!

📖 교과서 문제

2 다니엘은 이웃들에게 무엇을 물어보았는지 글에서 찾아 빈칸에 쓰시오.

· 어떤 날이 ( )인지 물었다.

핵심　📖 교과서 문제

3 산체스 부인은 어떤 날이 멋진 날이라고 하였습니까? ( )

① 다니엘이 인사를 하는 날
② 다니엘이 할머니 집에 가는 날
③ 아무 일도 안 하고 푹 쉴 수 있는 날
④ 날씨가 좋아서 소풍을 갈 수 있는 날
⑤ 하늘이 맑아서 페인트칠하기 좋은 날

4 이 글에서 다음 뜻을 가진 낱말을 찾아 쓰시오.

보기에 썩 좋은.

( )

❸ "어떤 날이 멋진 날이야?"

다니엘은 연을 들고 공원으로 가는 에마 누나에게 물어요.

"바람이 씽씽 불어서 연 날리기 좋은 날!"

에마가 대답해요.

중심 내용 에마 누나는 바람이 씽씽 불어서 연 날리기 좋은 날이 멋진 날이라고 하였다.

5 ❹ ♥건널목 안전 ♥요원이 대답해요.

"나의 멋진 날은 모두들 안전하게 ♥귀가하는 날."

중심 내용 안전 요원은 모두들 안전하게 귀가하는 날이 멋진 날이라고 하였다.

❺ 다니엘이 할머니 집에 도착하자 할머니가 대답해요.

"나의 멋진 날은 우리 다니엘이 할머니를 꼭 안아 주는 날이란다!"

중심 내용 할머니는 다니엘이 할머니를 꼭 안아 주는 날이 멋진 날이라고 하였다.

❻ 다니엘이 집에 도착하자 엄마가 물어요.

10 "오늘 하루는 어땠니, 다니엘?"

"아주 멋진 날이었어요!"

중심 내용 오늘 하루가 어땠냐는 엄마의 질문에 다니엘은 오늘이 아주 멋진 날이었다고 하였다.

♥건널목 길을 건널 수 있게 정해진 곳.
　예 학교 앞 도로에 건널목이 새로 생겼다.

♥요원 어떤 일을 하는 데 꼭 필요한 사람.

♥귀가 집으로 돌아감.
　예 소풍이 끝나고 귀가하다.

교과서 핵심

● 이 글에 나오는 인물들이 생각하는 멋진 날 ②

에마 누나	바람이 씽씽 불어서 연 날리기 좋은 날
안전 요원	모두들 안전하게 귀가하는 날
할머니	다니엘이 할머니를 꼭 안아 주는 날

● 인물의 생각을 알아보는 방법

· 이야기에 어떤 인물이 나오는지 찾아봅니다.

· 인물이 한 말이나 행동을 살펴봅니다.

---

5 중요

이 글에 나오는 인물 가운데에서 세 명을 쓰시오.

(　　　　　　　　　　)

6 핵심　　　　　　📖 교과서 문제

이 글에 나오는 인물이 생각하는 멋진 날로 알맞은 것을 찾아 선으로 이으시오.

(1)	에마 누나	·	· ①	다니엘이 꼭 안아 주는 날
(2)	안전 요원	·	· ②	모두들 안전하게 귀가하는 날
(3)	할머니	·	· ③	바람이 씽씽 불어서 연 날리기 좋은 날

7 핵심

글을 읽고 인물의 생각을 알아보는 방법으로 알맞은 것을 두 가지 고르시오.

(　　,　　)

① 다른 이야기를 더 읽어 본다.
② 내 생각은 무엇인지 정리한다.
③ 어려운 낱말의 뜻을 알아본다.
④ 인물이 한 말이나 행동을 살펴본다.
⑤ 이야기에 어떤 인물이 나오는지 찾아본다.

8 서술형　　　　　　📖 교과서 문제

나에게 멋진 날은 어떤 날인지 쓰시오.

_____

_____

실력 키우기 • 28~31 쪽　**소단원 1. 받침이 있는 낱말 바르게 읽고 쓰기**

● 낱말에 공통으로 들어갈 받침을 찾아 선으로 이어 보기

이 다	끄 다	•		•	ㄺ

| 어 ㉠ 다 | 가 ㉠ 여 다 | • | | • | ㄽ |

| 바 ㉡ 다 | 짜 ㉡ 다 | • | | • | ㅀ |

| 마 다 | 구 다 | • | | • | ㅄ |

1 ㉠에 공통으로 들어갈 받침은 무엇입니까?　（　　）
① ㄺ　　　② ㄽ
③ ㅀ　　　④ ㅄ
⑤ ㄲ

2 ㉡에 공통으로 들어갈 받침을 쓰시오.

（　　　　　　　）

● 바르게 쓴 문장을 찾아 ○표 해 보기

책을 읽다.	（　）	책을 익다.	（　）
빵갑이 비싸다.	（　）	빵값이 비싸다.	（　）
㉢땅을 밟다.	（　）	㉣땅을 발다.	（　）

3 ㉢과 ㉣ 가운데에서 바르게 쓴 문장에 ○표를 하시오.
(1) ㉢: 땅을 밟다. 　（　　）
(2) ㉣: 땅을 발다. 　（　　）

실력 키우기 • 32~35 쪽　**소단원 2. 글을 읽고 글쓴이가 하고 싶은 말 찾기**

복도에서 걸어 다니자

1학년 김은성

　요즘 복도에서 뛰어다니는 친구들이 있습니다. 어제는 옆 반 친구가 복도에서 뛰다가 다른 반 친구와 부딪쳐서 보건실에 가는 것을 보았습니다. 무척 아파 보였습니다.
　　학교나 회사 등에서 구성원들의 건강과 위생에 관한 일을 담당하는 곳.
　복도에서 뛰면 다칠 수도 있고 다른 사람들을 놀라게 할 수도 있
　　부딪치거나 맞거나 하여 몸에 상처가 생길.
5 습니다. 복도에서 뛰다 물건에 부딪쳐서 물건이 망가질 수도 있습니다. 복도에서는 뛰지 말고 오른쪽으로 천천히 걸어 다녀야 합니다. 그래야 다치지 않고 안전하게 생활할 수 있습니다.

4 복도에서 뛰면 일어날 수 있는 일을 두 가지 고르시오.
（　　，　　）
① 다칠 수 있다.
② 넘어지지 않을 수 있다.
③ 친구와 친해질 수 있다.
④ 차례를 잘 지킬 수 있다.
⑤ 다른 사람을 놀라게 할 수 있다.

5 이 글에서 글쓴이가 하고 싶은 말은 무엇인지 쓰시오.
（　　　　　　　）

핵심　📖 교과서 문제

1 밑줄 그은 낱말을 바르게 쓴 문장은 어느 것입니까?　(　　)

① 책을 일었다.
② <u>흑</u> 속에 들어가다.
③ <u>물건갑</u>이 비싸다.
④ 머리를 양쪽으로 <u>묵었다.</u>
⑤ 참외가 되는 것은 쉽지 <u>않아.</u>

핵심　📖 교과서 문제

2 밑줄 그은 낱말을 바르게 고쳐 쓰시오.

> 아주 <u>널고</u> 위험하거든.

(　　　　　　　　　)

핵심　📖 교과서 문제

3 다음 문장에 들어갈 낱말로 바른 것을 골라 ○표를 하시오.

> 네 생각이 (올다, 옳다).

4~5

> 준호에게
> 준호야, 안녕?
> 　지난번에 내가 넘어졌을 때 기억나?
> 　그때 나는 넘어져서 발도 아프고 친구들도 쳐다봐서 많이 부끄러웠어. 그런데 네가 다가와서 괜찮냐고 물어보고 일으켜 주었어. 그때 고맙다는 말을 제대로 하지 못했어. 준호야, 정말 고마워. 다음에 네가 힘든 일이 있을 때 내가 꼭 도와줄게.
>
> 　　　　　　　　　　　　민혁이가

📖 교과서 문제

4 이 글의 글쓴이는 누구인지 쓰시오.

(　　　　　　　　　)

핵심　📖 교과서 문제

5 글쓴이가 준호에게 하고 싶은 말은 무엇입니까?　(　　)

① 지난번에 다쳐서 발이 아팠다는 것
② 친구들 때문에 많이 부끄러웠다는 것
③ 넘어졌을 때 도와줘서 고맙다는 것
④ 네게 힘든 일이 있는지 궁금하다는 것
⑤ 넘어졌을 때 괜찮냐고 물어봐 주지 않아서 섭섭하다는 것

📖 교과서 문제

6 낱말을 바르게 읽은 것을 찾아 ○표를 하시오.

(1) 까마귀	[까마기]	[까마귀]
(2) 다람쥐	[다람지]	[다람쥐]

📖 교과서 문제

7 밑줄 그은 낱말을 바르게 읽은 것은 무엇입니까?　(　　)

① <u>널뛰기</u>[널뛰기] 같이 하자.
② <u>가위</u>[가이]로 종이를 잘랐다.
③ <u>바위</u>[바이] 위에 앉아 잠시 쉬었다.
④ <u>가위바위보</u>[가이바이보]를 해서 차례를 정하자.
⑤ <u>주사위</u>[주사이]를 던져서 더 큰 수가 나온 사람이 이긴다.

📖 교과서 문제

8 밑줄 그은 낱말을 바르게 읽은 것을 찾아 ○표를 하시오.

> 문구점에서 산 새 공책에 <u>귀여운</u> 인형이 그려져 있다.

(1) [귀여운]　(　　　)
(2) [기여운]　(　　　)

1 받침에 자음자가 두 개인 글자를 두 가지 고르시오. (,)

① 운
② 맑
③ 밟
④ 즐
⑤ 어

2 겹받침이 들어 있는 낱말은 어느 것입니까?
( )

① 닭
② 낚시
③ 나비
④ 마당
⑤ 줄넘기

3 다음 글에서 서로 다른 두 개의 자음자로 이루어진 받침이 들어 있는 글자를 찾아 쓰시오.

> 호랑이가 잡은 동아줄은 썩은 동아줄이었어요.
> "어흥! 어흥!"
> 호랑이는 수수밭으로 뚝 떨어졌어요.
> 호랑이가 흘린 피 때문에 수수가 붉게 물들었어요.

( )

4 보기 의 낱말에 공통으로 들어 있는 받침을 쓰시오.

보기

넓다　짧다　밟다

( )

중요
5 다음 글자의 짜임을 생각하여 빈칸에 알맞은 자음자와 모음자, 받침을 쓰시오.

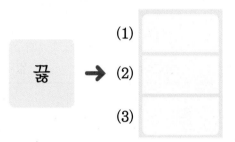

끓 →
(1)
(2)
(3)

실력 UP
6 다음 낱말을 소리나는 대로 바르게 쓰지 않은 것은 무엇입니까? ( )

① 흙을 밟다[흘글 밥따].
② 구멍을 뚫다[구멍을 뚤타].
③ 낙엽이 붉다[나겨비 북따].
④ 나비가 가엾다[나비가 가엽따].
⑤ 개미가 틀림없다[개미가 틀리멉따].

7 밑줄 그은 낱말을 바르게 쓰지 <u>않은</u> 것은 무엇입니까? ( )

① 물이 <u>없다</u>.
② 책을 <u>일다</u>.
③ 무릎을 <u>꿇다</u>.
④ 연필이 <u>짧다</u>.
⑤ 불빛이 <u>밝다</u>.

8 그림을 보고 문장의 빈칸에 어울리는 낱말을 찾아 선으로 이으시오.

(1) 아이가 머리를 ( ).   (2) 외양간에 송아지 가 ( ).

·   ·

·   ·

①   ②

| 긁는다 | 없다 |

중요

9 그림에 어울리는 문장을 완성할 때 빈칸에 들 어갈 알맞은 낱말을 쓰시오.

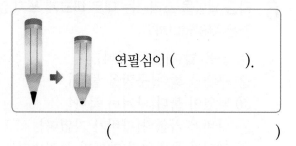

연필심이 ( ).

( )

중요

10 다음 문장에서 잘못 쓴 낱말을 찾아 바르게 고쳐 쓰시오.

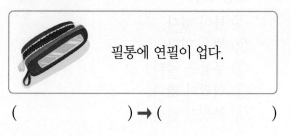

필통에 연필이 업다.

( ) ➡ ( )

11~12

"바람 따라 여기저기 떠돌아다니는 먼지란다."
"그럼, 혹시 ㉠흙이 어디 있는지 아세요? 제 꿈은 ㉡흙 속에 들어가서 달고 맛있는 참외가 되는 거예요."
"음, 참외가 되는 건 쉽지 않아. 세상은 아주 ㉢넓고 위험하거든."
"그래도 전 꼭 참외가 될 거예요!"
"네 꿈이 그렇다면 알려 주지. ㉣흙은 말이 야……."

11 참외씨의 꿈은 무엇인지 쓰시오.

( )

실력 UP

12 이 글에 쓰인 겹받침이 있는 낱말 ㉠~㉣을 바르게 읽지 못한 것을 찾아 ×표를 하시오.

(1) ㉠: [흙기]   ( )
(2) ㉡: [흑쏘게]   ( )
(3) ㉢: [넓고]   ( )
(4) ㉣: [흘근]   ( )

국어 활동

13 밑줄 친 낱말이 잘못 쓰인 문장을 찾아 기호 를 쓰시오.

㉠ 책이 얄다.
㉡ 신발이 닳다.
㉢ 여덟 살이다.
㉣ 할아버지가 늙다.
㉤ 할머니의 사랑은 끝없다.

( )

국어 활동

14 다음 문장 가운데에서 받침을 바르게 쓴 것을 찾아 ○표를 하시오.

(1) 빵값이 비싸다.   ( )
(2) 빵갑이 비싸다.   ( )

15~17

사용한 물건을 제자리에 두자

1학년 김서연

나는 물건을 쓰고 나서 제자리에 둡니다. 그렇게 하면 다음에 그 물건을 쓰려고 할 때 빨리 찾을 수 있습니다. 하지만 내 동생은 풀이나 가위와 같은 물건을 쓰고 나서 아무 데나 둡니다. 그래서 다음에 쓰려면 한참을 찾아야 합니다.

물건을 쓰고 나서 제자리에 둡시다. 그렇게 해야 물건을 쉽고 빠르게 찾을 수 있습니다.

15 다음은 누구의 습관인지 쓰시오.

> 물건을 쓰고 아무 데나 둔다.

( )

16 물건을 쓰고 나서 제자리에 두면 좋은 점은 무엇입니까? ( )

① 물건을 오래 쓸 수 있다.
② 물건을 쓰지 않을 수 있다.
③ 물건을 새것처럼 쓸 수 있다.
④ 남의 물건을 쉽게 빌릴 수 있다.
⑤ 다음에 그 물건을 쓰려고 할 때 빨리 찾을 수 있다.

중요
17 이 글의 글쓴이가 하고 싶은 말은 무엇입니까? ( )

① 동생이 내 물건을 안 쓰면 좋겠다.
② 동생이 새 물건을 안 사면 좋겠다.
③ 동생이 물건을 잘 빌려주면 좋겠다.
④ 동생이 물건을 깨끗이 쓰면 좋겠다.
⑤ 동생이 물건을 쓰고 나서 제자리에 두면 좋겠다.

18~19

"어떤 날이 멋진 날이야?"
다니엘은 연을 들고 공원으로 가는 에마 누나에게 물어요.
"바람이 씽씽 불어서 연 날리기 좋은 날!"
에마가 대답해요.
건널목 안전 요원이 대답해요.
"나의 멋진 날은 모두들 안전하게 귀가하는 날."
다니엘이 할머니 집에 도착하자 할머니가 대답해요.
"나의 멋진 날은 우리 다니엘이 할머니를 꼭 안아 주는 날이란다!"

18 에마는 어떤 날이 멋진 날이라고 하였습니까?
( )

① 할머니 집에 찾아가는 날
② 공원에서 친구들과 노는 날
③ 모두들 안전하게 귀가하는 날
④ 다니엘이 반갑게 인사하는 날
⑤ 바람이 씽씽 불어서 연 날리기 좋은 날

19 다음은 등장인물 가운데에서 누구의 생각인지 찾아 ○표를 하시오.

> 나의 멋진 날은 다니엘이 꼭 안아 주는 날이란다!

에마	다니엘	할머니	안전 요원
( )	( )	( )	( )

중요 서술형
20 이야기에서 인물의 생각을 알아보는 방법을 한 가지 쓰시오.

_____

_____

● 글씨를 바르게 써 보시오.

넓	은			팔	꿈	치			흙
넓	은			팔	꿈	치			흙
넓	은			팔	꿈	치			흙

| 학 | 교 | 에 | 서 | | | 우 | 산 |
| 학 | 교 | 에 | 서 | | | 우 | 산 |

| 을 | | 잃 | 어 | 버 | 렸 | 다 | . |
| 을 | | 잃 | 어 | 버 | 렸 | 다 | . |

3

그림일기를 써요

무엇을 배울까요?

준비

● 배울 내용 살펴보기

소단원 1

자신의 경험을
바른 자세로 발표하기

● 여러 사람 앞에서
발표하는 자세 알아보기

● 자신이 경험한 일이
잘 드러나게 발표하기

소단원 2

경험한 일을
그림일기로 나타내기

● 기억에 남는 일을
문장으로 말하기

● 그림일기를 쓰는
방법 알기

● 경험한 일을 그림일기로
쓰기

실천

● 배운 내용
마무리하기

1 바른 자세로 발표하면 좋은 점

① 말하는 사람이 듣는 사람에게 뜻을 잘 전할 수 있습니다.
② 듣는 사람이 뜻을 알아듣기 쉽습니다.

2 바른 자세로 발표하는 방법

| 듣는 사람을 바라보며 말합니다. | 허리를 펴고 바른 자세로 서서 말합니다. | 알맞은 크기의 목소리로 또박또박 말합니다. |

3 다른 사람이 발표할 때에 바른 자세로 듣는 방법

> 친구가 좋아하는 건 뭘까?

| 말하는 사람을 바라보며 듣습니다. | 바른 자세로 앉아서 듣습니다. | 궁금한 점을 생각하며 듣습니다. |

→ 이외에도 들은 내용을 이해했다면 미소를 짓거나 고개를 끄덕일 수도 있습니다.
또한 딴짓하지 말고 들어야 하고 시끄럽게 떠들면서 다른 사람을 방해하면 안 됩니다.

4 그림일기에 들어갈 내용
→ 그림일기는 하루에 경험한 일 가운데에서 기억에 남는 일을 골라 글과 그림으로 나타낸 일기입니다.

① 날짜와 요일　　　　　　② 날씨
③ 경험한 일을 표현한 그림　④ 기억에 남는 일과 생각이나 느낌을 쓴 글

5 그림일기를 쓸 때 주의할 점

① 하루에 경험한 일 가운데에서 기억에 남는 일을 고릅니다.

> **있었던 일 가운데에서 기억에 남는 일을 문장으로 이야기하는 방법**
> • 있었던 일을 시간의 차례대로 정리해 보고 어떤 느낌이 들었는지 생각해 봅니다.
> • 있었던 일 가운데에서 재미있었거나 기억에 남는 일을 생각해 봅니다.
> • 언제, 어디에서, 무엇을 했는지 떠올려 봅니다.

② 날짜와 요일, 날씨를 씁니다.
③ 경험한 일이 그림에 잘 나타나게 표현합니다.
④ 경험한 일이 드러나게 내용을 자세히 씁니다.
⑤ 경험한 일에 대한 생각이나 느낌을 씁니다.

---

1 바른 자세로 발표하면 듣는 사람이 뜻을 알아듣기 쉽습니다.
(　○ , × 　)

2 다음 문장에서 알맞은 낱말을 찾아 ○표를 하시오.

> 발표할 때에는 (선생님, 듣는 사람)을 바라보며 말합니다.

3 바른 자세로 발표할 때에는 알맞은 ☐☐의 목소리로 ☐☐☐☐ 말합니다.

4 다른 사람의 발표를 들을 때에 무엇을 생각하며 들으면 좋은지 ○표를 하시오.
(1) 궁금한 점　　　　(　　)
(2) 친구가 사는 곳　　(　　)
(3) 내가 발표할 때 이야기할 내용　　(　　)

5 그림일기를 쓸 때에는 ☐☐한 일이 그림에 잘 드러나게 표현하고, 그 내용을 ☐☐☐ 써야 합니다.

준비

● 그림을 보고 바른 자세로 발표하면 좋은 점 생각해 보기

㉮ 제가 좋아하는 색은 파란색……. / 목소리가 작아서 잘 안 들려. / 소리가 낮거나 약해서.

㉯ 제가 좋아하는 색은 파란색입니다. / 파란색을 좋아하는구나.

• 그림 설명: 여자아이가 자신이 좋아하는 색을 발표하고 있습니다. 그림 ㉮와 ㉯에서 발표하는 여자아이의 모습을 비교해 보며 바른 자세로 발표하면 좋은 점을 생각해 봅니다.

교과서 핵심

○ 바른 자세로 발표하면 좋은 점
• 말하는 사람이 듣는 사람에게 뜻을 잘 전할 수 있습니다.
• 듣는 사람이 뜻을 알아듣기 쉽습니다.

---

1 그림 ㉮와 ㉯ 가운데에서 바른 자세로 발표를 한 그림에 ○표를 하시오.

(1) ㉮ ( )
(2) ㉯ ( )

핵심 📖 교과서 문제

3 그림 ㉯의 여자아이처럼 발표하면 좋은 점을 <u>두 가지</u> 고르시오. (,)

① 재미있게 말할 수 있다.
② 듣는 사람이 뜻을 알아듣기 쉽다.
③ 다른 사람의 생각을 잘 알 수 있다.
④ 말하는 사람이 뜻을 잘 전할 수 있다.
⑤ 길게 말하지 않아도 하고 싶은 말을 전할 수 있다.

📖 교과서 문제

2 그림 ㉮에서 남자아이가 여자아이의 말을 제대로 알아듣지 <u>못한</u> 까닭을 <u>두 가지</u> 고르시오. (,)

① 너무 빨리 말했기 때문이다.
② 너무 큰 소리로 말했기 때문이다.
③ 주변이 너무 시끄러웠기 때문이다.
④ 목소리가 작아서 잘 들리지 않았기 때문이다.
⑤ 말끝을 흐려서 알아듣기 힘들었기 때문이다.

서술형 📖 교과서 문제

4 보기 처럼 자신이 경험한 일을 표현할 수 있는 방법을 한 가지 쓰시오.

> **보기**
> • 사진이나 그림을 활용해 발표한다.
> • 다른 사람에게 자신의 경험을 말한다.

_____

_____

여러 사람 앞에서 발표하는 자세 알아보기

● 남자아이가 어떻게 발표하는지 친구들과 이야기해 보기

발표할 중심 내용 ←

① 다음 시간에는 자신의 꿈에 대해 발표해 볼 거예요.

② 내 꿈을 어떻게 ♥소개하면 좋을까?

③ ♥탐험가는 무슨 일을 할까?

④ 제 꿈은 탐험가 입니다.

알맞은 ㉠ 의 목소리로 ㉡ 이야기하네.

⑤ 듣는 사람을 바라보며 말하네.

탐험가가 되어 북극을 탐험해 보고 싶습니다.

⑥ 허리를 펴고 바른 자세로 서서 발표하네.

• 만화 설명: 자신의 꿈에 대해 발표해 보는 내용의 만화로, 여러 사람 앞에서 발표할 때의 바른 자세를 알 수 있습니다.

♥소개하면 잘 알려지지 아니하였거나, 모르는 사실이나 내용을 잘 알도록 설명하면.

♥탐험가 위험을 참고 견디며 어떤 곳을 찾아가서 살펴보고 조사하는 일을 전문으로 하는 사람.

교과서 핵심

● 바른 자세로 발표하는 방법

 듣는 사람을 바라보며 말합니다.

 허리를 펴고 바르게 서서 말합니다.

 알맞은 크기의 목소리로 또박또박 말합니다.

---

1 발표하는 남자아이의 꿈은 무엇인지 쓰시오.

( )

2 남자아이는 자신의 꿈을 발표하기 전에 무엇을 하였습니까? ( )

① 책을 찾아보았다.
② 선생님께 질문하였다.
③ 경험을 떠올려 보았다.
④ 영상 자료를 찾아보았다.
⑤ 친구들과 생각을 주고받았다.

핵심

3 ㉠과 ㉡에 들어갈 알맞은 말을 선으로 이으시오.

(1) ㉠ •   • ① 크기

(2) ㉡ •   • ② 또박또박

핵심 📖 교과서 문제

4 다음 중 바른 자세로 발표하는 방법이 아닌 것을 찾아 번호를 쓰시오.

① 준비한 자료만 보며 말한다.
② 허리를 펴고 바른 자세로 서서 말한다.
③ 알맞은 크기의 목소리로 또박또박 말한다.

( )

● 여럿이 함께 들을 때의 바른 자세 알아보기

교과서 핵심

○ 다른 사람이 발표할 때에 바른 자세로 듣는 방법

 말하는 사람을 바라보며 듣습니다.

 바른 자세로 앉아서 듣습니다.

 궁금한 점을 생각하며 듣습니다.

→ 이 외에도 들은 내용을 이해했다면 미소를 짓거나 고개를 끄덕일 수도 있습니다. 또한 딴 생각을 하며 다른 곳을 보거나 딴짓하지 말고 들어야 하고, 시끄럽게 떠들면서 다른 사람을 방해하면 안 됩니다.

📖 교과서 문제

5 듣는 자세가 바른 친구를 세 명 찾아 번호를 쓰시오.

(   )

[핵심]   📖 교과서 문제

6 친구들의 듣는 자세로 알맞은 것을 찾아 선으로 이으시오.

(1)    •   • ㉠   궁금한 점을 생각하며 듣고 있다.

(2)    •   • ㉡   말하는 사람을 바라보며 듣고 있다.

[중요]

7 다른 사람의 발표를 들을 때의 바른 자세를 생각하며 다음 친구들에게 해 주고 싶은 말을 각각 골라 기호를 쓰시오.

㉠ 시끄럽게 떠들면 안 돼.
㉡ 딴짓하지 말고 들어야 해.

(1)    (2)

(   )   (   )

[핵심] [서술형]   📖 교과서 문제

8 다른 사람의 발표를 들을 때의 바른 자세를 한 가지 쓰시오.

_____

_____

● 오늘 아침에 있었던 일을 떠올려 보고 발표할 내용 정해 보기

● **그림 설명**: 발표할 내용을 정하기 위해 아침에 있었던 일을 떠올리는 그림입니다.

교과서 핵심

○ **아침에 있었던 일을 떠올려 발표할 내용을 정할 때 생각할 점**
• 어디에서 있었던 일이지?
• 무슨 일이 있었지?
• 그래서 어떻게 되었지?

● 친구들 앞에서 경험한 일 발표해 보기

● **그림 설명**: 자신이 경험한 일을 정리하여 발표하는 그림입니다.

교과서 핵심

○ **경험한 일을 잘 발표했는지 점검하는 방법**
• 알맞은 크기의 목소리로 말했나요?
• 허리를 펴고 바른 자세로 서서 말했나요?
• 듣는 사람을 바라보며 말했나요?
• 경험한 일을 자세히 정리해서 말했나요?

1 그림 **가**를 보고 ㉠에 들어가기에 알맞은 말을 쓰시오.

• 일곱 시에 (   )

2 아침에 있었던 일 가운데에서 발표할 내용을 정할 때 생각할 내용으로 알맞지 **않은** 것은 무엇입니까?   (   )

① 무슨 일이 있었지?
② 그래서 어떻게 되었지?
③ 몇 시에 있었던 일이지?
④ 어디에서 있었던 일이지?
⑤ 발표를 들을 사람은 몇 명이지?

디지털 매체 핵심 📖 교과서 문제

3 다음 온라인 학급 게시판의 댓글 가운데에서 알맞지 **않은** 내용을 쓴 친구의 이름을 쓰시오.

〈학급 게시판〉

선생님: 경험한 일을 정리하여 발표할 때의 바른 자세를 한 가지씩 댓글로 남겨 보세요.

↳ **유주**: 듣는 사람을 바라보며 말해요.
↳ **재준**: 알맞은 크기의 목소리로 말해요.
↳ **지현**: 허리를 펴고 바르게 서서 말해요.
↳ **민혁**: 경험한 일을 자세히 정리해서 말해요.
↳ **해린**: 몸은 움츠러들었지만 큰 목소리로 말해요.

(   )

소단원 2 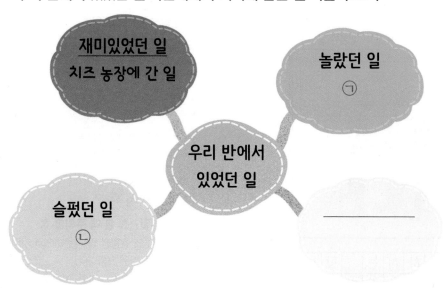 기억에 남는 일을 문장으로 말하기

● 우리 반에서 있었던 일 가운데에서 기억에 남는 일 떠올려 보기

재미있었던 일
치즈 농장에 간 일

놀랐던 일
㉠

우리 반에서
있었던 일

슬펐던 일
㉡

_____

교과서 핵심

● 있었던 일 가운데에서 기억에 남는 일을 문장으로 이야기하는 방법

• 있었던 일을 시간의 차례대로 정리해 보고 어떤 느낌이 들었는지 생각해 봅니다.

• 있었던 일 가운데에서 재미있거나 기억에 남는 일을 생각해 봅니다.

• 언제, 어디에서, 무엇을 했는지 떠올려 봅니다.

📖 교과서 문제

1 우리 반에서 있었던 일을 떠올릴 때, ㉠과 ㉡에 들어갈 알맞은 일을 선으로 이으시오.

(1) ㉠ •

(2) ㉡ •

• ① 친구가 전학 간 일

• ② 숨바꼭질을 하다가 술래에게 들킨 일

핵심 서술형 　📖 교과서 문제

3 문제 2번에서 고른 일이 기억에 남는 까닭을 쓰시오.

_____

_____

중요

4 우리 반에서 있었던 일을 문장으로 이야기할 때 생각할 점으로 알맞지 <u>않은</u> 것에 ×표를 하시오.

(1) 그때의 느낌을 떠올릴 필요는 없어.
　　　　　　　　　　　　(　)

(2) 언제, 어디에서, 무엇을 했는지 떠올리면 좋아. 　　　　　　　　(　)

(3) 있었던 일을 시간의 차례대로 정리해 보도록 해. 　　　　　　　(　)

(4) 있었던 일 가운데에서 재미있거나 기억에 남는 일을 생각하면 좋아. 　(　)

서술형 　📖 교과서 문제

2 우리 반에서 있었던 일 가운데에서 가장 기억에 남는 일을 한 가지 골라 쓰시오.

내가
고른 일

● 찬호가 쓴 그림일기 읽어 보기

가 2○○○년 10월 24일 일요일 　 날씨: 해가 쨍쨍한 날

다

♥	과	수	원	을		하	시	는		할	머
니		댁	에		놀	러		갔	다	.	나
와		동	생	은		빨	갛	게		익	은
사	과	를		땄	다	.	사	과	를		직
접		따		보	니		정	말		재	미
있	었	다	.								

• 글의 종류: 그림일기
• 글의 특징: 하루에 경험한 일 가운데에서 기억에 남는 일을 골라 글과 그림으로 나타낸 그림일기입니다.

♥**과수원** 열매가 열리는 나무를 심은 밭.
⑩ 현장 체험 학습으로 과수원에 갔다.

교과서 핵심

◉ **그림일기를 쓸 때 주의할 점**
• 하루에 경험한 일 가운데에서 기억에 남는 일을 고릅니다. 　= 처음 한 일, 재미있었던 일
• 날짜와 요일, 날씨를 씁니다.
• 경험한 일이 그림에 잘 나타나게 표현합니다.
• 언제, 어디에서, 누구와 어떤 일이 있었는지 경험한 일을 자세히 씁니다.
• 경험한 일에 대한 생각이나 느낌을 씁니다.

핵심 　　　　　　　📖 교과서 문제

1 그림일기에 들어갈 내용으로 적절하지 <u>않은</u> 것은 무엇입니까? 　　　　(　)

① 글
② 그림
③ 날씨
④ 날짜와 요일
⑤ 그림일기를 볼 사람

중요 　　　　　　　📖 교과서 문제

2 다음은 **가**～**다** 가운데에서 어떤 것에 대한 설명인지 쓰시오.

> • 그날 경험한 일 가운데에서 기억에 남는 일을 쓰는 부분입니다.
> • 경험한 일에 대한 생각이나 느낌을 쓰는 부분입니다.

(　　　　　　)

중요

3 이 그림일기에서 생각이나 느낌이 나타난 문장을 찾아 ○표를 하시오.

(1) 과수원을 하시는 할머니 댁에 놀러 갔다.
　　　　　　　　　　　　　(　　)
(2) 나와 동생은 빨갛게 익은 사과를 땄다.
　　　　　　　　　　　　　(　　)
(3) 사과를 직접 따 보니 정말 재미있었다.
　　　　　　　　　　　　　(　　)

핵심 　　　　　　　📖 교과서 문제

4 그림일기를 쓸 때 주의할 점으로 알맞은 말을 **보기** 에서 각각 찾아 쓰시오.

> **보기**
> 　날씨　　내용　　생각이나 느낌

(1) 날짜와 요일, (　　　　)을/를 쓴다.
(2) 경험한 일이 드러나게 (　　　　)을/를 자세히 쓴다.
(3) 경험한 일에 대한 (　　　　)을/를 쓴다.

● 어제 있었던 일 가운데에서 기억에 남는 일을 골라 쓸 내용 정리해 보기

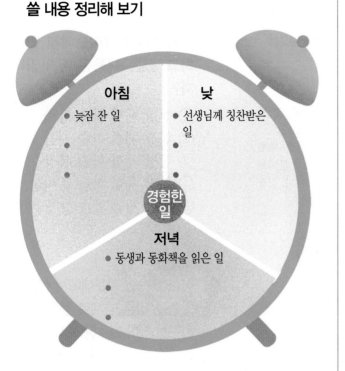

교과서 핵심

○ **그림일기에 쓸 내용을 정리하는 방법**
 • 자신이 떠올린 내용 가운데에서 기억에 남는 일을 한 가지 골라 언제, 어디에서 있었던 일인지 정리합니다.
 • 누구와 있었던 일인지 정리합니다.
 • 무슨 일이 있었는지 정리합니다.
 • 어떤 생각이나 느낌이 들었는지 정리합니다.

● 그림일기를 쓸 때 주의할 점을 생각하며 자신이 쓴 그림일기 고쳐 써 보기

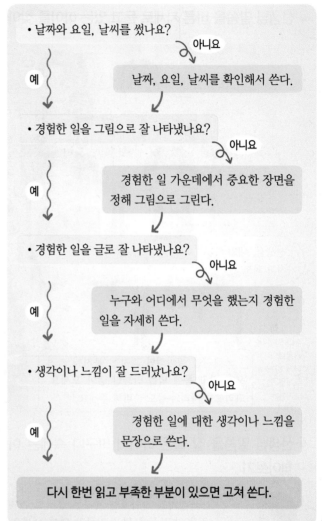

중요

1 어제 있었던 일 가운데에서 기억에 남는 일을 골라 쓸 내용을 정리하는 방법으로 빈칸에 들어갈 알맞은 말을 쓰시오.

 • 어제 있었던 일을 ( )대로 차근차근 떠올린다.

📖 교과서 문제

2 어제 아침, 낮, 저녁에 있었던 일을 한 가지씩 떠올려 쓰시오.

아침	(1)
낮	(2)
저녁	(3)

핵심

3 기억에 남는 일을 골라 그림일기에 쓸 내용을 정리할 때 생각할 내용이 <u>아닌</u> 것은 무엇입니까? ( )

 ① 무슨 일이 있었나요?
 ② 언제 있었던 일인가요?
 ③ 어디에서 있었던 일인가요?
 ④ 그 일을 누구와 하고 싶은가요?
 ⑤ 어떤 생각이나 느낌이 들었나요?

중요 **서술형**

4 그림일기에 경험한 일이 그림으로 잘 나타나지 않았다면 어떻게 고쳐야 할지 쓰시오.

_____

● 선생님 말씀을 바른 자세로 듣고 있는 아이를 찾아 ○표 해 보기

● 선생님 말씀을 잘 들은 아이의 바구니 속에는 어떤 물건이 있을지 찾아보기

1 선생님께서 아이들에게 안내하고 있는 내용은 무엇입니까? (   )

① 현장 체험 학습 장소
② 현장 체험 학습 시간
③ 현장 체험 학습 복장
④ 현장 체험 학습 준비물
⑤ 현장 체험 학습 참가 비용

2 아이 ❶~❹ 가운데에서 선생님 말씀을 바른 자세로 듣고 있는 친구를 찾아 번호를 쓰시오.

(   )

3 선생님께서 말씀하실 때 궁금한 점이 생기면 어떻게 하면 좋을지 알맞게 말한 친구의 이름을 쓰시오.

> 유현: 선생님의 말씀을 끝까지 잘 듣고, 질문 기회를 얻어 질문해야 해.
> 지호: 질문하고 싶은 내용을 잊어버리지 않도록 바로 손을 들고 질문해야 해.

(   )

4 ㉮~㉲ 가운데에서 선생님의 말씀을 잘 들은 아이의 바구니 속에 있어야 할 물건이 <u>아닌</u> 것을 두 가지 찾아 기호를 쓰시오.

(   )

실력 키우기 • 38~39쪽   소단원 2. 경험한 일을 그림일기로 나타내기

● 그림일기 읽어 보기

⑦

| 10월 4일 | | | | | | ㉠ | |

	나	는		오	늘		아	침	에
일	어	나	서		세	수	를		하	고
옷	을		입	고		학	교	에		갔
다	.	학	교	에	서		점	심	을	
먹	고		친	구	랑		놀	았	다	.
저	녁	에		밥	을		먹	고		잤
다	.									

⑭

| 2○○○년 10월 15일 ○요일 | | | | 날씨: 흐리다가 비가 옴. | | | | | |

	어	머	니	께	서		곰		인	형
을		사		주	셨	다	.		곰		인
형	과		함	께		자	라	고		사
주	신		것	이	다	.		오	늘	부	터
곰		인	형	과		같	이		자	야
겠	다	.								

➤ 둘 이상의 사람이나 사물이 함께.

5 ⑦에서 ㉠에 들어가야 할 내용은 무엇입니까? (   )
① 날짜   ② 요일
③ 날씨   ④ 제목
⑤ 그림

6 ⑦, ⑭ 가운데에서 내용에 알맞은 그림을 그린 그림일기의 기호를 쓰시오.
(   )

7 ⑭에서 있었던 일은 무엇입니까? (   )
① 숙제를 한 일
② 인형과 함께 잔 일
③ 아침에 세수를 한 일
④ 학교에 가서 친구와 논 일
⑤ 어머니께서 곰 인형을 사 주신 일

8 ⑭에서 생각이나 느낌이 드러나는 문장을 찾아 ○표를 하시오.
(1) 어머니께서 곰 인형을 사 주셨다. (   )
(2) 오늘부터 곰 인형과 같이 자야겠다. (   )

실천

핵심 📖 교과서 문제

1 바른 자세로 말하고 듣는 방법을 찾아 선으로 이으시오.

(1) 듣는 사람을 바라본다. •

(2) 말하는 사람을 바라본다. •

(3) 또박또박 말한다. •

(4) 귀 기울여 듣는다. •

• ① 바른 자세로 말하기

• ② 바른 자세로 듣기

📖 교과서 문제

2 바른 자세로 들어야 할 때는 언제인지 한 가지 쓰시오.

( )

핵심 📖 교과서 문제

3 그림일기에 들어가야 할 내용을 모두 찾아 색칠하시오.

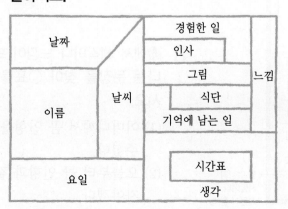

날짜		경험한 일	
		인사	
이름	날씨	그림	느낌
		식단	
		기억에 남는 일	
요일		시간표	
		생각	

핵심 📖 교과서 문제

4 그림일기를 잘 쓴 친구를 찾아 이름을 쓰시오.

가현: 나의 생각이나 느낌을 솔직하게 썼어.
현우: 동생이 경험한 재미있는 일로 나의 일기를 썼어.
지민: 날짜, 요일을 쓰고 날씨는 기억이 나지 않아 쓰지 않았어.

( )

📖 교과서 문제

5 그림을 보고 빈칸에 '무엇을'에 해당하는 말을 넣어 문장을 완성하시오.

• 재현이가 ( ) 읽습니다.

📖 교과서 문제

6 다음 문장에서 '무엇을'에 해당하는 말에 밑줄을 그으시오.

현지가 거울을 닦습니다.

1~3

1 그림 **가**와 **나** 가운데에서 남자아이가 여자아이의 말을 잘 알아들은 상황을 찾아 기호를 쓰시오.

( )

2 그림 **가**에서 남자아이가 여자아이에게 할 말로 알맞은 것을 <u>두 가지</u> 고르시오.

(,)

① 빨간색을 좋아하는구나.
② 나도 종이접기를 좋아해.
③ 발표는 앉아서 하는 거야.
④ 좀 더 큰 목소리로 말해 주면 좋겠어.
⑤ 말끝을 흐려서 무슨 말인지 잘 모르겠어.

3 그림 **나**의 여자아이처럼 발표하면 좋은 점이 무엇인지 생각하며 빈칸에 알맞은 말을 쓰시오.

• 말하는 사람이 듣는 사람에게
( )을/를 잘 전할 수 있다.

4~6

4 남자아이가 탐험가가 되어 하고 싶은 일은 무엇입니까? ( )

① 동굴 조사하기
② 밀림 찾아가기
③ 북극 탐험하기
④ 무인도 발견하기
⑤ 숨겨진 보물 찾기

5 남자아이가 발표하기 전에 책을 찾아 본 이유로 알맞은 것에 ○표를 하시오.

(1) 발표할 내용을 찾아보기 위해서 ( )
(2) 발표를 길게 할 방법을 알아보기 위해서
( )

중요

6 발표하는 남자아이의 자세로 알맞지 <u>않은</u> 것은 무엇입니까? ( )

① 책을 보며 말한다.
② 허리를 펴고 서서 말한다.
③ 바른 자세로 서서 말한다.
④ 듣는 사람을 바라보며 말한다.
⑤ 알맞은 크기의 목소리로 또박또박 말한다.

7~9

7 이 그림에서 바른 자세로 듣고 있는 친구는 <u>모두</u> 몇 명인지 쓰시오.

(   ) 명

서술형

8 친구 ❶의 듣는 자세를 생각하며 해 주고 싶은 말을 쓰시오.

_____

_____

9 친구 ❶~❻ 가운데에서 다음의 말을 해 주기 적절한 친구를 찾아 번호를 쓰시오.

> 다른 사람의 발표를 들을 때에는 시끄럽게 떠들면 안 돼.

(   )

중요

10 다른 사람의 발표를 들을 때의 바른 자세로 알맞지 <u>않은</u> 것은 무엇입니까? (   )

① 딴짓하지 않는다.
② 시끄럽게 떠들지 않는다.
③ 듣는 사람을 방해하지 않는다.
④ 말하는 사람을 바라보며 듣는다.
⑤ 아무런 생각을 하지 말고 말하는 사람의 이야기에 귀 기울인다.

11 자신이 경험한 일이 잘 드러나게 발표할 내용을 정할 때 생각할 점으로 알맞지 <u>않은</u> 것은 무엇입니까? (   )

① 무슨 일이 있었는지 생각한다.
② 언제 있었던 일인지 생각한다.
③ 그래서 어떻게 되었는지 생각한다.
④ 어디에서 있었던 일인지 생각한다.
⑤ 발표를 하는 장소는 어디인지 생각한다.

12~13

국어 활동

12 선생님 말씀을 듣는 친구 ㉠의 자세가 바르지 <u>않은</u> 까닭은 무엇입니까? (   )

① 선생님을 바라보고 있다.
② 친구와 이야기를 하고 있다.
③ 궁금한 점을 떠올리며 듣고 있다.
④ 선생님께서 말씀하시는 중에 엎드려 있다.
⑤ 선생님께서 말씀하시는 중에 질문하고 있다.

국어 활동   서술형

13 선생님의 말씀을 듣는 바른 자세를 생각하며 친구 ㉡에게 해 주고 싶은 말을 쓰시오.

_____

_____

14 ㉠과 ㉡에 들어갈 알맞은 말을 선으로 이으시오.

> 〈있었던 일 가운데에서 기억에 남는 일을
> 문장으로 이야기하는 방법〉
>
> • 있었던 일 가운데에서 (㉠)을/를 생각해 봅니다.
> • (㉡) 있었던 일인지 생각해 봅니다.

(1) ㉠ •　　　• ① 언제, 어디에서

(2) ㉡ •　　　• ② 재미있거나 기억에 남는 일

15 다음에서 설명하는 '이것'은 무엇인지 쓰시오.

> 이것은 하루에 경험한 일 가운데에서 기억에 남는 일을 골라 글과 그림으로 나타낸 일기입니다.

(　　　　　　　)

16 이 그림일기에서 날짜와 요일, 날씨를 찾아 쓰시오.

(1) 날짜: (　　　　　　　)
(2) 요일: (　　　　　　　)
(3) 날씨: (　　　　　　　)

실력 UP

17 ㉮에 들어갈 그림으로 알맞은 것은 무엇입니까? (　　　)

① 동생과 다투는 그림
② 동생과 사과를 먹는 그림
③ 할머니께서 사과를 사는 그림
④ 과수원에서 동생과 사과를 따는 그림
⑤ 비가 오는 날 동생과 과수원에서 사과를 따는 그림

18 ㉯~㉱ 가운데에서 생각이나 느낌을 나타내는 문장의 기호를 찾아 쓰시오.

(　　　　　　　)

중요

19 그림일기를 쓸 때 주의할 점이 <u>아닌</u> 것은 무엇입니까? (　　　)

① 무엇을 했는지 자세히 쓴다.
② 날짜, 요일, 날씨를 확인해서 쓴다.
③ 누구와 어디에서 있었던 일인지 자세히 쓴다.
④ 경험한 일에 대한 생각이나 느낌을 문장으로 쓴다.
⑤ 경험한 일 가운데에서 가장 오랜 시간이 걸린 장면을 정해 그림으로 그린다.

20 그림일기를 쓴 후에 점검해야 할 내용으로 알맞지 <u>않은</u> 것에 ×표를 하시오.

(1) 경험한 일이 글과 그림에 잘 나타냈나요? (　　　)
(2) 경험한 일에 대한 생각이나 느낌을 썼나요? (　　　)
(3) 그림일기를 읽어 볼 사람을 생각하면서 썼나요? (　　　)

16~18

| 2〇〇〇년 10월 24일 일요일 | 날씨: 해가 쨍쨍한 날 |

㉮

㉯ 과	수	원	을		하	시	는		할	머
니		댁	에		놀	러		갔	다	. ㉰ 나
와		동	생	은		빨	갛	게		익 은
사	과	를		땄	다	. ㉱	사	과	를	직
접		따		보	니		정	말		재 미
있	었	다	.							

● 글씨를 바르게 써 보시오.

바 른 　 자 세 　 발 표
바 른 　 자 세 　 발 표
바 른 　 자 세 　 발 표

빨 갛 게 　 익 은
빨 갛 게 　 익 은

사 과 를 　 땄 다 .
사 과 를 　 땄 다 .

4

감동을 나누어요

무엇을 배울까요?

준비

● 배울 내용 살펴보기

소단원 1

이야기를 듣거나 읽고
일의 차례 정리하기

● 누가 무엇을 했는지
생각하며 이야기 듣기

● 이야기를 읽고 일이
일어난 차례 정리하기

소단원 2

만화 영화를 보고,
생각이나 느낌 나누기

● 만화 영화를 보고,
있었던 일 정리하기

● 만화 영화를 보고
감동적인 장면에 대해
이야기 나누기

실천

● 배운 내용
마무리하기

핵 인 문 제

정답과 해설 ● 13쪽

1 누가 무엇을 했는지 생각하며 이야기를 듣거나 읽는 방법

① 등장인물이 누구인지 알아봅니다.

② 구체적으로 인물의 생각이나 말, 행동을 찾아 봅니다.

예 「미역도 맛있어」에서 인물의 생각이나 말, 행동 정리하기

주원이	생각이나 말	'그럼 나도 한번 먹어 볼까?'
	행동	눈을 질끈 감고 미역무침을 먹어 보았다.

2 이야기를 읽고 일이 일어난 차례를 정리하는 방법

> 어느 날 아침, 사람들은 시장에 모여 신기한 맷돌에 대해 이야기를 했습니다.

① '어느 날 아침'처럼 일이 일어난 때를 알려 주는 말을 시간을 나타내는 말이라고 합니다.

② 시간을 나타내는 말을 생각하면 일이 일어난 차례를 정리할 수 있습니다.

3 따옴표의 종류와 특징 → 따옴표를 ☐ 안의 어디에 썼는지 살펴봅니다.

큰따옴표

"우리 임금님에게는 신기한 맷돌이 있다네."

"	"

인물이 소리 내어 한 말을 나타낼 때 씁니다.

작은따옴표

'그 맷돌이 있으면 부자가 될 수 있겠어.'

'	'

인물이 마음속으로 한 말을 나타낼 때 씁니다.

4 만화 영화를 보고 있었던 일을 정리하는 방법

① 만화 영화에 누가 나오는지 알아봅니다.

② 만화 영화 속 인물이 어떤 말과 행동을 하는지 살펴봅니다.

③ 만화 영화 속 인물의 말투, 표정, 몸짓을 자세히 살펴봅니다.

→ 만화 영화를 보고 생각이나 느낌을 말할 때에는 있었던 일에 대한 생각과 떠오르는 장면에 대한 느낌을 말합니다.

5 만화 영화를 보고 생각이나 느낌을 말하는 방법

① 만화 영화를 보고 누가 무엇을 했는지 생각하고, 일어난 일을 차례대로 정리해 봅니다.

② 만화 영화에서 재미있거나 감동적인 부분을 찾아 이야기해 봅니다.

③ 만화 영화의 한 장면을 떠올려 보고, 자신이라면 어떻게 했을지 이야기해 봅니다.

---

1 이야기에서 누가 무엇을 했는지 알려면 인물의 ☐☐(이)나 ☐☐, ☐☐을/를 정리해 봅니다.

2 시간을 나타내는 말을 생각하면 일이 일어난 차례를 정리할 수 있습니다.

(○ , ×)

3 인물이 소리 내어 한 말을 나타낼 때 쓰는 따옴표에 ○표를 하시오.

(1) 큰따옴표 ( )

(2) 작은따옴표 ( )

4 만화 영화를 보고 있었던 일을 정리하는 방법으로 옳지 <u>않은</u> 것에 ×표를 하시오.

(1) 인물이 몇 명 나오는지 살펴본다. ( )

(2) 인물이 어떤 말과 행동을 하는지 살펴본다. ( )

5 만화 영화를 보고 생각이나 느낌을 말할 때에는 재미있거나 감동적인 부분을 말합니다.

(○ , ×)

● **자신이 본 만화 영화 떠올려 보기**

㉮

㉯

㉰

● **그림 설명**: 자신이 재미있게 본 만화 영화 「브레드 이발소」, 「뽀롱뽀롱 뽀로로」, 「꼬마 버스 타요」를 떠올려 볼 수 있는 그림입니다. 재미있게 본 만화 영화와 기억에 남는 장면을 정리해 봅니다.

🦉 **교과서 핵심**

● **자신이 본 만화 영화에서 기억에 남는 장면 쓰기 예**

제목	기억에 남는 장면
「뽀롱뽀롱 뽀로로」	뽀로로가 친구들과 간식을 나누어 먹는 장면

1 그림 ㉮~㉰는 무엇을 떠올린 것인지 빈칸에 알맞은 말을 쓰시오.

> 「브레드 이발소」, 「뽀롱뽀롱 뽀로로」, 「꼬마 버스 타요」 등 자신이 본 (   ) 을/를 떠올린 것이다.

📖 교과서 문제

2 자신이 본 만화 영화를 떠올려 제목을 쓰시오.
(   )

서술형   📖 교과서 문제

3 문제 2번에서 답한 만화 영화에서 기억에 남는 장면을 쓰시오.

_____

_____

4 자신이 본 만화 영화에서 기억에 남는 장면을 알맞게 말한 친구를 찾아 ○표를 하시오.

(1) **영진**: 동생과 함께 「브레드 이발소」를 보았어.   (   )

(2) **세정**: 뽀로로 캐릭터가 그려진 필통을 산 적이 있어.   (   )

(3) **현우**: 타요가 엄마를 잃어버린 아이를 도와 준 장면이 떠올라.   (   )

미역도 맛있어

❶ 오늘 점심시간에 급식 반찬으로 미역무침이 나왔다. 나는 미역을 가장 싫어한다. 하지만 내 친구 서윤이는 미역무침이 맛있다고 했다.
_{등장인물 ❶(주원이)}

"너도 한번 먹어 봐. 새콤달콤 맛이 얼마나 좋은데."
_{등장인물 ❷}

서윤이는 미역무침을 맛있게 먹었다. 나는 그 모습을 보고도 먹을 용기
_{서윤이가 한 말}

5 가 나지 않아 고개를 절레절레 저었다. 하지만 주위를 둘러보니 친구들이
_{서윤이가 한 행동}   _{'나(주원이)'가 한 생각}

모두 맛있게 미역무침을 먹고 있었다.
_{'나(주원이)'가 한 행동}

(중심 내용) 오늘 점심시간에 급식 반찬으로 '나(주원이)'가 가장 싫어하는 미역으로 만든 미역무침이 나왔다.

❷ '그럼 나도 한번 먹어 볼까?'
_{'나(주원이)'가 한 생각}

나는 눈을 ♥질끈 감고 미역무침을 한번 먹어 보았다. 입을 살짝 벌려
_{'나(주원이)'가 한 행동}

미역무침을 조금 먹어 보았더니 생각보다 맛이 좋았다. ♥계속 먹다 보니

10 입안에 새콤함이 가득해졌다. 어느새 미역무침을 모두 다 먹었다.

(중심 내용) '나(주원이)'는 용기를 내어 미역무침을 먹었다.

❸ "주원이는 반찬을 골고루 잘 먹는구나."

선생님께서도 나를 칭찬해 주시며 박수도 쳐 주셨다. 나는 어깨가 으쓱
_{등장인물 ❸}

해지고 자꾸만 웃음이 나왔다.

'다음에도 새로운 음식 먹기에 도전해 봐야지.'
_{'나(주원이)'가 한 행동}   _{'나(주원이)'가 한 생각}

(중심 내용) '나(주원이)'는 반찬을 골고루 잘 먹는다고 선생님께 칭찬을 받았다.

• 글의 종류: 이야기
• 글의 특징: 주원이가 가장 싫어하는 미역으로 만든 미역무침이 급식 반찬으로 나와 용기를 내어 먹어 본 이야기입니다. 누가 무엇을 했는지 생각하며 글을 읽어 봅니다.

♥질끈 바짝 힘을 주어 사이를 눌러 붙이는 모양.
예 형은 주먹을 질끈 쥐었다.

♥계속 끊이지 않고 잇따라.
예 계속 비가 온다.

교과서 핵심

● 주원이의 생각이나 말, 행동 정리해 보기

생각이나 말	미역무침을 먹을 용기가 나지 않았다.
행동	고개를 절레절레 저었다.
생각이나 말	'그럼 나도 한번 먹어 볼까?'
행동	눈을 질끈 감고 미역무침을 먹어 보았다.

↳ 인물의 생각이나 말, 행동을 정리할 때에는 구체적으로 인물의 생각이나 말, 행동을 찾아봅니다. 📖 교과서 문제

---

1 📖 교과서 문제
언제 일어난 일입니까? ( )

① 오늘 점심시간   ② 오늘 체육 시간
③ 오늘 청소 시간   ④ 어제 저녁 시간
⑤ 어제 미술 시간

핵심
2 📖 교과서 문제
다음은 이 글에 등장하는 인물 가운데에서 누구의 생각이나 말, 행동인지 찾아 ○표를 하시오.

생각이나 말	"주원이는 반찬을 골고루 잘 먹는구나."
행동	칭찬하며 박수를 치셨다.

(나(주원이), 서윤이, 선생님)

3
누가 무엇을 했는지 생각하며 일이 일어난 차례대로 기호를 쓰시오.

> ㉠ 주원이는 미역무침을 먹기 싫어했다.
> ㉡ 선생님께서 주원이를 칭찬해 주셨다.
> ㉢ 주원이는 용기 내어 미역무침을 먹어 보았다.
> ㉣ 서윤이가 주원이에게 미역무침을 먹어 보라고 했다.

( ) ➡ ( ) ➡ ( ) ➡ ( )

서술형
4 📖 교과서 문제
주원이와 비슷한 경험을 떠올려 쓰시오.

_____

_____

소금을 만드는 맷돌

❶ 옛날 옛적에 어느 임금님이 ㉠신기한 ♥맷돌을 가지고 있었습니다.
"나와라, 밥!" 하면 밥이 나오고, "그쳐라, 밥!" 하면 뚝 그치는 신기한 맷
돌이었답니다.

　어느 날 아침, 사람들은 시장에 모여 신기한 맷돌에 대해 이야기를 했
5 습니다.

　"우리 임금님에게는 신기한 맷돌이 있다네."

　"그 맷돌이 있으면 ♥귀한 물건을 많이 얻을 수 있어."
　신기한 맷돌

　사람들 뒤에서 도둑이 그 말을 조용히 듣고 있었습니다. 도둑은 고약한

마음을 먹었습니다.
　도둑을 훔치려는 마음

10　㉡'그 맷돌이 있으면 부자가 될 수 있겠어.'

중심 내용 ‌임금님이 신기한 맷돌을 가지고 있다는 이야기를 들은 도둑이 그 맷돌을 훔치려는 마음을 먹었다.

- **글의 종류**: 이야기
- **글의 특징**: 임금님의 신기한 맷돌을 훔쳐 배를 타고 도망가던 도둑이 "나와라, 소금!"이라고 외치고, 맷돌을 멈추는 방법을 잊어, 맷돌과 함께 바닷속에 가라앉고 말았습니다. 맷돌은 바닷속에서도 쉬지 않고 돌아 바닷물이 짜게 되었다는 이야기입니다. 이야기를 읽고 시간을 나타내는 말을 생각하며 일이 일어난 차례를 정리해 봅니다.

♥**맷돌** 곡식을 가는 데 쓰는 기구.
♥**귀한** 구하거나 얻기가 아주 힘들 만큼 드문.
⑩ 귀한 산삼을 캤다.

교과서 핵심

◉ 일이 일어난 차례를 정리하는 방법

> 　어느 날 아침, 사람들은 시장에 모여 신기한 맷돌에 대해 이야기를 했습니다.

- '어느 날 아침'처럼 일이 일어난 때를 알려 주는 말을 시간을 나타내는 말이라고 합니다.
- 시간을 나타내는 말을 생각하면 일이 일어난 차례를 정리할 수 있습니다.

📖 교과서 문제

1 사람들은 시장에 모여 무엇에 대한 이야기를 했습니까? 　　　　(　)

① 임금님이 욕심이 많다는 이야기
② 임금님이 가진 신기한 맷돌 이야기
③ 임금님의 물건을 훔쳐간 도둑 이야기
④ 귀한 물건을 얻어 부자가 된 사람 이야기
⑤ 임금님이 밥을 굶는 어려운 사람을 도와준 이야기

2 ㉠의 뜻으로 알맞은 것을 찾아 번호를 쓰시오.

> ① 믿을 수 없을 정도로 놀라운.
> ② 구하거나 얻기가 아주 힘든 만큼 드문.

(　　　　　)

중요　📖 교과서 문제

3 이 글의 다음 문장에서 시간을 나타내는 말을 찾아 밑줄을 그으시오.

> 　어느 날 아침, 사람들은 시장에 모여 신기한 맷돌에 대해 이야기를 했습니다.

중요　📖 교과서 문제

4 ㉡에 쓰인 따옴표의 종류와 그 특징을 알맞게 설명한 것을 찾아 ○표를 하시오.

(1) (큰따옴표, 작은따옴표)
(2) 인물이 (소리 내어 한 말, 마음속으로 한 말)을 나타낼 때 쓴다.

❷ 저녁이 되자 도둑은 궁궐로 ♥숨어들었습니다. 그리고 깊은 밤, 모두 잠든 사이 몰래 **맷돌**을 훔쳐 도망갔습니다. 그러고 나서 ♥서둘러 배를 타고 바다를 건너 멀리 도망가려고 했습니다.

도둑은 배를 타고 바다를 건너다가 맷돌을 돌려 보고 싶어졌습니다. 그
5 래서 세상에서 가장 귀한 소금이 나오라고 외쳤습니다.

"나와라, 소금!"

그러자 맷돌에서 하얀 소금이 쏟아져 나왔고, 점점 **배** 안에 ♥쌓여 갔습니다. 배가 ♥기우뚱거리기 시작했습니다.

중심 내용 맷돌을 훔친 도둑은 멀리 도망가려고 배를 탔고, 도둑이 배에서 "나와라, 소금!"을 외치자 소금이 배 안에 쌓여 갔다.

❸ 도둑은 너무 놀라 무슨 말을 해야 하는지 ♥잊어버렸습니다. 결국, 맷
10 돌은 도둑과 함께 바닷속에 가라앉고 말았습니다.

바닷속에서도 맷돌은 쉬지 않고 돌았습니다. 그래서 바닷물이 짜게 되
바닷물이 짜게 된 까닭
었습니다.

중심 내용 놀란 도둑은 맷돌을 멈추는 방법을 잊어버렸고, 맷돌은 도둑과 함께 바닷속으로 가라앉으면서도 쉬지 않고 돌아 바닷물이 짜게 되었다.

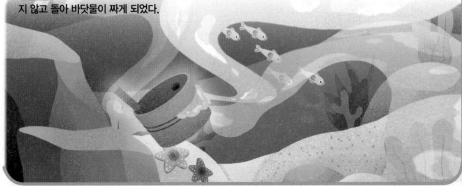

♥숨어들었습니다 몰래 슬금슬금 안쪽으로 들어갔습니다.

♥서둘러 일을 급하게 처리하려고.

♥쌓여 여러 개의 물건이 겹겹이 포개어 얹어져.

♥기우뚱거리기 물체가 한쪽으로 기울어지기.

♥잊어버렸습니다 한번 알았던 것을 모두 기억하지 못하거나 전부 기억해 내지 못하였습니다.

교과서 핵심

○「소금을 만드는 맷돌」을 읽고 일이 일어난 차례대로 정리하기

> 도둑이 임금님이 신기한 맷돌을 가지고 있다는 이야기를 들었습니다.

↓

> 도둑이 신기한 맷돌을 훔쳐 멀리 도망가려고 배를 탔습니다.

↓

> 도둑이 "나와라, 소금!"을 외쳤더니 소금이 쏟아져 나와 배 안에 쌓여 갔고, 놀란 도둑이 소금을 멈추는 방법을 잊어버려 맷돌과 함께 바닷속으로 가라앉았습니다.

📖 교과서 문제

5 도둑은 어디로 도망가려고 했습니까? (   )

① 궁궐
② 바닷속
③ 자신의 집
④ 깊은 산속
⑤ 바다 건너 멀리

서술형   📖 교과서 문제

6 도둑은 왜 맷돌과 함께 바닷속에 가라앉았는지 쓰시오.

_____

_____

중요   📖 교과서 문제

7 이 글에서 시간을 나타내는 말을 두 가지 고르시오.   (,   )

① 저녁
② 맷돌
③ 배 안
④ 깊은 밤
⑤ 하얀 소금

핵심   📖 교과서 문제

8 이 글에서 일이 일어난 차례대로 번호를 쓰시오.

(1) 도둑이 궁궐로 숨어 들어 맷돌을 훔쳐 도망갔다.   (   )

(2) 도둑이 시장에서 임금님이 신기한 맷돌을 가지고 있다는 이야기를 들었다.   (   )

(3) 훔친 맷돌을 가지고 배를 타고 도망가던 도둑이 맷돌과 함께 바닷속에 **빠**졌다.   (   )

소단원 2

정답과 해설 ● 14쪽

● 「빨간 모자가 된 아이쿠」에 나오는 인물 알아보기

아이쿠

카르망 콩드 백작

비비

↳ 만화 영화에 누가 나오는지 알면 이야기를 이해하기 쉽습니다.

● 어떤 일이 일어났는지 생각하며 「빨간 모자가 된 아이쿠」 보기

아이쿠와 비비가 할머니께 드리려고 꽃밭에서 꽃을 따고 있습니다.

할머니로 ♥변장하고 아이쿠를 기다리던 카르망 콩드 백작은 아이쿠가 꽃밭에서 따 온 꽃을 받고 몸이 가려워지고, 콧물을 흘리며 기침과 재채기를 했습니다.

♥변장 본래의 모습을 알아볼 수 없게 하기 위하여 옷차림이나 얼굴, 머리 모양 따위를 다르게 바꿈.
예 변장을 했더니 아무도 몰라본다.

교과서 핵심

◦ 만화 영화를 보고 있었던 일을 정리하는 방법
• 만화 영화에 누가 나오는지 알아봅니다.
• 만화 영화 속 인물이 어떤 말과 행동을 하는지 살펴봅니다.
• 만화 영화 속 인물의 말투, 표정, 몸짓을 자세히 살펴봅니다.

중요 📖 교과서 문제

1 이 만화 영화에 나오는 인물이 아닌 것을 골라 ×표를 하시오.

| 꽃 | 비비 | 아이쿠 | 카르망 콩드 백작 |

( ) ( ) ( ) ( )

📖 교과서 문제

2 아이쿠는 할머니께 무슨 선물을 드리려고 하였습니까? ( )

① 책
② 인형
③ 바구니
④ 맛있는 음식
⑤ 꽃밭에서 딴 꽃

📖 교과서 문제

3 꽃을 받은 카르망 콩드 백작에게 일어난 일이 아닌 것은 무엇입니까? ( )

① 기침을 했다.
② 재채기를 했다.
③ 콧물을 흘렸다.
④ 몸이 가려워졌다.
⑤ 할머니로 변신했다.

서술형 📖 교과서 문제

4 보기 와 같이 이 만화 영화에서 재미있었던 장면을 쓰시오.

보기
아이쿠가 카르망 콩드 백작을 할머니라고 부르는 장면이 기억에 남았어.

_____

_____

정답과 해설 ● 14쪽

● 「빨간 모자가 된 아이쿠」를 다시 보고 있었던 일을 차례대로 정리해 보기

아이쿠가 할머니 댁에 가기로 했다.

아이쿠와 비비가 할머니께 꽃을 따 드리기로 했다.

아이쿠가 [㉠] (으)로 변장한 [㉡] 을/를 만났다.

[㉢]

그림을 보고 만화 영화에서 있었던 일을 떠올리고 일이 일어난 차례대로 정리해 봅니다.

교과서 핵심

● 「빨간 모자가 된 아이쿠」를 보고 있었던 일을 차례대로 정리하기

> 아이쿠가 할머니 댁에 가기로 했다.
>
> ↓
>
> 아이쿠와 비비가 할머니께 꽃을 따 드리기로 했다.
>
> ↓
>
> 아이쿠가 할머니로 변장한 카르망 콩드 백작을 만났다.
>
> ↓
>
> 꽃을 선물받은 카르망 콩드 백작에게 이상한 반응이 생겼다.

---

5 아이쿠는 어디에 가기로 하였습니까? ( )

① 꽃집
② 친구 집
③ 비비의 집
④ 할머니 댁
⑤ 카르망 콩드 백작의 집

6 ㉠과 ㉡에 들어갈 알맞은 인물을 선으로 이으시오.

(1) ㉠ •   • ① 카르망 콩드 백작

(2) ㉡ •   • ② 할머니

핵심 **서술형**

7 ㉢에 들어갈, 이 만화 영화에서 가장 마지막에 일어난 일을 정리하여 쓰시오.

_____

_____

핵심

8 만화 영화를 보고 있었던 일을 차례대로 정리하는 방법을 적절하지 <u>않게</u> 말한 친구는 누구인지 쓰시오.

> 시온: 나의 기분을 생각하면서 정리하면 돼.
> 우주: 인물의 표정이나 몸짓도 자세히 살펴보면 좋아.
> 지영: 인물이 한 말과 행동을 생각하면서 만화 영화를 보고 정리해야 해.

( )

통합

● 일어난 일을 생각하며 「아기 거북이가 숲으로 왔어요!」 보기

❶

꺼병이 마지, 두리, 세찌, 꽁지가 바닷가에서 놀다가
<u>꿩의 어린 새끼.</u>
꽁지가 모래 <u>구덩이</u>에서 거북알을 발견하였습니다.
<u>땅이 움푹하게 파인 곳.</u>

❷

막내 아기 거북이 혼자 뒤늦게 알에서 깨어났고,
<u>여러 형제, 자매 가운데에서 맨 나중에 난 사람.</u>
<u>까투리</u> 가족을 따라 까투리 가족의 집으로 갔습니다.
<u>암컷 꿩.</u>

❸

아기 거북은 꺼병이들과 미끄럼틀도 타고 공놀이
도 하며 재미있게 놀았습니다.

❹

엄마 까투리가 꺼병이들에게 엄마 거북이 아기 거
<u>까투리 가족이 아기 거북이의 가족을 찾아 준 까닭.</u>
북을 많이 기다릴 것 같다고 하였습니다. 그래서 까
투리 가족이 아기 거북의 가족을 찾아 주러 나갔고,
아기 거북이 다시 가족을 만났습니다.

교과서 핵심

◦「아기 거북이가 숲으로 왔어요!」를 보고 있었던 일을 차례대로 정리하기

| 꽁지가 거북알을 발견했다. | → | 아기 거북이 까투리 가족을 따라 까투리 가족의 집으로 갔다. | → |
| 아기 거북과 마지, 두리, 세찌, 꽁지는 재미있게 놀았다. | → | 아기 거북이 다시 가족을 만났다. | |

1 꽁지가 바닷가에서 발견한 것은 무엇인지 쓰시오.

(   )

📖 교과서 문제

2 아기 거북이 혼자 까투리 가족 집으로 오게 된 까닭은 무엇입니까? (   )

① 꺼병이들과 함께 놀고 싶어서
② 혼자 뒤늦게 알에서 깨어나서
③ 혼자 놀다가 엄마를 잃어버려서
④ 꺼병이들이 아기 거북이를 초대해서
⑤ 꺼병이들에게 장난감을 빌리기 위해서

📖 교과서 문제

3 아기 거북과 마지, 두리, 세찌, 꽁지는 무엇을 하고 놀았는지 쓰시오.

(   )

중요   📖 교과서 문제

4 이 만화 영화에서 일이 일어난 차례대로 번호를 쓰시오.

(1) 꽁지가 거북알을 발견했다.

(   )

(2) 아기 거북이 다시 가족을 만났다.

(   )

(3) 아기 거북과 마지, 두리, 세찌, 꽁지는 재미있게 놀았다. (   )

(4) 아기 거북이 까투리 가족을 따라 까투리 가족의 집으로 갔다. (   )

소단원 2

● 「아기 거북이가 숲으로 왔어요!」에서 재미있거나 감동적인 장면을 찾아 친구들과 이야기해 보기

❶ 혼자 알에서 깨어난 아기 거북이 꺼병이들과 만나는 장면

❷ 까투리 가족이 아기 거북과 재미있게 놀아 주는 장면

아기 거북이 다시 가족을 만나는 장면이 감동적이야.

㉠

● 그림 설명: 「아기 거북이가 숲으로 왔어요!」에서 있었던 일을 떠올리며, 재미있거나 감동적인 장면을 찾아 친구들과 이야기하는 그림입니다.

○ 만화 영화를 보고 생각이나 느낌을 말하는 방법
- 만화 영화를 보고 누가 무엇을 했는지 생각하고, 일어난 일을 차례대로 정리해 봅니다.
- 만화 영화에서 재미있거나 감동적인 장면을 찾아 이야기해 봅니다.
- 만화 영화의 한 장면을 떠올려 보고, 자신이라면 어떻게 했을지 이야기해 봅니다. → 만화 영화를 보고 생각이나 느낌을 말할 때에는 있었던 일에 대한 생각과 떠오르는 장면에 대한 느낌을 말합니다.

교과서 핵심

○ 「아기 거북이가 숲으로 왔어요!」를 보고 감동적인 장면에 대해 이야기 나누기 예

> 까투리 가족이 아기 거북에게 친절하게 대해 주고 재미있게 놀아 주는 장면이 감동적입니다.

5 장면 ❷에서 아기 거북의 마음은 어떠하였을지 짐작하여 **두 가지** 고르시오. (,)

① 신난다.
② 무섭다.
③ 두렵다.
④ 지루하다.
⑤ 재미있다.

핵심 **서술형** 📖 교과서 문제

6 ㉠에 들어갈, 이 만화 영화에서 재미있거나 감동적인 장면을 쓰시오.

_____

_____

서술형 **역량** 📖 교과서 문제

7 다음은 친구와 휴대 전화로 나눈 대화입니다. 친구의 질문에 자신이라면 어떻게 대답할지 쓰시오.

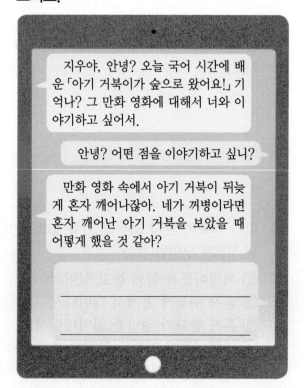

> 지우야, 안녕? 오늘 국어 시간에 배운 「아기 거북이가 숲으로 왔어요!」 기억나? 그 만화 영화에 대해서 너와 이야기하고 싶어서.

> 안녕? 어떤 점을 이야기하고 싶니?

> 만화 영화 속에서 아기 거북이 뒤늦게 혼자 깨어나잖아. 네가 꺼병이라면 혼자 깨어난 아기 거북을 보았을 때 어떻게 했을 것 같아?

국어 활동

양치기 소년

어느 평화로운 마을에 양치기 소년이 살았어요.

양치기 소년은 ㉠아침 일찍 양 떼를 몰고 풀밭으로 갔어요. 풀밭
에 벌렁 드러누운 양치기 소년은 한가로이 풀을 뜯는 양 떼를 보며
_{발이나 팔을 활짝 벌린 상태로 맥 없이 뒤로}   _{한가한 느낌이 있게.}
생각했어요. _{자빠지거나 눕는 모양.}

5   '뭐, 재미있는 일 없을까?'

심심한 양치기 소년은 장난을 치고 싶었어요.

"늑대가 나타났어요! 도와주세요!"

마을 사람들이 깜짝 놀라 뛰어왔어요.

"어디야, 늑대가 어디 있니?"

10   "심심해서 장난쳤어요."

마을 사람들은 그냥 돌아갔어요.

㉡이튿날 심심해진 양치기 소년은 또다시 늑대가 나타났다고 소
리쳤어요. 이번에도 거짓말이라는 것을 알게 된 마을 사람들은 화
를 내며 돌아갔어요.

15   ㉢며칠 뒤, 이번에는 진짜로 늑대가 나타났어요.

"늑대가 나타났어요! 도와주세요!"

"쳇, 거짓말쟁이. 우리가 또 속을 줄 알고?"
_{마을 사람들이 이번에도 거짓말이라고 생각함.}
양치기 소년이 소리쳤지만 마을 사람들은 아무도 오지 않았어요.

양치기 소년은 그제야 거짓말한 것을 후회했답니다.

● ☐ 안에 알맞은 따옴표 써 보기

㉣ ☐☐ 뭐, 재미있는 일 없을까? ☐☐

☐☐ 늑대가 나타났어요! 도와주세요! ☐☐

☐☐ 쳇, 거짓말쟁이. 우리가 또 속을 줄 알고? ☐☐

---

1 이 글에서 인물이 한 일을 각각 찾아 번호를 쓰시오.

> ① 늑대가 나타났다고 소리
>   쳤다.
> ② 거짓말이라는 것을 알고
>   화를 냈다.

(1) 양치기 소년   (   )
(2) 마을 사람들   (   )

2 일의 차례를 떠올리며 시간을 나타내는 말 ㉠~㉢이 들어갈 곳을 각각 찾아 기호를 쓰시오.

(1) (   ) 진짜 늑
대가 나타났지만 아무도
양치기 소년의 말을 믿지
않았어요.

(2) (   ) 양치기
소년은 늑대가 나타났다
고 또 거짓말을 해 마을
사람들이 화가 났어요.

(3) (   ) 양 떼를
몰고 풀밭으로 간 양치기
소년은 심심해서 늑대가
나타났다고 거짓말을 했
어요.

3 문장 ㉣에 들어가기에 알맞은 따옴표를 빈칸에 쓰시오.

● ☐☐ 뭐, 재미있는 일 없

을까? ☐☐

핵심

📖 교과서 문제

1 이야기에서 누가 무엇을 했는지 알아보는 방법으로 알맞으면 ○, 알맞지 않으면 ✕표를 하시오.

(1) 인물의 생각을 살펴본다. ( )

(2) 인물의 행동을 살펴본다. ( )

(3) 인물의 목소리가 큰지 살펴본다.

( )

중요

📖 교과서 문제

2 그림을 보고 「흥부 놀부」 이야기에서 일이 일어난 차례대로 번호를 쓰시오.

(1) 　(2) 　(3)

( )　　( )　　( )

📖 교과서 문제

3 만화 영화를 보고 생각이나 느낌을 말하는 방법으로 알맞은 것을 <u>두 가지</u> 고르시오.

(,)

① 친구의 생각이나 느낌을 따라 말한다.

② 떠오르는 장면에 대한 느낌을 말한다.

③ 만화 영화의 제목만 보고 상상하여 말한다.

④ 만화 영화에 나오는 인물의 말을 그대로 외워서 말한다.

⑤ 만화 영화에서 있었던 일에 대한 생각이나 느낌을 말한다.

서술형

📖 교과서 문제

4 자신이 본 책이나 만화 영화에 대한 생각이나 느낌을 쓰시오.

(1) 제목	
(2) 생각이나 느낌	

📖 교과서 문제

5 그림을 보고 빈칸에 어울리는 동작을 나타내는 말을 쓰시오.

• 가족이 밥을 ( ).

서술형

6 보기 와 같이 동작을 나타내는 말을 넣어 오늘 있었던 일을 문장으로 쓰시오.

> **보기**
>
> 아침에 이를 <u>닦았다</u>.

1~6

> 오늘 점심시간에 급식 반찬으로 미역무침이 나왔다. 나는 미역을 가장 싫어한다. 하지만 내 친구 서윤이는 미역무침이 맛있다고 했다.
> "너도 한번 먹어 봐. 새콤달콤 맛이 얼마나 좋은데."
> 서윤이는 미역무침을 맛있게 먹었다. 나는 그 모습을 보고도 먹을 용기가 나지 않아 고개를 절레절레 저었다. 하지만 주위를 둘러보니 친구들이 모두 맛있게 미역무침을 먹고 있었다.
> ㉠ ☐☐ 그럼 나도 한번 먹어 볼까?
> 나는 눈을 질끈 감고 미역무침을 한번 먹어 보았다. 입을 살짝 벌려 미역무침을 조금 먹어 보았더니 생각보다 맛이 좋았다. 계속 먹다 보니 입안에 새콤함이 가득해졌다. 어느새 미역무침을 모두 다 먹었다.

1 이 글에 등장하는 인물 <u>두 명</u>을 쓰시오.

( )

중요
2 서윤이의 생각이나 말과 행동을 알맞게 선으로 이으시오.

(1)	생각이나 말	·	· ①	미역무침을 맛있게 먹었다.
(2)	행동	·	· ②	"너도 한번 먹어 봐. 새콤달콤 맛이 얼마나 좋은데."

3 문장 ㉠에 들어갈 문장 부호로 알맞은 것은 무엇입니까? ( )

① 쉼표 　　　② 마침표
③ 느낌표 　　　④ 큰따옴표
⑤ 작은따옴표

4 이 글에서 '나'가 한 행동은 무엇입니까?
( )

① 미역무침을 서윤이에게 주었다.
② 미역무침을 먹은 서윤이를 칭찬해 주었다.
③ 눈을 질끈 감고 미역무침을 먹어 보았다.
④ 선생님께 미역무침을 못 먹겠다고 말했다.
⑤ 미역무침이 맛있다고 말한 서윤이에게 화를 냈다.

5 누가 무엇을 했는지 생각하며 다음 중 먼저 일어난 일에 ○표를 하시오.
(1) '나'는 용기 내어 미역무침을 먹어 보았다.
( )
(2) '나'는 주위 친구들이 맛있게 미역무침을 먹고 있는 것을 보았다. ( )

실력 UP
6 서윤이와 비슷한 경험을 떠올려 쓰시오.

_____

_____

7 이야기에서 누가 무엇을 했는지 알아보는 방법으로 알맞지 <u>않은</u> 것에 ×표를 하시오.
(1) 인물의 행동을 살펴본다. ( )
(2) 인물의 생김새를 살펴본다. ( )
(3) 인물의 생각이나 말을 살펴본다. ( )

4 단원
월
일

8~12

옛날 옛적에 어느 임금님이 ㉠신기한 맷돌을 가지고 있었습니다. "나와라, 밥!" 하면 밥이 나오고, "그쳐라, 밥!" 하면 뚝 그치는 신기한 맷돌이었답니다.

어느 날 아침, 사람들은 시장에 모여 신기한 맷돌에 대해 이야기를 했습니다.

"우리 임금님에게는 신기한 맷돌이 있다네."

"그 맷돌이 있으면 **귀한** 물건을 많이 얻을 수 있어."

사람들 뒤에서 도둑이 그 말을 조용히 듣고 있었습니다. 도둑은 ㉮고약한 마음을 먹었습니다.

'그 맷돌이 있으면 부자가 될 수 있겠어.'

저녁이 되자 도둑은 궁궐로 숨어들었습니다. 그리고 깊은 밤, 모두 잠든 사이 **몰래** 맷돌을 훔쳐 도망갔습니다. 그러고 나서 ㉡서둘러 배를 타고 바다를 건너 멀리 도망가려고 했습니다.

8 도둑이 시장에서 들은 이야기는 무엇인지 빈칸에 알맞은 말을 쓰시오.

• 임금님이 가진 신기한 (   )

9 ㉠과 ㉡의 뜻으로 알맞은 것을 찾아 선으로 이으시오.

(1) ㉠ •
(2) ㉡ •

• ① 믿을 수 없을 정도로 놀라운.

• ② 일을 급하게 처리하려고.

10 도둑이 먹은 ㉮는 어떤 마음입니까? (   )

① 맷돌을 훔치려는 마음
② 맷돌을 신기해하는 마음
③ 맷돌에 대해 더 알고 싶어하는 마음
④ 맷돌을 가진 임금님을 부러워하는 마음
⑤ 맷돌이 어떤 물건을 만들었는지 궁금해하는 마음

중요

11 이 글에서 시간을 나타내는 말을 두 가지 고르시오. (,   )

① 뚝   ② 몰래   ③ 귀한
④ 깊은 밤   ⑤ 어느 날 아침

실력 UP

12 이 글에서 일이 일어난 차례를 생각할 때 다음에 일어난 일을 쓰시오.

어느 임금님이 신기한 맷돌을 가지고 있었다.

↓

13~14

이튿날 심심해진 양치기 소년은 또다시 늑대가 나타났다고 소리쳤어요. 이번에도 거짓말이라는 것을 알게 된 마을 사람들은 화를 내며 돌아갔어요.

며칠 뒤, 이번에는 진짜로 늑대가 나타났어요.

"늑대가 나타났어요! 도와주세요!"

"쳇, 거짓말쟁이. 우리가 또 속을 줄 알고?"

양치기 소년이 소리쳤지만 마을 사람들은 아무도 오지 않았어요.

국어 활동

13 양치기 소년이 한 행동은 무엇입니까? (   )

① 산에서 늑대를 불러왔다.
② 거짓말을 한다며 화를 냈다.
③ 늑대가 나타났다고 소리쳤다.
④ 사람들을 늑대에게서 구해 냈다.
⑤ 마을 사람들과 힘을 합쳐 늑대를 잡았다.

국어 활동

14 이 이야기에서 나중에 일어난 일에 ○표를 하시오.

(1) 진짜 늑대가 나타났지만 아무도 양치기 소년의 말을 믿지 않았다. (   )

(2) 양치기 소년이 늑대가 나타났다고 거짓말을 해서 마을 사람들이 화가 났다. (   )

15~17

	아이쿠와 비비가 할머니께 드리려고 꽃밭에서 꽃을 따고 있습니다.
	할머니로 변장하고 아이쿠를 기다리던 카르망 콩드 백작은 아이쿠가 꽃밭에서 따 온 꽃을 받고 몸이 가려워지고, 콧물을 흘리며 기침과 재채기를 했습니다.

15 아이쿠는 할머니 댁에 가기 전에 무엇을 했습니까?　　　　(　)

① 빨간 모자를 샀다.
② 꽃밭에서 꽃을 땄다.
③ 귀여운 인형을 만들었다.
④ 비비와 음식을 만들었다.
⑤ 할머니를 그린 그림을 그렸다.

16 할머니 댁에서 아이쿠를 기다리고 있던 인물은 누구입니까?　　　　(　)

① 비비
② 할머니
③ 할머니의 친구
④ 아이쿠의 가족
⑤ 할머니로 변장한 카르망 콩드 백작

중요
17 이 만화 영화에서 일이 일어난 차례대로 번호를 쓰시오.

(1) 아이쿠와 비비가 꽃밭에서 할머니께 드릴 꽃을 땄다.　　　　(　)
(2) 꽃을 선물받은 카르망 콩드 백작에게 이상한 반응이 생겼다.　　　　(　)
(3) 아이쿠가 할머니로 변장한 카르망 콩드 백작을 만났다.　　　　(　)

18~20

❶ 	꺼병이 마지, 두리, 세찌, 꽁지가 바닷가에서 놀다가 막내 꽁지가 모래 구덩이에서 거북알을 발견하였습니다.
❷ 	막내 아기 거북이 혼자 뒤늦게 알에서 깨어났고, 까투리 가족을 따라 까투리 가족의 집으로 갔습니다.
❸ 	아기 거북은 꺼병이들과 미끄럼틀도 타고 공놀이도 하며 재미있게 놀았습니다.
❹ 	아기 거북이 다시 가족을 만났습니다.

18 장면 ❶에서 꽁지의 마음은 어떠하겠습니까?　　　　(　)

① 무섭다.　　② 궁금하다.
③ 지루하다.　　④ 화가 난다.
⑤ 관심이 없다.

19 아기 거북이 혼자 까투리 가족 집으로 오게 된 까닭은 무엇입니까?　　　　(　)

① 겁이 많아서
② 꽁지와 친구가 되고 싶어서
③ 탐험을 하다가 길을 잃어서
④ 혼자 뒤늦게 알에서 깨어나서
⑤ 아기 거북이라 걸음이 느려서

중요 **서술형**
20 이 만화 영화에서 재미있거나 감동적인 장면을 쓰시오.

_____

_____

● 글씨를 바르게 써 보시오.

차	례
차	례
차	례

까	투	리
까	투	리
까	투	리

감	동
감	동
감	동

바	닷	물	이
바	닷	물	이

짜	게
짜	게

되	었	습	니	다	.
되	었	습	니	다	.

5
생각을 키워요

무엇을 배울까요?

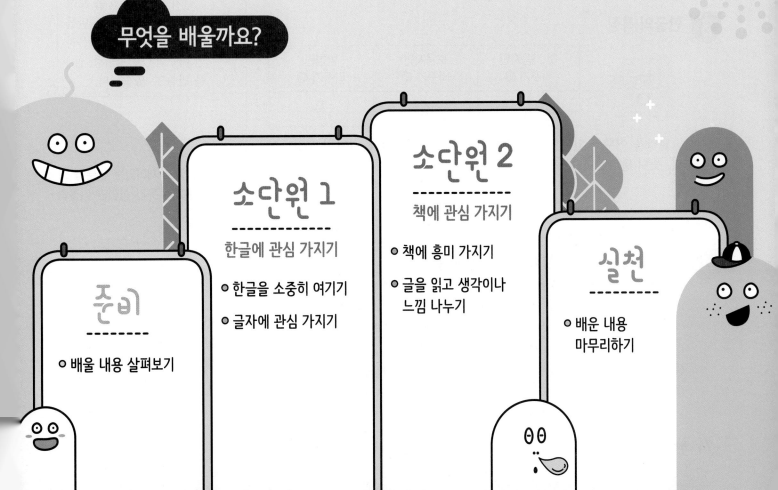

준비
○ 배울 내용 살펴보기

소단원 1
한글에 관심 가지기
● 한글을 소중히 여기기
● 글자에 관심 가지기

소단원 2
책에 관심 가지기
● 책에 흥미 가지기
● 글을 읽고 생각이나 느낌 나누기

실천
○ 배운 내용 마무리하기

1 자음자와 모음자의 모양 살펴보기

자음자	• 소리 나는 모양을 본떠 만들었습니다. 예 ㄱ, ㄷ, ㅈ • 소리가 세진다는 것을 드러내기 위해 획을 더 그어 만든 자음자도 있습니다. 예 ㄱ → ㅋ, ㄷ → ㅌ, ㅈ → ㅊ
모음자	• 방향을 달리하면 다른 모음자가 됩니다. 예 ㅗ → ㅏ, ㅜ, ㅓ

2 한글이 다른 문자와 다른 점과 한글의 좋은 점

다른 문자와 다른 점	• 만든 사람이 누구인지 알려져 있습니다. • 글자를 언제 만들어서 발표했는지 알려져 있습니다. • 글자를 왜 만들었는지 알려져 있습니다. • 글자를 만든 원리와 사용법을 적은 책이 있습니다.
좋은 점	• 소리 나는 모양을 본떠 만들어 배우기 쉽습니다.

3 한글의 특징

공	첫 자음자만 바꾸기 예	모음자만 바꾸기 예	받침만 바꾸기 예
	종	강	곰

낱말을 이루고 있는 글자 가운데에서 하나만 달라져도 글자의 모양, 소리, 뜻이 달라집니다.

4 책에 흥미를 가지고 생각이나 느낌 나누기

① 재미있는 부분을 찾아 친구들과 이야기를 나누며 책에 흥미를 가져 봅니다.
② 재미있는 부분을 고를 때에는 기억에 남는 장면, 공감이 가는 장면, 자신의 경험과 비슷한 장면, 감동적인 장면 등을 떠올려 봅니다.
③ 인물에게 있었던 일을 차례대로 정리해 봅니다.
④ 인물의 마음을 짐작할 수 있는 부분을 찾아 인물의 마음을 짐작해 봅니다.
⑤ 인물에게 있었던 일 또는 인물의 생각이나 느낌에 대한 자신의 생각이나 느낌을 떠올려 봅니다.

핵심 확·인·문·제

정답과 해설 ● 17쪽

1 소리가 세진다는 것을 드러내기 위해 획을 그어 만든 자음자도 있습니다.
(○ , ×)

2 모음자의 방향을 달리하면 □□ 모음자가 됩니다.

3 한글은 □□ 나는 □□을/를 본떠 만들어 배우기 쉽습니다.

4 다음 문장에서 알맞은 낱말에 ○표를 하시오.

> 글자 'ㄱ, ㅗ, ㅇ'을 모아 (공, 종, 강, 곰)을 만들고, 이 낱말에서 첫 자음자만 바꾸면 (공, 종, 강, 곰)을 만들 수 있습니다.

5 책을 읽고 재미있는 부분을 고를 때에는 웃긴 장면만 떠올립니다.
(○ , ×)

6 인물의 즐거운 마음을 나타내는 낱말로 알맞지 <u>않은</u> 것에 ×표를 하시오.
(반가운, 신나는, 속상한)

준비 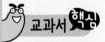 배울 내용 살펴보기

5단원

월 일

● 책 제목을 소리 내어 읽어 보기

㈎

재주 많은 다섯 친구

빨간 부채 파란 부채

웃음은 힘이 세다

젊어지는 샘물

금도끼 은도끼

요술 항아리

가나다 글자 놀이

바람과 해님

• **그림 설명**: 책꽂이에 친숙한 책들이 꽂혀 있습니다. 책 제목에서 비슷한 글자를 찾아 보며 글자가 달라지면 글자의 뜻과 소리가 달라지는 것을 알아봅니다.

비슷한 글자란 하나의 자음자 또는 모음자만 다른 글자를 의미합니다.

교과서 핵심

● **책 제목에서 모양이 비슷한 글자 찾아보기** 예

첫 자음자만 다른 글자	• 가, 나, 다 • 금, 음 • 간, 란
모음자만 다른 글자	• 도, 다 • 자, 재, 주, 지
받침만 다른 글자	• 은, 음 • 란, 람

📖 교과서 문제

1 그림 ㈎에서 보기 와 같이 모양이 비슷한 글자를 찾아 빈칸에 쓰시오.

보기

금	음

(1)

| 재 | | |

(2)

| | | |

📖 교과서 문제

2 문제 1번에서 찾은 글자의 자음자와 모음자 가운데에서 어떤 것이 서로 다른지 찾아 쓰시오.

(1) (　　　　　　　　　　)

(2) (　　　　　　　　　　)

3 그림 ㈎에서 첫 자음자만 다른 비슷한 글자끼리 짝 지어지지 <u>않은</u> 것은 무엇입니까?

(　　　)

① 구 - 부　　② 은 - 는
③ 간 - 란　　④ 님 - 힘
⑤ 도 - 다

4 그림 ㈎에서 모음자만 다른 비슷한 글자를 찾아 쓰시오.

(　　　　　　　　　　)

📖 교과서 문제

5 그림 ㈎에서 읽고 싶은 책을 찾아 제목을 쓰시오.

(　　　　　　　　　　)

● 글자의 모양이 어떻게 다른지 알아보기

‘ㄱ’에서 **획을 한 더 그으면** ‘ㅋ’이 됩니다.

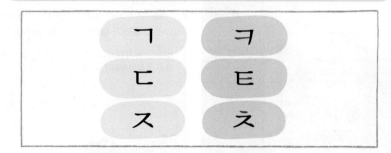

방향을 달리하면 다른 글자가 됩니다.

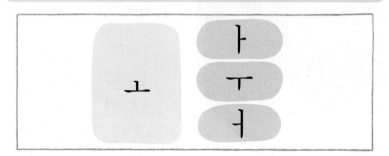

교과서 핵심

● 자음자의 모양 살펴보기
  • 소리 나는 모양을 본떠 만들었습니다.
  예) ㄱ, ㄷ, ㅈ
  • 소리가 세진다는 것을 드러내기 위해 획을 더 그어 만든 글자도 있습니다.
  예) ㄱ → ㅋ, ㄷ → ㅌ, ㅈ → ㅊ
  이 외에도 같은 자음자를 겹쳐 만든 글자도 있습니다.
  예) ㄲ, ㄸ, ㅃ, ㅆ, ㅉ

● 모음자의 모양 살펴보기
  • 방향을 달리하면 다른 모음자가 됩니다.
  예) ㅗ → ㅏ, ㅜ, ㅓ
  모음자도 자음자처럼 획을 더 그어 다른 모음자를 만들 수 있습니다.
  예) ㅏ → ㅑ, ㅐ / ㅓ → ㅕ, ㅔ

1 자음자에 한 획을 더 그어 만든 자음자는 무엇입니까? ( )

① ㄱ ② ㄴ
③ ㅁ ④ ㅇ
⑤ ㅌ

2 다음 자음자에서 한 획을 더 그어 만들 수 있는 자음자를 빈칸에 쓰시오.

ㅈ → [ ]

핵심
3 다음 모음자 가운데에서 서로 방향을 달리하여 만들 수 있는 모음자가 <u>아닌</u> 것은 무엇입니까? ( )

① ㅏ ② ㅗ
③ ㅓ ④ ㅜ
⑤ ㅣ

핵심
4 다음 두 자음자의 차이점으로 알맞은 것에 ○표를 하시오.

ㄱ ㅋ

(1) ‘ㅋ’보다 ‘ㄱ’의 소리가 더 세다. ( )

(2) ‘ㄱ’에서 한 획을 더 그어 ‘ㅋ’을 만들었다. ( )

5 ‘호’에서 모음자 ‘ㅗ’의 방향을 달리하여 만들 수 있는 글자에 ○표를 하시오.

하 휴 헤

백성을 위해 세종 대왕이 만든 글자, 한글!

❶ 조선 시대에는 우리 글자인 한글이 없어서 중국에서 만든 글자인 한자를 사용했어요. <u>한자는 글자 수가 많아서 배우기 어려웠고, 그래서 가난한 백성들은 한자를 읽을 수 없었어요.</u> 그래서 새로운 법이 생겨서 글로 알려주어도 읽을 수 없어서 법을 어겨 벌을 받기도 하고, 나쁜 사람들한테 속거나 억울한 일을 당하기도 했어요.

중심내용 조선 시대에는 우리 글자가 없어서 백성들이 불편했다.

❷ 당시 사람들은 중국이 조선보다 더 훌륭하다고 생각해서 한자 말고 다른 글자는 필요 없다고 생각하고, 우리나라 글자를 만드는 건 잘못된 일이라고 생각했어요. 그래서 세종 대왕도 남몰래 연구하고 공부해서 1443년에 한글을 창제했어요. 한글이 처음 창제되었을 때 이름이 훈민정음이에요.

중심내용 세종 대왕이 1443년에 한글을 만들었다.

❸ 세종 대왕은 한글을 만든 까닭을 이렇게 말했어요. '우리나라 말이 중국과 달라 한자로는 뜻이 통하지 않으니 가여운 백성들이 억울한 일이 있어도 전할 방법이 없다. 이에 훈민정음을 만들었으니 백성들이 쉽게 배우고 매일 쓰며 편안하길 바란다.'

중심내용 세종 대왕은 백성들이 쉽게 배우고 매일 쓰며 편안하길 바라는 마음으로 한글을 만들었다.

❹ 한글은 소리가 나는 모양을 본떠 만들었어요. 이렇게 한글을 만든 원리와 사용법을 적은 책이 『훈민정음해례본』이에요.

중심내용 한글을 만든 원리와 사용법을 적은 책이 있다.

• 영상의 특징: 한글을 누가, 왜, 어떻게 만들었는지 설명하는 영상입니다.

교과서 핵심

○ 한글이 다른 문자와 다른 점과 한글의 좋은 점

다른 문자와 다른 점	① 만든 사람이 알려져 있습니다. (세종 대왕) ② 글자를 언제 만들고 발표했는지 알려져 있습니다. (1443년, 조선 시대) ③ 글자를 왜 만들었는지 알려져 있습니다. • 백성이 글을 읽고 쓸 줄 모르는 것을 세종 대왕이 안타깝게 여겼기 때문에 • 백성이 쉽게 읽고 쓸 수 있는 글자가 필요했기 때문에 ④ 글자를 만든 원리와 사용법을 적은 책이 있습니다.
좋은 점	• 소리 나는 모양을 본떠 만들어 배우기 쉽습니다.

📖 교과서 문제

6 한글을 만든 사람은 누구인지 쓰시오.

( )

📖 교과서 문제

7 한글을 만든 까닭으로 알맞은 것에 ○표를 하시오.

(1) 양반이 좀 더 쉽게 쓸 수 있는 글자가 필요했기 때문입니다. ( )

(2) 백성이 글을 읽고 쓸 줄 모르는 것을 세종 대왕이 안타깝게 여겼기 때문입니다. ( )

8 한글에 대한 설명으로 알맞지 <u>않은</u> 것은 무엇입니까? ( )

① 조선 시대에 만들어졌다.
② 한자를 본떠 만든 글자이다.
③ 백성들의 삶을 편리하게 만들었다.
④ 한글을 세상에 알린 날이 밝혀졌다.
⑤ 한글을 만든 원리를 적은 책이 있다.

서술형 📖 교과서 문제

9 한글은 백성의 삶을 어떻게 바꾸어 놓았는지 쓰시오.

_____

_____

5. 생각을 키워요 **77**

● 자음자나 모음자를 바꾸면 어떤 낱말이 만들어지는지 살펴 보기

첫 자음자 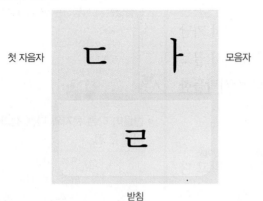 모음자

받침

● 하나의 글자를 바꾸어 뜻이 다른 낱말 만들어 보기

	첫 자음자만 바꾸기	모음자만 바꾸기	받침만 바꾸기
공	종	강	곰
볼	㉠		㉣
감	㉡	㉢	

교과서 핵심

● 한글의 특징
  낱말을 이루고 있는 글자 가운데에서 하나만 달라져도 글자의 모양과 소리, 뜻이 달라집니다.

1 다음 글자에 쓰인 첫 자음자, 모음자, 받침을 쓰시오.

달

(1) 첫 자음자: (   )
(2) 모음자: (   )
(3) 받침: (   )

중요

2 다음 낱말에 대한 설명으로 알맞은 것에 ○표를 하시오.

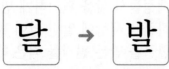

달 → 발

(1) '달'과 '발'은 첫 자음자만 다른 낱말이다. (   )
(2) '달'의 모음자 방향만 달리하여 만든 낱말이 '발'이다. (   )
(3) '달'의 글자 가운데에서 받침만 달리하여 만든 낱말이 '발'이다. (   )

중요 　　　　　　　　　　📖 교과서 문제

3 '볼'과 '감'의 첫 자음자만 바꾸어 낱말을 만들려고 합니다. ㉠과 ㉡에 들어갈 낱말로 알맞은 것을 찾아 선으로 이으시오.

(1) ㉠ •　　　　• ① 솔

(2) ㉡ •　　　　• ② 밤

중요 　　　　　　　　　　📖 교과서 문제

4 '감'의 모음자만 바꾼, ㉢에 들어갈 낱말로 적절하지 않은 것은 무엇입니까? (   )

① 검　　② 강　　③ 곰
④ 김　　⑤ 금

중요 　　　　　　　　　　📖 교과서 문제

5 '볼'의 받침만 바꾸어 ㉣에 들어갈 알맞은 낱말을 세 가지 쓰시오.

(   ) (   ) (   )

소단원 2

그래, 책이야!

글·그림: 레인 스미스, 옮김: 김경연

❶ **동키:** ㉠그건 뭐야?

몽키: 책이야.

동키: ♥스크롤은 어떻게 해?

몽키: 스크롤 안 해. 한 장 한 장 넘기면 돼. 이건 책이거든.

5 **동키:** 게임할 수 있어?

몽키: 아니. 책인걸.

동키: ♥메일 보낼 수 있어?

몽키: 아니.

동키: ♥와이파이는?

10 **몽키:** 아니.

동키: 이렇게 할 수 있어?

몽키: 아니…….

• **글의 종류:** 이야기
• **글의 특징:** 책이 무엇인지 몰라 책에 대해 몽키에게 묻던 동키가 책에 흥미를 느끼는 과정이 재미있게 그려져 있습니다.

♥**스크롤** 컴퓨터 화면을 아래, 위, 왼쪽, 오른쪽으로 움직이는 것.

♥**메일** 전자 우편.

♥**와이파이** 가까운 거리 안에서 무선 인터넷을 이용할 수 있는 통신망.

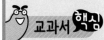 **교과서** 핵심

● 인물이 변화하는 모습 정리하기

• 동키가 노트북을 들고 있습니다.
• 몽키가 책을 들고 있습니다.

↓

동키와 몽키의 대화

↓

동키가 몽키의 책에 흠뻑 빠졌습니다.

📖 교과서 문제

1 글 ❶에서 동키와 몽키가 각각 들고 있는 것을 선으로 이으시오.

(1) 동키 •   • ① 책

(2) 몽키 •   • ② 노트북

3 글 ❶에서 동키는 책을 무엇과 비교하고 있는지 쓰시오.

(   )

📖 교과서 문제

4 동키가 책으로 어떤 것을 할 수 있는지 물어본 내용이 아닌 것은 무엇입니까? (   )

① 글을 쓸 수 있어?
② 소리를 낼 수 있어?
③ 게임을 할 수 있어?
④ 메일을 보낼 수 있어?
⑤ 와이파이를 연결할 수 있어?

2 동키가 몽키에게 ㉠처럼 물어 본 까닭으로 알맞은 것에 ○표를 하시오.

(1) 책이 재미있어서 (   )
(2) 책이 무엇인지 잘 알지 못해서 (   )

동키: 그럼……. 책으로는 뭘 할 수 있어? ♥비밀번호 있어야 해?

몽키: 아니.

동키: ♥별명이 있어야 해?

몽키: 책이라니까.

[중심 내용] 동키는 책으로 무엇을 할 수 있는지 몽키에게 계속 물어보았다.

5 몽키: 이제 내 책 돌려줄래?

동키: ㉠아니.

몽키: 뭐야…….

동키: 걱정 마. 다 보면 ♥충전해 놓을게.

마우스: 충전할 필요 없어……. 책이니까.

[중심 내용] 책에 재미를 느낀 동키가 책을 돌려달라는 몽키의 말에 책을 다 읽고 충전해 놓겠다고 하였다.

♥비밀번호 은행이나 컴퓨터 시스템에서 안전을 위해 미리 정해 놓고 쓰는 숫자와 문자를 조합한 것.
📖 게임 아이디와 비밀번호.

♥별명 사람의 외모나 성격 따위의 특징을 바탕으로 남들이 지어 부르는 이름.
📖 내 동생의 별명은 토끼이다.

♥충전 축전지나 축전기에 전기 에너지를 축적하는 일.
📖 휴대 전화를 충전하다.

교과서 핵심

○ **책에서 재미있는 부분 이야기하기** 📖

> 동키가 책에 흠뻑 빠졌지만 아직 책을 잘 몰라서 충전해 놓겠다고 하는 장면이 재미있어.

→ 글을 읽고 재미있는 점을 떠올릴 때에는 웃긴 장면만이 아니라 기억에 남는 점, 공감 가는 점, 자신의 경험과 비슷한 점, 감동적인 점, 놀라운 점, 새롭게 알게 되어 신기한 점도 떠올려 봅니다.

○ **책에 대한 자신의 생각 표현하기** 📖

> 저는 책을 마법이라고 생각합니다. 왜냐하면 책을 읽으면 시간이 무척 빨리 지나가기 때문입니다.

📖 교과서 문제

5 책을 돌려달라는 몽키의 말에 동키가 ㉠이라고 대답한 까닭은 무엇이겠습니까? (   )

① 책을 충전해 놓고 싶어서
② 몽키에게 장난을 치고 싶어서
③ 책에 흥미를 느껴 더 읽고 싶어서
④ 마우스에게 책을 빌려 주고 싶어서
⑤ 책으로 신나는 음악을 듣고 싶어서

[핵심]   📖 교과서 문제

6 이 글에서 재미있는 부분을 알맞게 말한 친구의 이름을 쓰시오.

> 원희: 몽키가 동키에게 화를 내는 장면이 재미있어.
> 빈이: 동키와 몽키가 책과 노트북을 들고 책에 대해 이야기를 나누는 장면이 재미있어.

(   )

[디지털 매체]   서술형   📖 교과서 문제

7 온라인 학급 게시판에 책에 대한 자신의 생각을 쓰려고 합니다. 보기 처럼 자신은 책을 무엇이라고 생각하는지와 그 까닭을 쓰시오.

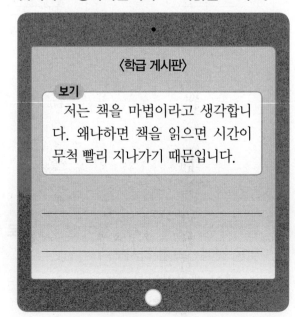

〈학급 게시판〉

보기
> 저는 책을 마법이라고 생각합니다. 왜냐하면 책을 읽으면 시간이 무척 빨리 지나가기 때문입니다.

너무너무 어려운 훌라후프 돌리기

❶ "자, 이제 운동장에 나가 볼까요?"

　선생님의 말씀에 친구들은 모두 "우아!" 하고 소리를 질렀다. 나만 "어휴."라고 했다. 왜냐하면 훌라후프로 운동하는 시간이기 때문이다.

　친구들은 훌라후프가 떨어지지 않게 잘 돌린다. 그런데 내가 하면 훌라

5 후프가 금방 뚝 떨어진다.

　중심 내용 '나'는 훌라후프를 잘 돌리지 못해서 훌라후프로 운동하는 시간을 부담스러워 한다.

・글의 종류: 이야기
・글의 특징: 훌라후프 돌리기를 잘 못하는 글쓴이가 포기하지 않고 노력하는 이야기입니다. 글쓴이가 느낀 마음을 찾아보고 글쓴이에게 있었던 일이나 느낀 마음에 대한 자신의 생각이나 느낌을 떠올려 봅니다.

교과서 핵심

○ 글쓴이에게 있었던 일과 그때 느낀 마음 ①

있었던 일	운동장에 나가자는 선생님의 말씀에 "어휴."라고 함.
마음	하기 싫은 마음, 나가기 싫은 마음, 두려운 마음

↓

있었던 일	훌라후프를 잘 돌리는 친구들을 봄.
마음	신기한 마음, 부러운 마음

1 선생님 말씀에 보인 '나'와 친구들의 반응을 알맞게 선으로 이으시오.

(1) 　친구들　・　　　・① 　"어휴."　

(2) 　　나　　・　　　・② 　"우아!"　

중요　　　　　　　　　　📖 교과서 문제

2 글 ❶에서 '나'에게 있었던 일을 고르시오.
(　)

① 선생님께 질문을 하였다.
② 훌라후프 돌리기를 포기하였다.
③ 훌라후프가 떨어지지 않게 잘 돌렸다.
④ 친구에게 훌라후프 잘 돌리는 방법을 배웠다.
⑤ 운동장에 나가자는 선생님 말씀에 "어휴." 라고 하였다.

중요　　　　　　　　　　📖 교과서 문제

3 글 ❶에서 느낄 수 있는 '나'의 마음으로 알맞지 않은 것은 무엇입니까? 　　(　)

① 훌라후프를 하기 싫은 마음
② 선생님의 말씀에 설레는 마음
③ 운동장으로 나가기 싫은 마음
④ 훌라후프로 운동하는 시간이 두려운 마음
⑤ 훌라후프가 떨어지지 않게 잘 돌리는 친구들이 부러운 마음

서술형

4 이 글의 '나'처럼 무언가를 해야 할 때에 하기 싫거나 두려운 마음이 생겼던 경험을 떠올려 쓰시오.

_____

_____

❷ 친구들처럼 훌라후프를 잘 돌리고 싶어서 ㉠나는 훌라후프가 있다고 생각하면서 허리를 이리저리 움직였다. 선생님은 훌라후프 돌리기를 포기하지 않고 노력하는 모습이 기특하다고 칭찬해 주셨다. 칭찬을 받아서 (말하는 것이나 행동하는 것이 신통하여 귀염성이 있다고) 기분이 좋았지만 다음에는 친구들처럼 훌라후프를 잘 돌리면 좋겠다.

중심 내용 '나'는 훌라후프 돌리기를 포기하지 않고 노력하여 선생님께 칭찬을 받았다.

교과서 핵심

● 글쓴이에게 있었던 일과 그때 느낀 마음 ②

있었던 일	훌라후프를 잘 돌리려고 노력함.
마음	더 잘하고 싶은 마음

↓

있었던 일	선생님께 칭찬을 받음.
마음	뿌듯한 마음, 기쁜 마음, 더 잘하고 싶은 마음

● 인물에게 있었던 일에 대한 생각이나 느낌 떠올리기 예

> 훌라후프가 있다고 생각하며 허리를 돌린 것이 재치 있어.

5 '나'가 ㉠과 같이 행동한 까닭은 무엇인지 글에서 찾아 쓰시오.

(   )

6 선생님께서 칭찬하신 '나'의 모습으로 알맞은 것에 ○표를 하시오.

(1) 훌라후프 돌리기를 포기하지 않고 노력하는 모습 (   )

(2) 허리를 이리저리 움직이며 친구들처럼 훌라후프를 잘 돌리는 모습 (   )

중요   📖 교과서 문제

7 선생님께 칭찬을 받았을 때 '나'의 마음으로 알맞은 것을 두 가지 고르시오. (,   )

① 기쁜 마음   ② 속상한 마음
③ 두려운 마음   ④ 궁금한 마음
⑤ 더 잘하고 싶은 마음

핵심   📖 교과서 문제

8 '나'에게 있었던 일에 대한 생각이나 느낌으로 알맞지 않은 번호를 찾아 쓰시오.

> ① 훌라후프가 있다고 생각하며 허리를 돌린 것이 재치 있어.
> ② 선생님께 칭찬을 받은 후에 더 이상 노력하지 않는다는 점이 아쉬워.
> ③ 친구들처럼 훌라후프를 잘 돌리려고 노력하는 모습이 대단하다고 생각해.

(   )

핵심   서술형   📖 교과서 문제

9 선생님께 칭찬을 받을 때 '나'의 생각이나 느낌에 대한 자신의 생각이나 느낌을 쓰시오.

_____

_____

국어활동

소단원 1. 한글에 관심 가지기

● 길을 따라가면서 글자를 바꾸어 낱말 만들어 보기

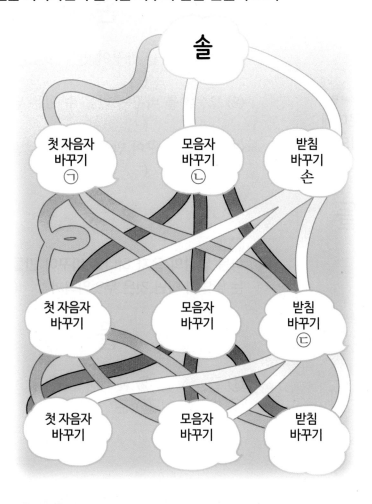

솔

첫 자음자
바꾸기
㉠

모음자
바꾸기
㉡

받침
바꾸기
손

첫 자음자
바꾸기

모음자
바꾸기

받침
바꾸기
㉢

첫 자음자
바꾸기

모음자
바꾸기

받침
바꾸기

1 ㉠, ㉡에 들어갈 낱말이 알맞게 짝 지어진 것은 무엇입니까?

( )

	㉠	㉡
①	솥	달
②	길	촌
③	볼	실
④	물	불
⑤	송	상

2 문제 1번에서 고른 낱말을 바탕으로 ㉢에 들어갈 낱말로 알맞은 것에 ○표, 알맞지 않은 것에 ×표를 하시오.

(1) ㉠ ➡ 복 ( )

(2) ㉡ ➡ 신 ( )

(3) 손 ➡ 산 ( )

소단원 2. 책에 관심 가지기

우주

우주에서는 모든 것이 둥둥 떠다녀요. 사람들이 타고 있는 우주선 안의 물건도 둥둥 떠다녀요. 물건이 둥둥 떠다니면 다치거나 위험해질 수 있어요. 그래서 물건을 묶거나 어딘가에 붙여 두어야 해요.
_{사람이나 물건을 기둥, 나무 따위에 붙들어 매거나.}
화장실에서 볼일을 볼 때에는 몸이 둥둥 뜨지 않게 발걸이와 손잡
5 이를 이용해 몸을 고정해요. 잠을 잘 때에는 벽에 붙여 놓은 이불
_{한곳에 꼭 붙어 있거나 붙어 있게 해요.}
속에 들어가서 자요. 음식을 먹을 때에는 음식을 담아 둔 주머니와 수저가 떠다니지 않게 식판에 붙여 놓고 먹어야 해요.

3 글의 내용을 바르게 이해하지 못한 것은 무엇입니까?( )

① 우주에서는 밥을 먹지 않는구나.

② 우주에서는 모든 것들이 둥둥 떠다니는구나.

③ 우주에서는 벽에 붙여 놓은 이불 속에서 자는구나.

④ 우주에서 볼일을 볼 때에는 몸이 뜨지 않게 고정하는구나.

⑤ 우주에서는 물건을 묶어 두지 않으면 다칠 수도 있구나.

1~2

〈안내판〉　도토리와 밤은 겨울철
야생 동물의 먹이입니다.

**다람쥐에게 도토리를
돌려주세요!**

📖 교과서 문제

1 다음 두 글자에서 자음자나 모음자 가운데에서 어떤 글자가 다른지 찾아 ○표를 하시오.

(1)　　　　　　　(2)

밤	람

동	돌

핵심　📖 교과서 문제

2 안내판을 보고 떠오른 생각이나 느낌을 알맞게 말하지 <u>못한</u> 친구의 이름을 쓰시오.

노을: 산에 떨어진 도토리와 밤을 주워 오지 말아야겠어.
산들: 사람들에게 야생 동물을 조심하라고 알려 주어야겠어.
윤슬: 사람들이 도토리와 밤을 모두 가져가면 다람쥐가 겨울철 먹이가 없어 불쌍해.

(　　　　　　　　　)

📖 교과서 문제

3 다음에서 설명하는 것이 무엇인지 **보기** 에서 찾아 기호를 쓰시오.

• 글자를 왜 만들었는지 알려져 있다.
• 만든 글자를 언제 발표했는지 알려져 있다.
• 글자를 만든 사람이 누구인지 알려져 있다.

보기
㉠ 한자　　　㉡ 한글　　　㉢ 자음자

(　　　　　　　　　)

중요　📖 교과서 문제

4 다음 낱말의 글자를 하나 바꾸어 뜻이 다른 낱말을 만들어 쓰시오.

손

(1) 첫 자음자를 바꾸어 만들 수 있는 낱말
(　　　　　　　　　)
(2) 모음자를 바꾸어 만들 수 있는 낱말
(　　　　　　　　　)
(3) 받침을 바꾸어 만들 수 있는 낱말
(　　　　　　　　　)

중요　📖 교과서 문제

5 다음 낱말의 글자 하나를 바꾸어 만들 수 있는 낱말이 <u>아닌</u> 것은 무엇입니까?　(　　　)

물

① 굴　　　② 불　　　③ 말
④ 먹　　　⑤ 문

📖 교과서 문제

6 물건을 셀 때 쓰는 알맞은 낱말을 찾아 선으로 이으시오.

(1) | 차 한 |　•　　　•① | 장 |

(2) | 종이 한 |　•　　　•② | 대 |

📖 교과서 문제

7 밑줄 친 낱말이 알맞지 <u>않은</u> 것은 무엇입니까?
(　　　)

① 책 한 <u>권</u>
② 수저 한 <u>벌</u>
③ 수박 한 <u>명</u>
④ 신발 한 <u>켤레</u>
⑤ 연필 한 <u>자루</u>

1 글자의 모양이 어떻게 다른지 잘못 말한 것은 무엇입니까? ( )

① 'ㅗ'의 방향을 달리하면 소리가 세진다.
② 'ㄷ'에서 한 획을 더 그으면 'ㅌ'이 된다.
③ 'ㅈ'에서 한 획을 더 그으면 'ㅊ'이 된다.
④ 'ㅜ'의 방향을 달리하면 다른 글자가 된다.
⑤ 'ㅏ'에서 'ㅏ'의 방향을 달리하면 'ㅓ'가 될 수 있다.

2 다음 모음자의 방향을 달리하여 만들 수 없는 글자를 두 가지 고르시오. (,)

① ㅓ　　　② ㅗ　　　③ ㅜ
④ ㅑ　　　⑤ ㅐ

3~5

　세종 대왕은 한글을 만든 까닭을 이렇게 말했어요. '우리나라 말이 중국과 달라 한자로는 뜻이 통하지 않으니 가여운 백성들이 억울한 일이 있어도 전할 방법이 없다. 이에 훈민정음을 만들었으니 백성들이 쉽게 배우고 매일 쓰며 편안하길 바란다.'
　한글은 소리가 나는 모양을 본떠 만들었어요. 이렇게 한글을 만든 원리와 사용법을 적은 책이 『훈민정음해례본』이에요.

서술형

3 세종 대왕이 한글을 만든 까닭은 무엇인지 쓰시오.

_____

_____

4 이 글에서 알 수 있는, 한글에 대한 설명으로 알맞지 않은 것에 ×표를 하시오.

(1) 소리 나는 모양을 본떠 만들었다.
( )

(2) 한글은 백성들이 배우기 어려웠다.
( )

(3) 한글을 만든 원리와 사용법을 적은 책이 있다. ( )

5 이 글을 읽고 친구들이 나눈 대화입니다. 알맞은 이야기를 한 친구의 이름을 쓰시오.

> 훈민: 한글이 만들어져서 백성이 한자를 몰라 억울한 일을 당하는 일이 줄었겠어.
> 정음: 그래도 한자를 모르는 백성은 자신의 생각을 글로 나타낼 수 없었어.

( )

중요

6 '국'의 글자를 바꾸어 뜻이 다른 낱말을 만들어 쓰시오.

	첫 자음자만 바꾸기	모음자만 바꾸기	받침만 바꾸기
국	(1)	(2)	(3)

실력 UP

7 보기 의 자음자와 모음자를 사용하여 낱말을 만들어 쓰시오.

보기
ㄱ ㅁ ㅇ ㅈ ㅏ ㅓ ㅜ ㅣ

중요

8 ㉠~㉢에 들어갈 알맞은 낱말을 쓰시오.

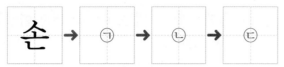

손 → ㉠ → ㉡ → ㉢

(1) ㉠: '손'의 첫 자음자를 바꾸어 쓰시오.
( )

(2) ㉡: ㉠의 모음자를 바꾸어 쓰시오.
( )

(3) ㉢: ㉡의 받침을 바꾸어 쓰시오.
( )

9 다음 낱말에 대한 설명으로 알맞은 것에 ○표를 하시오.

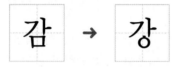

감 → 강

(1) '감'과 '강'은 첫 자음자만 다른 낱말이다.
( )

(2) '강'은 '감'의 모음자의 방향을 달리하여 만든 낱말이다. ( )

(3) '감'의 받침 하나만 바꾸어 새로운 낱말 '강'을 만들었다. ( )

10~13

㉮ 동키: 그건 뭐야?

몽키: 책이야.

동키: 스크롤은 어떻게 해?

몽키: 스크롤 안 해. 한 ㉠ 한 ㉠ 넘기면 돼. 이건 책이거든.

동키: 게임할 수 있어?

몽키: 아니. 책인걸.

동키: 메일 보낼 수 있어?

몽키: 아니.

동키: 와이파이는?

몽키: 아니.

㉯ 몽키: 이제 내 책 돌려줄래?

동키: 아니.

몽키: 뭐야……

동키: 걱정 마. 다 보면 충전해 놓을게.

마우스: 충전할 필요 없어……. 책이니까.

10 글 ㉮에서 동키가 다음과 같이 질문하는 이유는 무엇인지 쓰시오.

- 스크롤은 어떻게 해?
- 게임할 수 있어?
- 메일 보낼 수 있어?
- 와이파이는?

( )

11 물건을 세는 낱말로 ㉠에 들어갈 알맞은 낱말은 무엇입니까? ( )

① 대 ② 장 ③ 권

④ 그루 ⑤ 묶음

12 글 ㉯에서 동키의 마음으로 알맞은 것은 무엇입니까? ( )

① 슬프다.

② 재미있다.

③ 부끄럽다.

④ 화가 난다.

⑤ 자랑스럽다.

중요

13 이 글에서 재미있는 부분을 이야기할 때 알맞지 <u>않은</u> 것은 무엇입니까? ( )

① 책을 스크롤해 본다는 생각이 재미있어.

② 몽키가 동키에게 책을 선물한 장면이 감동적이야.

③ 동키가 여전히 책을 잘 몰라서 충전해 놓겠다고 하는 말이 웃겼어.

④ 동키가 몽키에게 책에 대해 엉뚱한 질문을 하며 이야기를 나누는 장면이 흥미로워.

⑤ 책을 잘 모르던 동키가 책에 흠뻑 빠져서 책을 돌려달라는 몽키의 말도 거절하는 장면이 놀라워.

14~18

> "자, 이제 운동장에 나가 볼까요?"
> 선생님의 말씀에 친구들은 모두 "우아!" 하고 소리를 질렀다. 나만 ㉠"어휴."라고 했다. 왜냐하면 훌라후프로 운동하는 시간이기 때문이다.
> 친구들은 훌라후프가 떨어지지 않게 잘 돌린다. 그런데 내가 하면 훌라후프가 금방 뚝 떨어진다.
> 친구들처럼 훌라후프를 잘 돌리고 싶어서 ㉡나는 훌라후프가 있다고 생각하면서 허리를 이리저리 움직였다. 선생님은 훌라후프 돌리기를 포기하지 않고 노력하는 모습이 기특하다고 칭찬해 주셨다. 칭찬을 받아서 기분이 좋았지만 다음에는 친구들처럼 훌라후프를 ㉢잘 돌리면 좋겠다.

14 '나'가 ㉠처럼 말한 까닭으로 옳은 것에 ○표를 하시오.

(1) 훌라후프를 잘 돌리고 싶어서   (   )
(2) 훌라후프로 운동하는 시간이 되어서
(   )

서술형

15 '나'가 ㉡처럼 행동한 일에 대한 자신의 생각이나 느낌을 쓰시오.

_____

_____

16 ㉢에서 하나의 글자만 바꾸어 만든 낱말로 알맞은 것은 무엇입니까?   (   )
① 만   ② 말   ③ 몸   ④ 멍   ⑤ 물

17 '나'에게 있었던 일을 차례대로 정리할 때 (1)~(3)에 들어갈 말을 보기 에서 골라 기호를 쓰시오.

> **보기**
> ㉮ 선생님께 칭찬을 받았다.
> ㉯ 훌라후프를 잘 돌리지 못했다.
> ㉰ 훌라후프를 잘 돌리려고 노력했다.

• 운동장에 나갔다. → (1) (   ) →
(2) (   ) → (3) (   )

중요

18 '나'에게 있었던 일과 그때 느낀 마음을 알맞게 선으로 이으시오.

(1) | 훌라후프를 잘 돌리는 친구들을 볼 때 | ・   ・① | 뿌듯하고 더 잘하고 싶은 마음 |

(2) | 선생님께 칭찬을 받을 때 | ・   ・② | 신기하고 부러운 마음 |

국어 활동

19 다음 글에서 재미있는 부분에 대해 알맞게 말한 친구를 골라 ○표를 하시오.

> 우주에서는 모든 것이 둥둥 떠다녀요. 사람들이 타고 있는 우주선 안의 물건도 둥둥 떠다녀요. 물건이 둥둥 떠다니면 다치거나 위험해질 수 있어요. 그래서 물건을 묶거나 어딘가에 붙여 두어야 해요.

(1) **현서**: 우주에서 보는 지구는 정말 아름답구나.   (   )
(2) **영서**: 우주에서는 모든 것이 떠다닌다니 신기하구나.   (   )

국어 활동 **중요**

20 보기 에 나타난 시환이의 행동에 대한 생각이나 느낌이 드러나게 표현한 문장을 골라 ○표를 하시오.

> **보기**
> 시환이는 장난감을 가지고 노는 것을 좋아해요. 시환이는 친구들과 함께 놀 때에도 블록, 장난감 자동차, 인형 등 마음에 드는 장난감을 모두 혼자 움켜쥐고 놀아요.

(1) 그러면 안 돼.   (   )
(2) 장난감을 많이 가지고 있구나.   (   )
(3) 장난감은 친구들과 함께 가지고 놀아야 해.   (   )

● 글씨를 바르게 써 보시오.

연	필	한	글	항	아	리
연	필	한	글	항	아	리
연	필	한	글	항	아	리

한	장	한	장
한	장	한	장

넘	기	면	돼	.
넘	기	면	돼	.

6

문장을 읽고 써요

무엇을 배울까요?

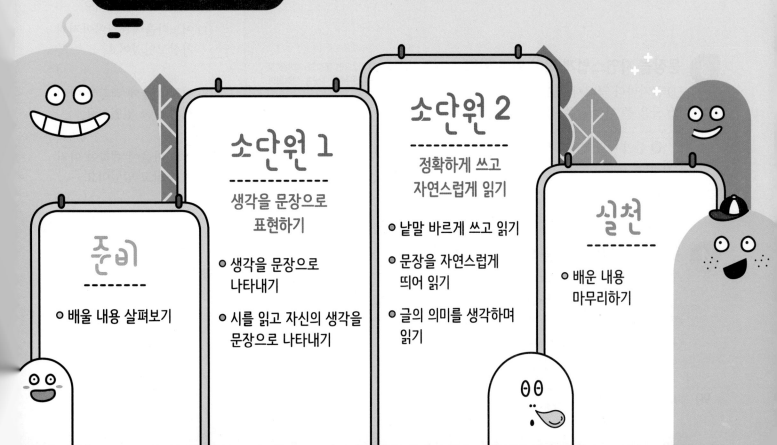

준비

- 배울 내용 살펴보기

소단원 1

생각을 문장으로 표현하기

- 생각을 문장으로 나타내기
- 시를 읽고 자신의 생각을 문장으로 나타내기

소단원 2

정확하게 쓰고 자연스럽게 읽기

- 낱말 바르게 쓰고 읽기
- 문장을 자연스럽게 띄어 읽기
- 글의 의미를 생각하며 읽기

실천

- 배운 내용 마무리하기

1 생각을 문장으로 나타내는 방법

① 문제가 무엇인지 알아보고, 이를 해결할 방법과 그 까닭을 생각해 봅니다.

② 자신의 생각을 구체적인 문장으로 표현합니다.

예

문제
예 더 쓸 수 있는 종이를 버리려고 해요.

↓

해결 방법
예 종이를 뒤집어서 써요.

↓

자신의 생각
예 아직 더 쓸 수 있으니까 종이를 뒤집어서 쓰면 좋겠어요.

2 모든 글자를 소리 나는 대로 쓰면 안 되는 까닭

① 낱말을 소리 나는 대로만 쓰면 읽는 사람이 뜻을 알기 어렵습니다.

② 소리는 같지만 뜻이 다른 낱말을 바르게 구별할 수 없습니다.

소리는 같지만 뜻이 다른 낱말 예
낮 – 낫 – 낯   같다 – 갔다

③ 낱말과 문장의 의미를 정확하게 전달하기 위해서입니다.

3 문장을 자연스럽게 띄어 읽는 방법

→ 글을 바르게 띄어 읽지 않으면 문장의 의미를 잘못 이해할 수 있습니다. 문장의 내용을 생각하며 뜻이 잘 통할 수 있게 띄어 읽습니다.

① 글자마다 끊어서 읽지 않습니다.

② 글을 쓴 사람(글쓴이)이 말하려는 내용을 떠올리며 읽습니다.

예 불이 나면∨모두의 안전을 위해∨건물에서 멀리 떨어진 곳으로∨대피해야 합니다.

└→ 글의 의미에 따라 띄어 읽는 방식은 다양할 수 있습니다.

4 뜻이 잘 드러나게 글을 띄어 읽는 방법

① 문장의 내용을 생각하며 읽습니다.

② '누가(무엇이)'에 해당하는 말 뒤에서 조금 쉬었다 읽습니다.

③ 문장과 문장 사이에서 조금 더 쉬었다 읽습니다.

④ 인물의 마음을 짐작해 보며 생동감 있게 읽습니다.

⑤ 문장을 자연스럽게 읽었는지 점검해 봅니다.

└→ • 너무 빠르게 읽지는 않았나요?
   • 글자마다 띄어 읽거나 쉬지 않았나요?
   • 의미가 잘 드러나도록 띄어 읽었나요?

핵심 **확·인·문·제**

정답과 해설 ● 21쪽

1 생각을 문장으로 표현할 때에는 ☐☐이/가 무엇인지 알아보고 ☐☐ 방법과 그 까닭을 생각해 ☐☐☐(으)로 표현해 봅니다.

2 낱말과 문장을 소리 나는 대로만 쓰면 그 ☐을/를 정확하게 전달하기 어렵습니다.

3 다음 문장에서 알맞은 낱말을 찾아 ○표를 하시오.

> '낮'과 '낫'은 소리는 (같지만, 다르지만) 뜻이 (같은, 다른) 낱말입니다.

4 다음 중 가장 자연스럽게 띄어 읽은 것에 ○표를 하시오.

(1) 어느마을에괜찮아아저씨가살고있었어요.
( )

(2) 어느 마을에∨괜찮아 아저씨가∨살고 있었어요.
( )

(3) 어느∨마을에∨괜찮아∨아저씨가∨살고∨있었어요.
( )

5 글을 읽을 때에는 인물의 마음과 상관없이 빠르고 큰 목소리로 소리 내어 읽습니다.

(○ , ×)

준비

● 영화관을 바르게 이용하지 않는 친구 찾아보기

• **그림 설명**: 영화관을 이용하는 다양한 모습의 친구들을 볼 수 있는 그림입니다. 영화관을 바르게 이용하지 않는 친구들에게 해 줄 수 있는 말을 생각해 봅니다.

교과서 핵심

○ 영화관을 바르게 이용하지 않는 친구에게 해 주고 싶은 말 생각해 보기 예

• 영화에 나오는 장면을 휴대 전화로 찍으면 안 돼.
• 영화를 볼 때에는 큰 소리로 이야기하거나 시끄럽게 하면 안 돼.
• 영화관에서는 휴대 전화에서 소리나 진동이 울리지 않게 해야 해.
• 앞사람이 불편할 수도 있으니 앞자리를 발로 차면 안 돼.
• 쓰레기는 영화가 끝난 뒤에 밖에 있는 쓰레기통에 버려야 해.

교과서 문제

1 친구들이 있는 곳은 어디인지 쓰시오.

( )

2 영화관을 바르게 이용하는 방법으로 알맞지 <u>않은</u> 것은 무엇입니까? ( )

① 앞자리를 발로 차지 않는다.
② 휴대 전화의 전원을 꺼 놓는다.
③ 쓰레기를 바닥에 버리지 않는다.
④ 영화를 보며 팝콘을 먹지 않는다.
⑤ 영화에 나오는 장면을 휴대 전화로 찍지 않는다.

3 ㉠에 들어갈 말로, 친구 ❷와 ❸에게 영화관을 바르게 이용하는 방법을 알맞게 말해 준 친구의 이름을 쓰시오.

> 동이: 영화를 보면서 친구와 영화에 대한 생각이나 느낌을 나누어 봐.
> 아리: 영화를 볼 때에는 큰 소리로 이야기하거나 시끄럽게 하면 안 돼.

( )

서술형

교과서 문제

4 영화관을 바르게 이용하지 않는 친구 ❹에게 해 주고 싶은 말로, ㉡에 들어갈 알맞은 말을 쓰시오.

_____

_____

소단원 1 〈 생각을 문장으로 나타내기

정답과 해설 ● 21쪽

● 사람들이 ♥발견한 것이 무엇인지 생각하며 「♥발명보다 위대한 발견」 보기

❶  ❷  ❸

● 자신의 생각을 문장으로 표현하는 방법 알아보기

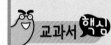

● **영상 설명**: 일상에서 낭비하고 있는 자원을 '발견'하는 광고 영상입니다.
● **그림 설명**: 쓸 수 있는 종이를 버리는 친구의 모습이 담긴 그림입니다. 그림을 보고 자신의 생각을 문장으로 나타내 봅니다.

♥**발견** 미처 찾아내지 못하였거나 아직 알려지지 아니한 사물이나 현상, 사실 따위를 찾아냄.
예 안 쓰는 전기를 발견하다.

♥**발명** 아직까지 없던 기술이나 물건을 새로 생각하여 만들어 냄.
예 자동차를 발명하다.

교과서 핵심

◉ **자신의 생각을 문장으로 나타내는 방법**
● 문제가 무엇인지 알아보고, 이를 해결할 방법과 그 까닭을 생각해 봅니다.
● 자신의 생각을 구체적인 문장으로 표현합니다.

📖 교과서 문제

1 '발명'에 해당하는 상황을 골라 ○표를 하시오.

(1) 스스로 빛을 내는 물건을 새로 만들었어.
( )

(2) 안 쓰는 전기 제품의 플러그가 계속 꽂혀 있는 걸 이제 보았어. ( )

📖 교과서 문제

2 장면 ❶~❸에서 사람들이 발견한 것을 선으로 이으시오.

(1)  • • ㉠ 🚲

(2) • • ㉡ 💡

(3) • • ㉢ 🛍️

중요

📖 교과서 문제

3 그림 ㉮에는 어떤 문제가 있는지 빈칸에 알맞은 말을 쓰시오.

•( ) 버리려고 합니다.

핵심 서술형

📖 교과서 문제

4 그림 ㉮를 보고 종이를 버리려는 친구가 어떻게 행동하면 좋을지 자신의 생각을 문장으로 쓰시오.

문제		해결 방법
더 쓸 수 있는 종이를 버리려고 해요.	+	종이를 뒤집어서 써요.

↓

자신의 생각	

반짝반짝

너는

㉠별이 되고 싶니?

너 혼자

반짝 빛나고 싶니?
혼자 있을 때 빛나는 모양

너는

㉡별자리가 되고 싶니?

여럿이 함께

반짝반짝 반짝반짝
여럿이 함께 있을 때 빛나는 모양
빛나고 싶니?

 신형건

• **글의 종류:** 시
• **글의 특징:** 혼자 하는 일도 함께 하는 일도 모두 가치가 있으며, 누가 보지 않아도 스스로 행동하는 한 명 한 명이 모여 여럿이 되었을 때 그 가치가 더 반짝반짝 빛난다고 말하고 있습니다.

교과서 핵심

◎ **시를 읽고 자신의 생각을 문장으로 써 보기**

• 혼자 반짝 빛날 수 있는 때가 언제인지 생각해 보기 예

> 쓰레기를 스스로 주울 때 나 혼자 반짝 빛날 수 있어.

• 여럿이 함께 빛날 수 있는 때가 언제인지 생각해 보기 예

> 함께 즐거움을 느낄 때 우리 모두 빛날 수 있어.

📖 교과서 문제

1 ㉠, ㉡과 관계있는 것을 각각 찾아 선으로 이으시오.

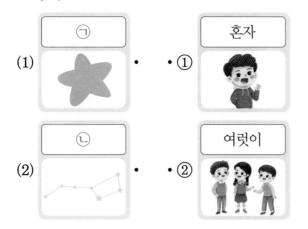

| ㉠ | | 혼자 |
| (1) ★ | • | • ① |

| ㉡ | | 여럿이 |
| (2) 별자리 | • | • ② |

📖 교과서 문제

2 혼자 반짝 빛날 수 있는 상황을 찾아 ○표를 하시오.

(1) 내 생각을 마음껏 표현해 그림을 그릴 때 ( )

(2) 반 장기 자랑에서 함께 즐거움을 느낄 때 ( )

📖 교과서 문제

3 이 시에서 뜻하는 '별자리'가 되고 싶은 친구는 누구인지 쓰시오.

> 수완: 교실에 떨어진 쓰레기를 스스로 주웠어.
> 해인: 도움이 필요한 친구를 정연이와 함께 도와주었어.

( )

핵심 서술형 📖 교과서 문제

4 자신은 어떻게 빛나고 싶은지 문장으로 쓰시오.

_____

_____

● 선생님께서 읽어 주시는 낱말을 잘 듣고 물음에 답하기

㉠

㉡

㉢

🐌 교과서 **핵심**

● **모든 글자를 소리 나는 대로 쓰면 안 되는 까닭**

• 낱말을 소리 나는 대로만 쓰면 읽는 사람이 뜻을 알기 어렵습니다.

• '같다'와 '갔다'처럼 소리는 같지만 뜻이 다른 낱말을 바르게 구별할 수 없습니다.

• 낱말과 문장의 의미를 정확하게 전달하기 위해서입니다.

📖 교과서 문제

1 그림 ㉠~㉢에 알맞은 낱말을 찾아 선으로 이으시오.

(1)  ㉠ ・　　・① 낫

(2)  ㉡ ・　　・② 낮

(3)  ㉢ ・　　・③ 낯

📖 교과서 문제

2 다음 그림 속 낱말을 바르게 쓴 것을 골라 ○표를 하시오.

(몯 ,   못)

핵심 　　　　　　　　📖 교과서 문제

3 모든 글자를 소리 나는 대로 쓰면 안 되는 까닭을 두 가지 고르시오. (　　,　　)

① 낱말을 발음하기가 어렵기 때문에

② 낱말의 정확한 뜻을 알기가 어렵기 때문에

③ 읽는 사람마다 낱말의 발음이 다르기 때문에

④ 문장을 자연스럽게 띄어 읽기가 어렵기 때문에

⑤ 소리는 같지만 뜻이 다른 낱말을 바르게 구별할 수 없기 때문에

📖 교과서 문제

4 다음 문장을 완성할 때 빈칸에 들어갈 알맞은 낱말은 무엇입니까? (　　)

꽃향기를 ☐ 습니다.

① 맏　　② 맛　　③ 맡

④ 맞　　⑤ 많

소방관의 부탁

❶ 여러분, 안녕하세요. 저는 소방서에서 일하는 소방관입니다. 오늘은 우리 모두의 안전을 지키기 위한 방법을 이야기하려고 합니다.

중심 내용 소방관이 모두 안전을 지키기 위한 방법을 이야기한다.

❷ ㉠첫째, 소방서에 장난 전화를 하면 안 됩니다. 신고가 들어오면 소방관은 바로 출동해야 합니다. 그런데 만약 그 전화가 장난이라면 정말 도움이 필요한 다른 사람들에게 소방관이 갈 수 없게 됩니다. 소방관들이 위험에 처한 사람들을 도울 수 있게 장난 전화를 하지 말아 주세요. 부대 따위가 일정한 목적을 실행하기 위하여 떠나야.

중심 내용 소방서에 장난 전화를 하면 안 된다.

❸ 둘째, 도로에 있는 소화전 근처에는 차를 대면 안 됩니다. 차, 배 따위의 탈것을 멈추어 서게 하면. 소방관은 불이 났을 때 소방차에 있는 물을 뿌려 불을 끕니다. 하지만 소방차에는 많은 물을 가지고 다닐 수 없습니다. 그래서 도로에 물을 끌어다 쓸 수 있는 곳을 만들어 놓았지요. '소방용수'라고 적힌 표지판이나 도로에 빨간색으로 칠해진 곳을 본 적이 있나요? 소방차는 그곳에서 물 소화 호스를 장치하기 위하여 상수도의 물을 공급하는 관에 설치하는 시설.

을 끌어다 쓴답니다. 부모님께서 소화전 근처에 주차하시지 않도록 꼭 말씀드려 주세요.

중심 내용 소화전 근처에 차를 대면 안 된다.

❹ 셋째, 불이 난 곳 근처에서 구경하지 말고 빠르게 대피해야 합니다. 건물에 불이 나면 불에 탄 물 위험이나 피해를 입지 않도록 일시적으로 피해야. 건이 우리의 머리 위로 떨어질 수도 있습니다. ㉡불이 나면 모두의 안전을 위해 건물에서 멀리 떨어진 곳으로 대피해야 합니다.

앞으로도 우리 소방관들은 여러분의 안전을 위해 열심히 일할 것입니다. 고맙습니다.

중심 내용 불이 나면 불이 난 곳 근처에서 구경하지 말고 빠르게 대피해야 한다.

- **글의 종류:** 주장하는 글
- **글의 특징:** 소방관이 사람들에게 안전을 지키기 위한 방법을 이야기하는 내용입니다. 글쓴이의 생각을 살펴보고 자연스럽게 띄어 읽는 방법을 찾아봅니다.

교과서 핵심

● **문장을 자연스럽게 띄어 읽는 방법**
- 글자마다 끊어서 읽지 않습니다.
- 글을 쓴 사람이 말하려는 내용을 떠올리며 읽습니다.

> 예 불이 나면∨모두의 안전을 위해∨건물에서∨멀리 떨어진 곳으로∨대피해야 합니다.

→ 글의 의미에 따라 띄어 읽는 방법은 다양할 수 있습니다.

---

1 누가 하는 이야기인지 쓰시오.

(   )

2 이 글을 다음과 같이 정리할 때 빈칸에 들어갈 알맞은 말을 쓰시오.

(1) 소방서에 ☐☐ 전화를 하지 않기

(2) 도로에 있는 ☐☐☐ 근처에 차를 대지 않기

(3) 불이 난 곳 근처에서 구경하지 말고 빠르게 ☐☐ 하기

3 핵심 문장 ㉠을 자연스럽게 띄어 읽을 수 있다고 생각하는 부분에 ∨를 하시오.

> 첫째, 소방서에 장난 전화를 하면 안 됩니다. 신고가 들어오면 소방관은 바로 출동해야 합니다.

4 핵심 📖 교과서 문제

문장 ㉡을 더 자연스럽게 띄어 읽은 것에 ○표를 하시오.

(1) 불이 나면∨모두의 안전을 위해∨건물에서∨멀리 떨어진 곳으로∨대피해야 합니다. (   )

(2) 불이∨나면∨모두의∨안전을∨위해∨건물에서∨멀리∨떨어진∨곳으로∨대피해야∨합니다. (   )

괜찮아 아저씨

글·그림: 김경희

❶ 어느 마을에 괜찮아 아저씨가 살고 있었어요.

아저씨는 아침이면 세수를 하고 머리 모양을 만들었지요.

그리고 이렇게 말했죠.

5 ㉮ **"오, 괜찮은데?"**

아저씨는 머리카락 숫자를 세었어요.

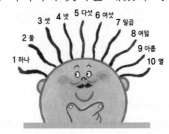

중심 내용 괜찮아 아저씨는 아침이면 머리 모양을 만들고 머리카락 숫자를 세었다.

• 글의 종류: 이야기
• 글의 특징: 괜찮아 아저씨의 머리카락을 새들이 물고 가서, 거미가 매달려서, 곰이랑 시소를 타서, 토끼와 달리기 경주를 해서 머리카락이 한 올씩 빠지지만 아저씨는 남은 머리카락으로 머리 모양을 만들며 괜찮다고 말합니다. 글의 의미를 생각하며 바르게 띄어 읽어 봅시다.

❷ 아저씨가 낮잠을 자는데 새들이 **포르르.**
작은 새 따위가 갑자기 날아갈 때 나는 소리. 또는 그 모양.

머리카락 한 올이 쏘옥~
실이나 줄의 가닥을 세는 단위. 쉽게 뽑아내는 모양.

다음 날, 아저씨는 세수를 하고 머리카락을 세 개씩 묶었어요.

㉮ **"오, 괜찮은데?"**
5

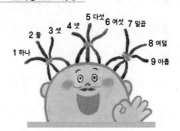

중심 내용 머리카락 한 올이 빠지고, 아저씨는 머리카락을 세 개씩 묶었다.

교과서 핵심

○ 아저씨 머리 모양의 변화 ①

| 새들이 물고 가서 | → | 아저씨 머리카락이 한 올 빠졌습니다. | → | 머리카락을 세 개씩 묶었습니다. |

○ 뜻이 잘 드러나게 글을 띄어 읽는 방법
• 문장의 내용을 생각하며 읽습니다.
• '누가(무엇이)'에 해당하는 말 뒤에서 조금 쉬었다 읽습니다.
• 문장과 문장 사이에서 조금 더 쉬었다 읽습니다.
• 흉내 내는 말은 생동감 있게 읽습니다.

---

1 아저씨는 무엇을 보고 ㉮라고 말했는지 쓰시오.

(   )

📖 교과서 문제

2 글 ❷에서 아저씨의 머리카락 한 올이 빠진 까닭은 무엇입니까? (   )

① 세수를 해서
② 낮잠을 자서
③ 새들이 물고 가서
④ 머리카락을 묶어서
⑤ 머리카락 숫자를 세어서

3 글 ❶, ❷에 쓰인 시간을 나타내는 말로 옳지 않은 것에 ×표를 하시오.

| 다음 날 | 아침이면 | 세수를 하고 |

핵심

4 뜻이 잘 드러나게 문장을 읽은 친구의 이름을 쓰시오.

나무: 문장의 내용을 생각하며 의미가 잘 드러나게 띄어 읽었어.
바다: 띄어 읽는 곳은 정해져 있으니 한 가지 방법으로 문장 읽는 연습을 했어.

(   )

❸ 비 오는 날, 거미가 아저씨 머리에 매달려

　㉠　 .

머리카락 한 올이 쏘옥~

다음 날, 아저씨는 세수를

5 하고 가르마를 탔어요.

"오, 괜찮은데?"

중심 내용 머리카락 한 올이 빠지고, 아저씨는 가르마를 탔다.

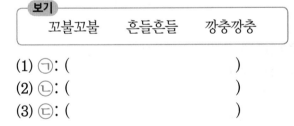

❹ 아저씨는 곰이랑 시소를 타고 오르락내리락.

올라갔다 내려갔다 하는 것을 되풀이하는 모양.

머리카락 한 올이 쏘옥~

다음 날, 아저씨는 세수를

10 하고 머리카락을

　㉡　 말았어요.

"오, 괜찮은데?"

중심 내용 머리카락 한 올이 빠지고, 아저씨는 머리카락을 말았다.

❺ 아저씨랑 　㉢　 토끼가 달리기 경주를

하니 머리카락 한 올이 쏘옥~

다음 날, 아저씨는 세수를 하고 머리카락을 땋았어요.

머리털이나 실 따위를 둘 이상의 가닥으로 갈라서 어긋나게 엮어 한 가닥으로 했어요.

"오, 괜찮은데?"

중심 내용 머리카락 한 올이 빠지고, 아저씨는 머리카락을 땋았다.

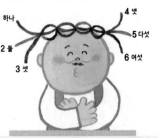

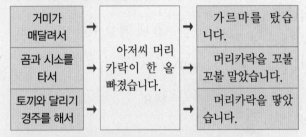

교과서 핵심

○ 아저씨 머리 모양의 변화 ②

거미가 매달려서	→		→	가르마를 탔습니다.
곰과 시소를 타서	→	아저씨 머리카락이 한 올 빠졌습니다.	→	머리카락을 꼬불꼬불 말았습니다.
토끼와 달리기 경주를 해서	→		→	머리카락을 땋았습니다.

○ 문장을 자연스럽게 읽었는지 점검하는 방법

• 너무 빠르게 읽지는 않았나요?
• 글자마다 띄어 읽거나 쉬지 않았나요?
• 의미가 잘 드러나도록 띄어 읽었나요?

---

5 ㉠~㉢에 어울리는 말을 보기 에서 찾아 쓰시오.

보기
꼬불꼬불　　흔들흔들　　깡충깡충

(1) ㉠: (　　　　　　　　)
(2) ㉡: (　　　　　　　　)
(3) ㉢: (　　　　　　　　)

중요
6 '오, 괜찮은데?'에 나타난 아저씨의 마음으로 알맞은 것에 ○표를 하시오.

궁금함　　아쉬움　　만족스러움

---

7 머리카락의 수에 따라 달라진 아저씨의 머리 모양을 알맞게 선으로 이으시오.

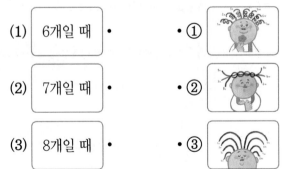

(1) 6개일 때 ・　　　　・①
(2) 7개일 때 ・　　　　・②
(3) 8개일 때 ・　　　　・③

핵심
8 문장을 소리 내어 읽는 방법으로 알맞지 않은 것은 무엇입니까? (　　)

① 쉬지 않고 빠르게 읽는다.
② 문장의 느낌을 살려 읽는다.
③ 글자마다 띄어 읽지 않는다.
④ 의미가 잘 드러나도록 읽는다.
⑤ 이야기를 들려 주듯이 실감 나게 읽는다.

6
단원

월

일

실력 키우기 · 62~63쪽　**소단원 1. 생각을 문장으로 표현하기**

● 그림을 보고 자신의 생각이 잘 드러나게 문장으로 표현한 것을 찾아 ○표 해 보기

🔘 **가** 하면 안 돼요.

🔘 **나** 안전을 위해 차에서는 안전띠를 풀지 않아야 해요.

🔘 **다** 내 책상 위가 이상해요.
(　　　　㉠　　　　) 정리를 해야 해요.

🔘 **라** 이 책은 좋아요.
→ 위험을 참고 견디며 어떠한 일을 함.

🔘 **마** 이 책은 주인공이 <u>모험</u>을 하는 내용이 있어서 재미있어요.

● 친구가 말하고 싶은 내용이 잘 드러나게 바꾸어 써 보기

㉡싫어요.

피부가 빨개지고 가려워지니까 이 음식은 먹으면 안 돼.

?

그런데요, 제가요, 아까요, 현지한테 미안하다고 했는데요, 그런데요, 현지가요, 아까는 괜찮다고 했는데요, 그런데요, 지금은 또 안 괜찮다고 해서 속상해요.

1 가~마 가운데에서 자신의 생각이 잘 드러나게 표현한 문장을 두 가지 골라 기호를 쓰시오.
(　　　,　　　)

2 그림을 보고, 자신의 생각이 잘 드러나게 표현할 때 ㉠에 들어갈 알맞은 말은 무엇입니까?　　　(　　　)
① 친구와 놀기 위해
② 엄마께 혼이 나기 전에
③ 학용품이 몇 개 없으니까
④ 선생님께 보여 주기 위해
⑤ 주변이 너무 지저분하니까

3 친구가 말하고 싶은 내용이 잘 드러나게 ㉡을 바꾸어 쓰시오.

_____

_____

4 친구 ㉢에게 해 줄 말로 알맞은 것에 ○표를 하시오.
(1) "선생님께서 너의 마음을 잘 아실 수 있도록 더 길게 말씀 드려 봐."(　　　)
(2) "선생님께 현지가 사과를 받아 주지 않아서 어떻게 해야 할지 모르겠다고 말씀 드려 봐."(　　　)

소단원 2. 정확하게 쓰고 자연스럽게 읽기

● ☐ 안에 들어갈 글자를 생각하며 바르게 써 보고 정확하게 썼는지 확인해 보기

> 대한초등학교 앞 ⓐ 꼭 ⓑ 집에서 다섯 걸음 떨어진 곧 ⓒ 에서
>
> 나는 빨간색 옷 ⓔ 을 입고 있다. 나를 찾아라.

5 ㉠과 ㉡에 들어갈 받침이 알맞게 짝 지어진 것은?

(   )

	㉠	㉡
①	ㅂ	ㄷ
②	ㅍ	ㅊ
③	ㅈ	ㅅ
④	ㅁ	ㅈ
⑤	ㄷ	ㅍ

6 ㉢~㉤에 공통으로 들어갈 알맞은 글자를 쓰시오.

(   )

● 누가 더 자연스럽게 읽었는지 찾아 ○표 해 보기

> ㉮ 개는ⅴ혀로ⅴ더위를 식힙니다.ⅴ혀를ⅴ입 밖으로 쭉 내밀
> 어ⅴ몸을 시원하게 만들지요.
> _{더운 기를 없앱니다.}

> ㉯ 개는 혀로 더위를 식힙니다.ⅴ혀를 입 밖으로 쭉 내밀
> 어 몸을 시원하게 만들지요.

> ㉰ 기린은ⅴ혀로ⅴ얼굴에 붙은ⅴ벌레를ⅴ떼어 냅니다.ⅴ귓속
> 을ⅴ청소하기도 하지요.
> _{붙어 있거나 이어져 맞닿은 것을 떨어지게 하여.}

> ㉱ 기린은 혀로 얼굴에ⅴ붙은 벌레를ⅴ떼어 냅니다.ⅴ귓속
> 을 청소ⅴ하기도 하지요.

> ㉲ 개구리는 ☐ 혀로 ☐ 날아다니는 ☐ 벌레를 ☐
> 잡아먹습니다.

7 ㉮와 ㉯, ㉰와 ㉱ 가운데에서 더 자연스럽게 읽은 것을 각각 찾아 ○표를 하시오.

(1) ㉮ (   )   ㉯ (   )

(2) ㉰ (   )   ㉱ (   )

8 ㉲에서 자연스럽게 띄어 읽을 수 있다고 생각하는 곳에 ∨를 하시오.

> 개구리는 ☐ 혀로 ☐
> 날아다니는 ☐ 벌레를 ☐
> 잡아먹습니다.

📖 교과서 문제

1 바르게 쓴 글자를 찾아 ○표를 하시오.

(1)  숫 숯

(2) 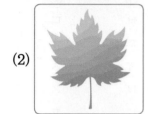 잎 입

(3) 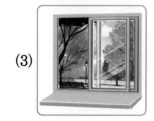 밖 박

📖 교과서 문제

2 자음자의 이름을 바르게 쓰시오.

(1) ㅊ

(2) ㅋ

(3) ㅍ

(4) ㅎ

핵심 📖 교과서 문제

3 다음 글을 자연스럽게 띄어 읽을 수 있다고 생각하는 곳에 ∨와 ∭를 하시오.

> 심장이 ☐ 쿵쾅쿵쾅. ☐
> 온몸이 ☐ 화끈화끈. ☐
> 숨이 ☐ 컥컥 ☐ 막히고, ☐ 머릿속은
> ☐ 눈사람처럼 ☐ 새하얘졌어요. ☐
> '그동안 ☐ 발표 ☐ 준비를 ☐ 얼마나
> ☐ 열심히 ☐ 했는데, ☐ 왜 ☐ 입
> 이 ☐ 안 ☐ 떨어지지?' ☐
> 링링은 ☐ 눈앞이 ☐ 캄캄했어요. ☐

📖 교과서 문제

4 반대말끼리 짝 지어진 것이 <u>아닌</u> 것은 무엇입니까? ( )

① 싫다 – 좋다
② 묶다 – 풀다
③ 밝다 – 어둡다
④ 들어가다 – 나가다
⑤ 뛰어가다 – 빠르다

5 다음 글의 흐름에 맞게 문장을 완성할 수 있는 반대말을 쓰시오.

> 담이는 운동장에서 신나게 모래 장난을 했다. 간식을 먹으려고 보니 손이 아주 (㉠). 그래서 비누칠을 하고 손을 씻었다. 씻고 나니 손이 (㉡).

(1) ㉠: ( )

(2) ㉡: ( )

단원 평가

6 단원

월

일

1 그림에서 종이를 버리려는 친구의 행동을 보고, 친구에게 말해 줄 자신의 생각을 알맞은 문장으로 나타낸 것에 ○표를 하시오.

(1) 종이를 아껴 쓰기 위해 종이에 그림을 그리지 않으면 좋겠어. ( )

(2) 아직 종이를 더 쓸 수 있으니까 종이를 뒤집어서 쓰면 좋겠어. ( )

서술형

2 다음 문제를 해결할 수 있는 방법을 쓰시오.

문제	손 씻을 때 물을 틀어 두고 있습니다.

_____

_____

실력 UP

3 다음 그림 속에 어떤 문제가 있는지 알아보고, 그림 속 아이에게 해 줄 말을 써 봅시다.

_____

_____

4~5

> 너는
> 별이 되고 싶니?
> 너 혼자
> 반짝 빛나고 싶니?
>
> 너는
> 별자리가 되고 싶니?
> **여럿이 함께**
> **반짝반짝 반짝반짝**
> **빛나고 싶니?**

4 이 시의 내용을 떠올려 다음 상황에 알맞은 말을 골라 ○표를 하시오.

● 쓰레기를 스스로 주울 때
(나 혼자 반짝, 여럿이 함께 반짝반짝)
빛날 수 있어.

5 시에 나온 낱말 가운데에서 다음 상황과 가장 관련이 적은 낱말은 어느 것입니까? ( )

> 도움이 필요한 친구를 다 같이 도와주었어요.

① 별 ② 함께
③ 별자리 ④ 여럿이
⑤ 반짝반짝

국어 활동

6 그림을 보고 자신의 생각이 잘 드러나게 표현한 문장에 ○표를 하시오.

(1) 하면 안 돼. ( )
(2) 안전띠 풀지 마. ( )
(3) 안전을 위해 차에서는 안전띠를 풀지 않아야 해. ( )

7 중요 모든 글자를 소리 나는 대로 쓰면 안 되는 까닭으로 알맞은 것을 찾아 기호를 쓰시오.

> ㉠ 소리 나는 대로만 낱말을 쓰면 읽는 사람이 뜻을 알기 어렵기 때문이다.
> ㉡ '같다'와 '갔다'처럼 소리는 다르지만, 뜻이 비슷한 낱말을 구별할 수 없기 때문이다.

( )

8 그림을 보고 빈칸에 알맞은 낱말을 쓰시오.

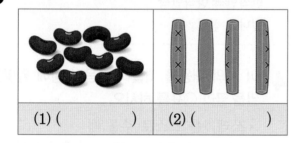

| (1) ( ) | (2) ( ) |

9 다음 문장을 완성할 때, 빈칸에 들어갈 알맞은 낱말은 무엇입니까? ( )

> 해가 떠 있는 ☐과 달과 별이 떠 있는 밤.

① 낮   ② 낫   ③ 낮
④ 난   ⑤ 났

10 다음 낱말 가운데에서 바르게 쓴 낱말을 골라 ○표를 하시오.

> 어머니께서 벽에 (못을, 몯을, 모슬) 박으셨다.

11 밑줄 친 낱말 가운데에서 바르게 쓴 낱말이 아닌 것은 무엇입니까? ( )

① 꽃   ② 숯
③ 맡다   ④ 창밖
⑤ 깻입

12~14

> ㉮ 첫째, 소방서에 장난 전화를 하면 안 됩니다. 신고가 들어오면 소방관은 바로 출동해야 합니다. 그런데 만약 그 전화가 장난이라면 정말 도움이 필요한 다른 사람들에게 소방관이 갈 수 없게 됩니다.
> ㉯ 둘째, 도로에 있는 소화전 근처에는 차를 대면 안 됩니다. ㉠소방관은 불이 났을 때 소방차에 있는 물을 뿌려 불을 끕니다. 하지만 소방차에는 많은 물을 가지고 다닐 수 없습니다. 그래서 도로에 물을 끌어다 쓸 수 있는 곳을 만들어 놓았지요.
> ㉰ 셋째, 불이 난 곳 근처에서 구경하지 말고 빠르게 대피해야 합니다. 건물에 불이 나면 불에 탄 물건이 우리의 머리 위로 떨어질 수도 있습니다.

12 이 글에서 알 수 있는 사실로 알맞지 <u>않은</u> 것은 무엇입니까? ( )

① 불이 나면 빠르게 대피해야 한다.
② 소화전 근처에 차를 대면 안 된다.
③ 소방서에 장난 전화를 하면 안 된다.
④ 소방차에는 많은 물을 가지고 다닌다.
⑤ 건물에 불이 나면 불에 탄 물건이 머리 위로 떨어질 수도 있다.

13 중요 ㉠을 다음과 같이 각각 띄어 읽어 보았습니다. 이에 대한 설명으로 알맞지 <u>않은</u> 것은 무엇입니까? ( )

> ㉮ 소방관은불이났을때소방차에있는물을뿌려불을끕니다.
> ㉯ 소방관은∨불이 났을 때∨소방차에 있는 물을 뿌려∨불을 끕니다.

① ㉮는 쉬지 않고 빠르게 읽었다.
② ㉯는 모든 낱말마다 띄어 읽었다.
③ ㉯가 ㉮보다 더 자연스럽게 들린다.
④ ㉮처럼 읽으면 문장의 뜻을 잘못 이해할 수 있다.
⑤ ㉯는 '소방차에 있는' 다음에도 쉬어 읽을 수 있다.

14 _{서술형} 소방서에 장난 전화를 하면 안 되는 까닭은 무엇인지 글에서 찾아 쓰시오.

_____

_____

15 _{국어 활동} 다음 문장을 자연스럽게 띄어 읽을 수 있다고 생각하는 부분에 ∨와 ≫를 하시오.

> 개는 혀로 더위를 식힙니다. 혀를 입 밖으로 쭉 내밀어 몸을 시원하게 만들지요.

16~20

> 아저씨가 낮잠을 자는데 새들이 포르르.
> 머리카락 한 ⊙ 이 쏘옥~
> 다음 날, 아저씨는 세수를 하고 머리카락을 세 개씩 ⓒ묶었어요.
> "오, 괜찮은데?"
> 하나 둘 셋 넷 다섯 여섯 일곱 여덟 아홉
> 비 오는 날, 거미가 아저씨 머리에 매달려 흔들흔들.
> 머리카락 한 ⊙ 이 쏘옥~
> 다음 날, 아저씨는 세수를 하고 가르마를 탔어요.
> "오, 괜찮은데?"
> 하나 둘 셋 넷 다섯 여섯 일곱 여덟

16 ⊙에 공통으로 들어갈 알맞은 낱말은 무엇입니까? ( )

① 통 ② 올
③ 쌈 ④ 다발
⑤ 켤레

17 ⓒ의 반대말을 찾아 ○표를 하시오.

> 풀었어요   끊었어요   이었어요

18 아저씨의 머리 모양이 변한 이유와 변한 머리 모양으로 알맞은 것을 찾아 선으로 이으시오.

변한 이유

(1) 새들이 머리카락을 물고 가서 •

(2) 거미가 머리카락에 매달려서 •

변한 머리 모양

• ①

• ②

• ③

19 _{중요} 이 글을 여러 가지 방법으로 소리 내어 읽을 때, 알맞은 방법이 <u>아닌</u> 것의 번호를 찾아 쓰시오.

> ① 친구와 한 문장씩 돌아가며 읽었어.
> ② '쏘옥~'은 느낌을 살려서 재미있게 읽었어.
> ③ 뜻이 잘 드러나게 글자마다 천천히 띄어 읽었어.

( )

20 _{실력 UP} 이 글을 읽고 생각이나 느낌을 나눈 대화 가운데에서 알맞지 <u>않은</u> 말에 ×표를 하시오.

(1) 아저씨는 밝고 긍정적인 사람인가 봐. ( )

(2) 아저씨의 머리카락이 빠진 까닭이 궁금해. ( )

(3) 아저씨의 머리 모양이 또 어떻게 달라질지 상상해 봤어. ( )

따라쓰기

● 글씨를 바르게 써 보시오.

발	견	숫	자	여	럿	이
발	견	숫	자	여	럿	이
발	견	숫	자	여	럿	이

너	는		별	자	리	가
너	는		별	자	리	가

되	고		싶	니	?	
되	고		싶	니	?	

7

무엇이
중요할까요

무엇을 배울까요?

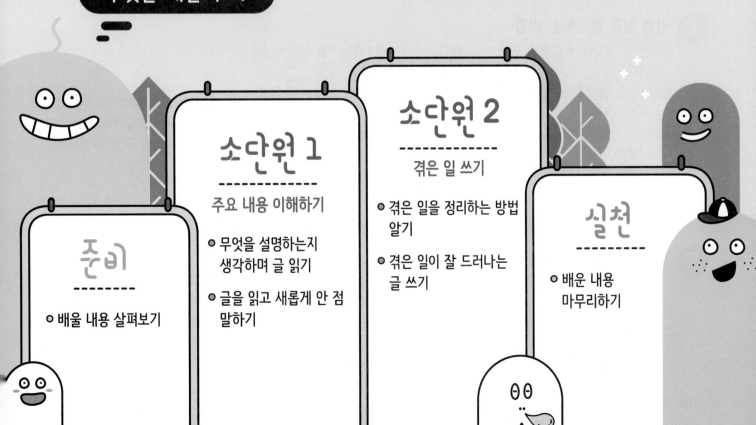

준비

○ 배울 내용 살펴보기

소단원 1

주요 내용 이해하기

● 무엇을 설명하는지
  생각하며 글 읽기

● 글을 읽고 새롭게 안 점
  말하기

소단원 2

겪은 일 쓰기

● 겪은 일을 정리하는 방법
  알기

● 겪은 일이 잘 드러나는
  글 쓰기

실천

● 배운 내용
  마무리하기

1 설명하는 글을 읽는 방법 → 글의 제목이나 반복해서 나오는 낱말이나 그림을 보면 무엇에 대해 설명하고 있는지 짐작할 수 있습니다.

① 무엇을 설명하는지 생각하며 글을 읽습니다.

② 설명하는 글에 나타난 대상, 차례 등을 바탕으로 글을 자세하게 읽습니다.

③ 설명하는 글에서 무엇이 중요한지를 살펴보며 읽습니다.

1 (설명, 주장)하는 글을 읽을 때에는 글에 나타난 대상, 차례 등을 생각하며, 글에서 무엇이 중요한지 살펴보며 읽습니다.

2 글에서 설명하는 대상을 찾는 방법

① 글의 제목을 살펴봅니다.

② 글에서 소개하는 대상이 무엇인지 찾아 밑줄을 그어 봅니다.

③ 글에서 반복하여 나오는 낱말이 무엇인지 살펴봅니다.

→ 글이 우리에게 무엇을 설명하고 있는지 생각하면 소개하는 대상을 찾을 수 있습니다.

2 글에서 설명하는 대상이 무엇인지 찾기 위해서는 글의 ☐☐이/가 무엇인지 살펴봅니다.

3 글을 읽고 새롭게 안 점을 말하는 방법

① 글의 제목이나 글에서 반복하여 나오는 낱말이나 내용을 살펴보며 글에서 소개(설명)하는 대상을 찾습니다.

② 소개하는 대상의 어떤 점을 설명하고 있는지 찾아봅니다.

③ 글을 읽고 새롭게 안 점이나 궁금한 점을 말해 봅니다.

→ 글에 제시된 그림과 사진을 참고하면 글의 내용을 이해하는 데 도움을 받을 수 있습니다.

3 글을 읽고 새롭게 안 점을 말하는 방법으로 알맞은 것에 ○표를 하시오.

(1) 어려운 낱말 개수를 말해 봅니다. ( )

(2) 소개하는 대상을 찾고 새롭게 안 점을 말해 봅니다. ( )

4 겪은 일을 정리하는 방법

= 경험

① 언제, 어디에서 있었던 일인지, 그때의 마음은 어떠했는지를 생각해 봅니다.

→ 글을 읽고 인물과 비슷한 일을 겪었던 자신의 경험을 떠올리면 인물이 처한 상황과 인물의 마음이나 기분을 짐작할 수 있습니다.

② 마음을 표현할 때에는 '즐거웠다.', '재미있었다.'라고만 표현하지 않도록 합니다.

③ 다른 사람이 겪은 일과 비슷한 자신의 경험을 떠올릴 수도 있지만 다른 사람과 비슷한 마음이 들었던 자신의 다른 경험을 떠올릴 수도 있습니다.

4 겪은 일을 정리하며 마음을 표현할 때에는 '즐거웠다.', '재미있었다.'라고만 표현해야 합니다.

(○ , ×)

5 겪은 일이 잘 드러나게 글을 쓰는 방법

① 자신이 겪은 일 가운데에서 친구들에게 말하고 싶은 일을 떠올려 봅니다.

② 친구들에게 소개하고 싶은 일을 고르고, 언제, 어디에서 있었던 일인지, 어떤 일이 있었는지 등을 떠올려 정리해 봅니다.

③ 겪은 일과 그때의 마음이 잘 드러나게 글로 씁니다.

④ 겪은 일과 관련 있는 느낌을 구체적이고 다양하게 표현해 봅니다.

→ '겪은 일'은 실제로 경험한 일이고, '느낌'은 인물이 느낀 마음입니다.

5 겪은 일이 잘 드러나게 글을 쓰기 위해서는 겪은 일과 관련 있는 ☐☐을/를 구체적으로 써야 합니다.

● 만들기 시간에 일어난 일을 살펴보고 물음에 답해 보기

• **그림 설명**: 만들기 시간에 일어난 일로, 만들기를 어려워하는 아이와 잘하는 아이의 모습이 나타난 그림입니다. 두 아이의 차이점을 비교하여 살펴봅니다.

설명하는 글을 읽던 경험을 떠올려 보면서 설명을 따라 만들기를 할 때에 중요한 점이 무엇인지 생각해 봅니다.

🐛 **교과서 핵심**

◦ **두 아이의 차이점 비교하며 살펴보기**

	설명을 잘 들어서 만들기를 잘할 수 있었습니다.
	무엇을 어떻게 하라는 것인지에 대한 설명을 듣고, 내용을 이해하지 못해서 만들기를 잘하지 못했습니다.

📖 교과서 문제

1 그림에서 두 아이는 무엇을 하고 있습니까?
( )

① 한복을 그리고 있다.
② 색종이로 한복을 접고 있다.
③ 한복이 무엇인지 질문을 하고 있다.
④ 한복이 무엇인지 설명을 듣고 있다.
⑤ 선생님께서 색종이로 배를 접는 것을 보고 있다.

2 그림의 남자아이가 만들기를 잘할 수 있었던 까닭은 무엇이겠습니까? ( )

① 손재주가 좋기 때문이다.
② 설명을 잘 들었기 때문이다.
③ 만들기를 좋아하기 때문이다.
④ 친구들이 도와주었기 때문이다.
⑤ 집에서 연습을 해 왔기 때문이다.

📖 교과서 문제

3 그림의 여자아이가 만들기를 잘하려면 어떻게 해야 할지 알맞은 것에 ○표를 하시오.

(1) 바른 자세로 앉아야 한다. ( )
(2) 친구를 잘 도와주어야 한다. ( )
(3) 설명을 듣고 내용을 이해해야 한다.
( )

핵심 📖 교과서 문제

4 주변에서 설명하는 글을 읽는 것을 보았던 경험을 알맞게 말한 친구의 이름을 쓰시오.

창민: 집에 음식 만들기 재료가 배달되었는데, 엄마께서 거기에 있는 설명서를 따라 음식을 만드시는 것을 본 적이 있어.
해나: 동생이 장난감 자동차를 로봇으로 변신시키는 것을 어려워해서 종이에 로봇으로 변신시키는 방법을 자세히 써 준 적이 있어.

( )

소단원 1

독도

❶ 독도는 우리나라 동쪽 끝에 위치한 섬입니다. 독도는 큰 섬 두 개와 작은 바위섬 89개로 이루어져 있습니다. 큰 섬 두 개를 각각 동도와 서도라고 부릅니다. 독도는 동도와 서도를 모두 합쳐 부르는 이름입니다.

중심 내용 독도는 우리나라 동쪽 끝에 위치한 섬으로 동도, 서도와 여러 개의 작은 바위섬이 모여 이루어져 있다.

❷ 동도에는 ♥등대와, 배가 드나들 수 있도록 만든 시설이 있습니다.
5 동도에 있는 등대는 밤에도 불을 밝혀 독도 주변을 지키는 데 도움을 줍니다. 독도를 지키는 ♥경비대도 이곳에 있습니다.

중심 내용 동도에는 등대와 배가 드나들 수 있도록 만든 시설과 경비대가 있다.

❸ 서도에는 주민을 위한 숙소가 있습니다. 독도를 사람들에게 널리 알리고 보존하는 일을 하는 독도관리사무소 직원도 독도에 올 때에는 이곳을 이용합니다. 또 서도에는 땅에 ♥스며든 물이 땅 밖으로 모이는 곳이 있습
10 니다. 옛날에는 사람들이 이 물을 썼지만, 요즘은 바닷물을 우리가 먹을 수 있게 바꾼 뒤 그 물을 사용합니다.

중심 내용 서도에는 주민을 위한 숙소가 있고, 땅에 스며든 물이 땅 밖에 모이는 곳이 있다.

대한봉 / 우산봉 / 서도 / 동도

- **글의 종류**: 설명하는 글
- **글의 특징**: 독도의 위치와 구성, 동도와 서도의 특징을 설명하는 글로, 설명하는 대상과 내용을 찾으며 글을 읽어 봅니다.

♥등대 바닷가나 섬 같은 곳에 탑 모양으로 높이 세워 밤에 다니는 배에 목표, 뱃길, 위험한 곳 따위를 알려 주려고 불을 켜 비추는 시설.
♥경비대 경비하는 일을 맡은 부대.
♥스며든 속으로 배어든.

교과서 핵심

● **글에서 설명하는 대상을 찾는 방법**
- 글의 제목을 살펴봅니다.
- 글에서 소개하는 대상을 찾아 밑줄을 그어 봅니다.
- 글에서 반복하여 나오는 낱말이 무엇인지 살펴봅니다.

↳ 글에서 무엇을 설명하고 있는지 살펴보면 설명하는 대상을 찾을 수 있습니다.

중요 📖 교과서 문제

1 이 글의 제목은 무엇인지 쓰시오.

( )

중요

2 이 글을 읽고 독도에 대해 알 수 있는 내용으로 알맞지 **않은** 것은 무엇입니까? ( )

① 경비대가 지키고 있다.
② 우리나라 서쪽 끝에 있는 섬이다.
③ 등대와 주민을 위한 숙소가 있다.
④ 동도와 서도를 합쳐 부르는 이름이다.
⑤ 큰 섬 두 개와 여러 개의 작은 바위섬으로 이루어져 있다.

핵심 📖 교과서 문제

3 이 글은 무엇에 대해 소개하고 있는지 <u>두 가지</u> 고르시오. (,)

① 독도의 역사　② 독도의 위치
③ 독도의 크기　④ 우리나라 섬의 개수
⑤ 동도와 서도의 특징

중요

4 동도와 서도에 대한 설명으로 알맞지 **않은** 것을 찾아 기호를 쓰시오.

동도	㉠ 주민을 위한 숙소가 있다. ㉡ 독도를 지키는 경비대가 있다. ㉢ 등대와 배가 드나들 수 있도록 만든 시설이 있다.
서도	㉣ 땅에 스며든 물이 땅 밖으로 모이는 곳이 있다.

( )

자연은 발명왕

❶ 유리창에 붙어 있는 인형을 본 적이 있나요? 그것을 ♥붙일 때에 사용하는 물건은 문어의 ♥빨판을 ♥본떠 만들었습니다. 문어는 빨판을 ♥이용해 어디에나 잘 ♥달라붙습니다. 우리가 흔히 쓰는 칫솔걸이도 이것을 본떠 만든 물건입니다.

[유리창에 붙어 있는 인형]

중심 내용 문어의 빨판을 본떠 어디에나 잘 달라붙는 물건을 만들었다.

5 ❷ 낙하산은 민들레씨를 본떠 만들었습니다. 민들레씨의 가는 실 끝에는 털이 여러 개 달려 있습니다. 이 털이 있어서 민들레씨는 둥둥 떠서 멀리까지 날아갈 수 있습니다. 또 천천히 땅에 떨어지게 됩니다. 낙하산을 이용하면 비행기에서 ♥안전하게 땅으로 내려올 수 있습니다.

중심 내용 민들레씨를 본떠 낙하산을 만들었다.

민들레씨

- 글의 종류: 설명하는 글
- 글의 특징: 자연을 본떠 만든 물건을 소개하는 글입니다. 글에서 소개하는 대상을 찾고, 어떤 점을 설명하는지 살펴보고 새롭게 안 점을 생각하며 읽어 봅니다.

♥붙일 맞닿아 떨어지지 않게 할.

♥빨판 다른 동물이나 물체에 달라붙기 위한 기관.

♥본떠 이미 있는 대상을 본으로 삼아 그대로 좇아.

♥이용해 대상을 필요에 따라 이롭게 써.

♥달라붙습니다 끈기 있게 찰싹 붙습니다.

♥안전하게 위험이 생기거나 사고가 날 걱정이 없게.

교과서 핵심

○ 글을 읽고 새롭게 안 점을 말하는 방법

- 글의 제목이나 글에서 반복하여 나오는 낱말이나 내용을 살펴보며 글에서 소개(설명)하는 대상을 찾습니다.
- 소개하는 대상의 어떤 점을 설명하고 있는지 찾아봅니다.

글에 제시된 그림과 사진 등을 참고하면 글의 내용을 이해하는 데에 도움을 받을 수 있습니다.

---

1 글 ❶, ❷에서 가장 많이 반복해서 나오는 말에 ○표를 하시오.

(1) 본떠 만들었습니다.   (   )
(2) 어디에나 잘 달라붙습니다.   (   )
(3) 멀리까지 날아갈 수 있습니다.   (   )

중요   📖 교과서 문제

2 글 ❶, ❷에서 소개하는 것은 무엇입니까?
                     (   )

① 자연을 본떠 만든 물건
② 실수로 만들어진 발명품
③ 낙하산을 이용하는 방법
④ 문어가 유리창에 붙는 까닭
⑤ 갈고리 모양의 가시가 있는 민들레씨의 생김새

3 자연과 이 자연을 본떠 만든 물건을 알맞게 선으로 이으시오.

(1) 문어의 빨판 •　　　• ① 낙하산

(2) 민들레씨 •　　　• ② 칫솔걸이

중요

4 설명하는 글의 내용을 파악하는 방법을 알맞게 말한 친구의 이름을 쓰시오.

> 재인: 글에 나온 그림이나 사진을 참고하면 글을 이해하는 데 도움이 돼.
> 효주: 제목에는 소개하는 대상이 반드시 나타나 있으니까 제목만 살펴보면 돼.

                     (   )

7 단원

월

일

❸ 숲속을 걷다 보면 옷에 열매가 붙어 있는 경우가 있습니다. 도꼬마리
_{열매에 고리 모양의 가시와 짧은 털이 있는 식물.}
열매에는 갈고리 모양의 가시가 많이 있습니다. 그래서 새나 짐승의 털에
_{쇠로 만들어 물건을 걸고 끌어당기는 데 쓰는 끝이 뾰족하고 꼬부라진 물건.}
잘 붙습니다. 이것을 보고 단추나 끈보다 더 쉽게 붙였다 떼었다 할 수 있
는 물건을 만들었습니다.

중심 내용 도꼬마리 열매를 본떠 쉽게 붙였다 떼었다 하는 물건을 만들었다.

신발

케이블 정리 끈

붕대

교과서 핵심

● 이 글에서 소개하는 자연과 자연을
본떠 만든 물건

자연	자연을 본떠 만든 물건
문어의 빨판	• 인형을 유리창에 붙일 때 사용하는 물건 • 칫솔걸이
민들레씨	낙하산
도꼬마리 열매	쉽게 붙였다 떼었다 할 수 있는 물건

📖 교과서 문제

5 도꼬마리 열매가 새나 짐승의 털에 잘 붙는 까닭은 무엇인가요? ( )

① 열매가 찐득찐득해서
② 문어의 빨판을 본떠 만들어서
③ 열매 끝에 털이 여러 개 달려 있어서
④ 열매에 갈고리 모양의 가시가 많아서
⑤ 새나 짐승이 도꼬마리 열매를 자주 주워 가서

중요

6 글의 제목 「자연은 발명왕」이 뜻하는 것은 무엇인지 빈칸에 공통으로 들어갈 알맞은 말을 쓰시오.

• ( )의 모습을 본떠 쓸모 있는 물건을 발명할 수 있었기 때문에 ( )은/는 발명왕이라고 한 것이다.

핵심

7 글 ❸을 읽고 새롭게 안 점으로 적절하지 않은 것에 ×표를 하시오.

(1) 어떻게 하면 도꼬마리 열매가 잘 자랄 수 있는지 알게 되었어. ( )

(2) 무엇을 보고 쉽게 붙였다 떼었다 할 수 있는 물건을 만들었는지 알게 되었어. ( )

디지털 매체   핵심   서술형   📖 교과서 문제

8 다음 학급 게시판의 글을 읽고, 알맞은 댓글을 한 가지 쓰시오.

〈학급 게시판〉

선생님: 오늘 국어 시간에 배운 「자연은 발명왕」을 읽고 새롭게 안 점이나 궁금한 점을 댓글로 써 보세요.

┗ 댓글)

진짜 일 학년 책가방을 지켜라!

신순재

❶ 아무리 찾아도 없어.

㉠책가방을 ♥탈탈 털어도 안 나와.

나는 알림장을 뚫어지게 쳐다봤어.

<u>필통을 잃어버려서 연필을 깎아 갈 수 없는 것이 당황스러워서 한 행동</u>

연필 깨끗이 깎아 오기.

<u>알림장에 적혀 있는 내용</u>

5 휴, 연필이 있어야 깎아 가지.

필통을 잃어버리는 바람에 연필도 싹 사라졌는걸.

또 사 달라고 하면 엄마한테 혼날 텐데.

벌써 세 번째니까.

<u>필통을 잃어 버린 횟수</u>

중심 내용 '나(준수)'는 필통을 세 번이나 잃어버렸다.

❷ 엄마한테 ♥철석같이 약속을 하고는 겨우 새 필통을 샀어.

10 내가 또 필통 잃어버리나 봐라!

내 물건 지키기 ♥비법 1

초강력 끈적 대마왕 이름표 붙이기

중심 내용 필통을 새로 산 '나(준수)'는 필통을 잃어버리지 않기 위해 이름표를 붙였다.

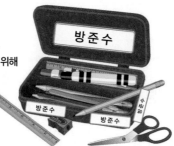
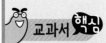

방준수

- **글의 종류**: 이야기
- **글의 특징**: 물건을 잃어버린 경험을 쓴 이야기로, 인물이 겪은 일을 정리하고 인물의 마음을 짐작하며 읽어봅니다.

♥**탈탈** 아무것도 남지 않게 털어 내는 모양.
  - 예 모래가 들어간 신발을 탈탈 털었다.

♥**철석같이** 마음이나 의지, 약속 따위가 매우 굳고 단단하게.
  - 예 다시는 거짓말을 하지 않겠다고 엄마와 철석같이 약속했다.

♥**비법** 여러 사람에게 널리 드러내지 않고 비밀리에 하는 방법.

교과서 핵심

○ **겪은 일을 정리하는 방법**
- 언제, 어디에서 있었던 일인지, 그때의 마음은 어떠했는지를 생각해 봅니다.
- 마음을 표현할 때에는 '즐거웠다.', '재미있었다.'라고만 표현하지 않도록 합니다.
- 다른 사람이 겪은 일과 비슷한 자신의 경험을 떠올릴 수도 있지만 다른 사람과 비슷한 마음이 들었던 다른 경험을 떠올릴 수도 있습니다.

---

1 '나(준수)'가 ㉠과 같은 행동을 한 까닭은 무엇입니까? (   )

① 필통을 찾으려고
② 알림장을 찾으려고
③ 책가방을 정리하려고
④ 책가방에 먼지가 많아서
⑤ 필통만 있고 연필이 보이지 않아서

2 글 ❷에서 필통을 새로 산 '나(준수)'가 다짐한 것은 무엇입니까? (   )

① 연필을 깨끗이 깎겠다는 것
② 잃어버린 필통을 찾겠다는 것
③ 필통을 잃어버리지 않겠다는 것
④ 새 필통을 깨끗이 사용하겠다는 것
⑤ 모든 학용품에 이름표를 붙이겠다는 것

3 '나(준수)'가 새로 산 필통을 잃어버리지 않으려고 필통에 붙인 것을 글에서 찾아 세 글자로 쓰시오.

(   )

핵심

4 겪은 일을 정리하는 방법으로 알맞지 <u>않은</u> 것을 골라 ×표를 하시오.

(1) 마음을 표현할 때에는 '즐거웠다.', '재미있었다.'와 같이 간단하게 표현한다. (   )

(2) 겪은 일을 정리할 때에는 언제, 어디에서 있었던 일인지, 그때의 마음은 어떠했는지 생각한다. (   )

❸ "학교 다녀왔습니다!"

집에 들어가면서 큰 소리로 외쳤어.

"잘 다녀왔니?"

엄마가 물었어.

5 ㉠"필통도 잘 다녀왔고?"

쌍둥이 누나들이 ♥얄밉게 끼어들었지.

<u>눈을 흘기면서도 난 가방 속을 들여다봤어.</u>
　　　　　필통을 잘 가지고 오는지 확인하려고 한 행동
새로 산 필통이 얌전히 들어 있었지.

（중심 내용） '나(준수)'는 새로 산 필통을 잃어버리지 않고 집으로 왔다.

❹ "준수야, 알림장 잘 써 왔어?"

10 "그럼요!"

나는 자신 있게 가방을 ♥열어젖혔어.

"어? 알림장이 어디 갔지?"

（중심 내용） '나(준수)'는 알림장을 잃어버렸다.

♥얄밉게 약아서 눈치나 행동 따위가 재빠르고 밉게.
　예 화장실에서 줄을 서서 기다리는데 누군가가 얄밉게 새치기를 하였다.

♥열어젖혔어 문이나 창문 따위를 갑자기 벌컥 열었어.
　예 친구가 교실 문을 벌컥 열어젖혔어.

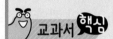 교과서 핵심

○ '나(준수)'가 겪은 일과 그때의 마음

겪은 일	필통을 잃어버리지 않으려고 이름표를 붙였습니다.	필통은 지켰지만 알림장을 잃어버렸습니다.
마음	이제 다시는 필통을 잃어버리지 않을 것이라고 다짐했습니다.	당황스러웠습니다.

---

5 쌍둥이 누나들이 ㉠과 같이 물어본 까닭으로 알맞은 것에 ○표를 하시오.

(1) '나(준수)'가 누나의 필통을 빌려 가서
　　　　　　　　　　　　　　　　　　(　)

(2) '나(준수)'의 새 필통을 소중하게 생각해서
　　　　　　　　　　　　　　　　　　(　)

(3) '나(준수)'가 필통을 잃어버린 적이 있어서 놀리려고
　　　　　　　　　　　　　　　　　　(　)

중요　　　📖 교과서 문제

6 글 ❸, ❹에서 '나(준수)'가 겪은 일로 알맞은 것을 두 가지 고르시오. (　 , 　)

① 알림장을 잃어버렸다.
② 잃어버렸던 필통을 찾았다.
③ 누나들 때문에 엄마께 혼이 났다.
④ 필통을 가방 속에 잘 넣어서 왔다.
⑤ 자기 물건을 잃어버리지 않게 되었다.

중요

7 글 ❹에서 가방을 열어젖힐 때 '나(준수)'의 마음은 어떠했을지 짐작하여 쓰시오.

　　　　　（　　　　　　　　　　　）

중요　　　📖 교과서 문제

8 글 ❹에서 가방 안에 알림장이 없는 것을 본 '나(준수)'의 마음으로 알맞은 것은 무엇입니까? (　)

① 즐겁다.　　　② 서운하다.
③ 신이 난다.　　④ 당황스럽다.
⑤ 자신만만하다.

서술형　　　📖 교과서 문제

9 '나(준수)'가 겪은 일과 비슷한 자신의 경험을 떠올려 쓰시오.

_____

_____

● 겪은 일과 그때의 마음을 어떻게 표현했는지 글을 살펴보고, 겪은 일과 그때의 마음이 잘 드러나게 자신이 겪은 일 써 보기

> 　　1학년이 되어서 처음으로 현장 체험 학습을 갔다. 친구들과 함께 버스를 타고 ♥수목원으로 갔다.
> 　　수목원에는 큰 나무와 예쁜 꽃이 많았다. '오리나무'와' 꽝꽝나무'는 이름이 너무 재미있었다. 화살나무는 줄기가 화살
> 5 처럼 생겨 신기했다. 점심시간에는 할머니께서 싸 주신 김밥을 친구들과 나누어 먹었다. 김밥 안에 있는 우엉이 달콤하고 ♥짭조름했다.
> 　　친구들과 술래잡기도 했다. 친구가 나를 잡을까 봐 ♥조마조마했다. 신나게 놀고 나니 선생님께서 집에 가야 한다고
> 10 하셨다. 더 놀고 싶었는데 아쉬웠다.

- **글의 종류**: 경험이 드러나는 글(생활문)
- **글의 특징**: 현장 체험 학습을 가서 겪은 일과 그때의 마음이 잘 드러나게 쓴 글입니다.

♥**수목원** 연구를 하려고 여러 가지 나무를 모아 키우는 시설.
♥**짭조름했다** 조금 짠맛이 있었다.
　　예 국에 소금을 넣었더니 맛이 짭조름했다.
♥**조마조마했다** 걱정이 되어 마음이 불안했다.

교과서 핵심

● **겪은 일이 잘 드러나게 글을 쓰는 방법**
- 겪은 일과 그때의 마음이 드러나게 글을 씁니다.
- 겪은 일과 관련된 느낌을 구체적이고 다양하게 표현해 봅니다.
　↳ '겪은 일'은 실제로 경험한 일이고, '느낌'은 인물이 느낀 마음입니다.

---

1 어디를 다녀와서 쓴 글인지 쓰시오.

(　　　　　　　　　　)

중요

2 이 글에 나타난 겪은 일로 알맞지 <u>않은</u> 것은 무엇입니까? 　　　　　　　(　　)

① 현장 체험 학습을 갔다.
② 친구들과 술래잡기를 했다.
③ 버스를 타고 수목원으로 갔다.
④ 친구들과 함께 집에 가서 신나게 놀았다.
⑤ 할머니께서 싸 주신 김밥을 친구들과 나누어 먹었다.

중요

3 선생님께서 집에 가야 한다고 하셨을 때 글쓴이의 마음은 어떠했습니까? 　　(　　)

① 집에 가서 쉬고 싶었다.
② 더 놀고 싶어서 아쉬웠다.
③ 집에 돌아갈 생각에 기뻤다.
④ 신나게 놀고 나니 기분이 좋았다.
⑤ 맛있는 김밥을 또 먹고 싶어졌다.

핵심 **서술형** 　　　　　　　📖 교과서 문제

4 겪은 일과 관련 있는 느낌을 **보기** 처럼 다양하게 바꾸어 쓰시오.

보기

술래잡기가 참 재미있었다.
→ 친구가 나를 잡을까 봐 조마조마했다.
→ 친구를 잡으려고 달리기를 하니까 기분이 좋고 신났다.

● 김밥이 맛있었다.

→ (1) _____

→ (2) _____

실력 키우기 • 82~83쪽   소단원 1. 주요 내용 이해하기

사진을 예의 있게 찍어요

<u>있었던 일을 오래 기억하려고 우리는 사진을 찍습니다.</u> 사진을 찍
_{사진을 찍는 까닭}
을 때에는 어떤 점을 지켜야 할까요?

첫째, 다른 사람의 모습을 함부로 찍어서는 안 됩니다. 다른 사람
_{조심하거나 깊이 생각하지 않고 마음 내키는 대로 마구.}
의 모습을 찍을 때에는 반드시 그 사람에게 허락을 받아야 합니다.
5 같은 반 친구나 선생님도 허락 없이 찍으면 안 됩니다.

둘째, 사진 촬영을 허락하지 않는 곳에서 사진을 찍어서는 안 됩
니다. <u>사진을 찍을 때 내는 빛이 작품에 영향을 주기 때문입니다.</u>
_{사진 촬영을 허락하지 않는 곳에서 사진을 찍으면 안 되는 까닭}
셋째, 사진을 찍을 때 다른 사람을 불편하게 해서는 안 됩니다.
사진을 찍기 전, 자신이 사람들이 다니는 길을 막고 있는지 먼저 살
10 펴야 합니다.

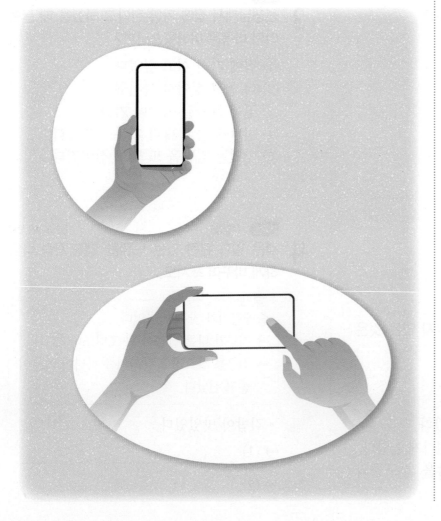

1 이 글에서 설명하는 대상을 찾아
빈칸에 알맞은 낱말을 쓰시오.

• (   )을/를 (   )
있게 찍는 방법

2 이 글에서 설명하는 내용으로
옳지 <u>않은</u> 것을 골라 ×표를
하시오.

(1) 사진을 찍을 때 다른 사
람을 불편하게 해서는 안
된다.   (   )

(2) 사진을 찍을 때 나오지 않
는 사람이 있는지 살펴야
한다.   (   )

(3) 사진을 찍으면 안 되는
곳에서 사진을 찍어서는
안 된다.   (   )

(4) 자신과 친하더라도 다른
사람의 모습을 함부로 찍
어서는 안 된다. (   )

3 이 글이 무엇을 설명하는 글인
지 알기 위해 생각한 것으로
알맞지 <u>않은</u> 것을 골라 기호를
쓰시오.

> ㉠ 무엇을 알려 주려는지 생
> 각해 봐야 해.
> ㉡ 제목에 있는 낱말 '사진'과
> '예의'를 생각해 봐야 해.
> ㉢ 사진을 찍을 때 얼마나
> 빛이 나는지 생각해 봐
> 야 해.

(   )

실력 키우기 • 84~85쪽   소단원 2. 겪은 일 쓰기

● 아이의 하루를 살펴보며 물음에 답해 보기

겪은 일	생각이나 느낌
❶  오늘은 해님이 반짝거리는구나. 기분이 좋아.	㉠좋았다.
❷ 	재미있었다.
❸	㉡맛있었다.

4 그림 ❶의 생각이나 느낌이 잘 드러나게 ㉠을 알맞게 고친 것을 골라 ○표를 하시오.

(1) 기분이 좋았다. (   )

(2) 기분이 좋고 즐겁고 또 신나고 좋았다. (   )

(3) 날씨가 너무 좋아 마음이 들뜨고 상쾌한 기분이 들었다. (   )

5 그림 ❷에서 겪은 일과 생각이나 느낌이 잘 나타나도록 빈칸에 알맞은 말을 쓰시오.

• 오늘은 수학 시간에 (   )을/를 했다. 수학 공부를 하면서 친구랑 놀이도 하니까 수학 공부가 더 (   ).

6 그림 ❸에서 있었던 일은 무엇입니까? (   )

① 집에 혼자 있었다.
② 아버지와 요리를 했다.
③ 친구들과 생일 파티를 했다.
④ 아버지를 도와 청소를 했다.
⑤ 아버지께서 맛있는 밥을 차려 주셨다.

7 그림 ❸의 생각이나 느낌이 잘 드러나게 ㉡을 고쳐 쓰시오.

• 맛있었다.

➔ _____

_____

1~4

📖 교과서 문제

지금 뭐 해? 같이 놀자.

나, 우리 동네에서 열리는 아나바다 행사에 가려고 하는데 같이 갈래?

응? 그게 뭐야?

'아껴 쓰고, 나눠 쓰고, 바꿔 쓰고, 다시 쓰고'의 앞 글자만 따서 부르는 거야.

아, 그렇구나. 아껴 쓰는 건 알겠는데 나눠 쓰는 건 뭐지?

나에게 필요가 없지만, 다른 사람에게는 필요한 물건을 나누어 주는 거야.

서로에게 필요한 물건을 바꾸어 쓰는 것이 바꿔 쓰기구나.

그래, 맞아. 쓸 수 있는 물건을 버리지 않고 다시 쓰는 건?

다시 쓰기! 나도 갈래. 같이 가자.

그래.

📖 교과서 문제

1 이 대화를 살펴보고 다음 말을 설명하는 내용으로 알맞은 것을 찾아 선으로 이으시오.

(1) 나눠 쓰기 •

(2) 바꿔 쓰기 •

• ① 나에게 필요 없는 물건을 나누어 주는 것

• ② 서로에게 필요한 물건을 바꾸어 쓰는 것

• ③ 쓸 수 있는 물건을 버리지 않고 다시 쓰려고 노력하는 것

📖 교과서 문제

2 이 대화에서 '다시 쓰기'를 설명하는 내용을 찾아 빈칸에 알맞은 말을 쓰시오.

• 쓸 수 있는 물건을 (　　　　　　　) 써요.

3 두 친구가 같이 가기로 한 곳은 어디입니까?
(　　　)

① 동네에 있는 놀이터
② 학교에서 열리는 운동회
③ 동네에서 열리는 아나바다 행사
④ 도움이 필요한 사람들을 돕는 곳
⑤ 필요한 물건을 살 수 있는 문구점

핵심　　　　　　　　　📖 교과서 문제

4 두 친구가 아나바다 행사에 다녀온 후에 한 말입니다. 겪은 일과 마음이 잘 드러난 말을 찾아 ○표를 하시오.

(1) 즐거웠어.　　　　　　　　　(　　　)
(2) 재미있었어.　　　　　　　　(　　　)
(3) 나에게 필요 없는 물건을 다른 친구와 바꾸는 행사가 있다는 것을 알게 돼서 신기했어.　　　　　　　(　　　)

📖 교과서 문제

5 그림에 어울리지 <u>않는</u> 낱말을 찾아 ×표를 하시오.

(1) 😊 　기뻐요　　힘들어요　　행복해요

(2) 😮 　신기해요　　귀찮아요　　놀라워요

(3) 😭 　슬퍼요　　신나요　　서러워요

단원 평가

1~2

무엇을 자르지?

아하, 이번에는 색종이를 반으로 잘라야 하는구나.

접은 색종이를 가위로 자르세요.

1 그림 속 아이 ㉠과 ㉡ 가운데에서 설명을 잘 이해하고 만들기를 하는 아이의 기호를 쓰시오.

( )

2 선생님의 설명에 따라 그림 속 아이들이 무엇을 해야 하는지 알맞은 것에 ○표를 하시오.

(1) 접은 색종이를 가위로 자른다. ( )

(2) 색종이를 뒤집어 반으로 접는다. ( )

3~4

독도는 우리나라 동쪽 끝에 위치한 섬입니다. 독도는 큰 섬 두 개와 작은 바위섬 89개로 이루어져 있습니다. 큰 섬 두 개를 각각 동도와 서도라고 부릅니다. 독도는 동도와 서도를 모두 합쳐 부르는 이름입니다.

실력UP

3 이 글에서 알 수 있는 내용으로 알맞지 <u>않은</u> 것은 무엇입니까? ( )

① 독도는 우리나라 동쪽 끝에 있다.

② 독도에는 작은 바위섬 89개가 있다.

③ 독도는 동도와 서도를 합쳐 부르는 이름이다.

④ 독도에 있는 큰 섬 두 개는 각각 동도와 서도이다.

⑤ 독도에는 땅에 스며든 물이 땅 밖으로 모이는 곳이 있다.

4 이 글에서 설명하는 대상은 무엇인지 쓰시오.

( )

5~7

낙하산은 민들레씨를 본떠 만들었습니다. 민들레씨의 가는 실 끝에는 털이 여러 개 달려 있습니다. 이 털이 있어서 민들레씨는 둥둥 떠서 멀리까지 날아갈 수 있습니다. 또 천천히 땅에 떨어지게 됩니다. 낙하산을 이용하면 비행기에서 안전하게 땅으로 내려올 수 있습니다.

숲속을 걷다 보면 옷에 열매가 붙어 있는 경우가 있습니다. 도꼬마리 열매에는 갈고리 모양의 가시가 많이 있습니다. 그래서 새나 짐승의 털에 잘 붙습니다. 이것을 보고 단추나 끈보다 더 쉽게 붙였다 떼었다 할 수 있는 물건을 만들었습니다.

5 이 글에서 소개하는 것은 무엇인지 쓰시오.

( )

6 자연을 본떠 만든 물건과 자연의 특성이 연결된 내용으로 알맞지 <u>않은</u> 것에 ×표를 하시오.

(1) 낙하산은 천천히 땅에 떨어지는 자연의 특성을 본떠 만들었다. ( )

(2) 낙하산은 둥둥 떠서 멀리 날아가는 자연의 특성을 본떠 만들었다. ( )

(3) 쉽게 붙였다 떼었다 할 수 있는 물건은 잘 떨어지는 자연의 특성을 본떠 만들었다. ( )

중요

7 이 글을 읽고 새롭게 안 점으로 알맞지 <u>않은</u> 것은 무엇입니까? ( )

① 민들레씨의 특징

② 낙하산을 만든 때

③ 도꼬마리 열매의 특징

④ 도꼬마리 열매의 생김새

⑤ 민들레씨를 본떠 만든 물건

8~9

첫째, 다른 사람의 모습을 함부로 찍어서는 안 됩니다. 다른 사람의 모습을 찍을 때에는 반드시 그 사람에게 허락을 받아야 합니다. 같은 반 친구나 선생님도 허락 없이 찍으면 안 됩니다.

둘째, 사진 촬영을 허락하지 않는 곳에서 사진을 찍어서는 안 됩니다. 사진을 찍을 때 빛이 작품에 영향을 주기 때문입니다.

국어 활동

8 이 글에서 설명하는 대상은 무엇입니까?
( )

① 사진을 잘 찍는 기술
② 사진 찍을 때의 예의
③ 좋은 사진을 고르는 방법
④ 사진에 예쁘게 찍히는 방법
⑤ 작품을 감상할 때에 주의할 점

국어 활동

9 이 글에서 알 수 있는, 사진 촬영을 허락하지 않는 곳에서 사진을 찍으면 안 되는 까닭을 골라 ○표를 하시오.

(1) 사진을 찍을 때 내는 빛이 작품에 영향을 주어서 ( )

(2) 다른 사람들이 작품을 감상하는 것을 방해할 수 있어서 ( )

실력 UP

10 겪은 일을 정리하는 방법으로 알맞은 것을 골라 기호를 쓰시오.

㉠ 겪은 일을 빼놓지 않고 순서대로 쓴다.
㉡ 언제, 어디에서 있었던 일인지 생각한다.
㉢ 마음을 표현하고 싶으면 '즐거웠다.', '재미있었다.'와 같이 간단하게 쓴다.

( )

11~13

㉠아무리 찾아도 없어.
책가방을 탈탈 털어도 안 나와.
나는 알림장을 뚫어지게 쳐다봤어.
연필 깨끗이 깎아 오기.
휴, 연필이 있어야 깎아 가지.
필통을 잃어버리는 바람에 연필도 싹 사라졌는걸.
또 사 달라고 하면 엄마한테 혼날 텐데.
벌써 세 번째니까.
엄마한테 철석같이 ㉡약속을 하고는 겨우 새 필통을 샀어.
내가 또 필통 잃어버리나 봐라!

11 ㉠에서 '나'가 찾는 것은 무엇입니까?
( )

① 연필 　② 공책 　③ 필통
④ 지갑 　⑤ 알림장

12 '나'가 새 필통을 사기 전에 한 ㉡은 무엇이겠습니까? ( )

① 알림장을 꼼꼼히 쓰겠다는 약속
② 책가방을 잘 정리하겠다는 약속
③ 잃어버린 필통을 찾아오겠다는 약속
④ 다시는 필통을 잃어버리지 않겠다는 약속
⑤ 연필을 깨끗이 깎아서 학교에 가겠다는 약속

서술형

13 이 글의 '나'와 같이 소중하게 생각하던 물건을 잃어버린 경험과 그때의 마음을 떠올려 쓰시오.

_____

_____

14~15

"잘 다녀왔니?"
엄마가 물었어.
"필통도 잘 다녀왔고?"
쌍둥이 누나들이 얄밉게 끼어들었지.
눈을 흘기면서도 난 가방 속을 들여다봤어.
새로 산 필통이 얌전히 들어 있었지.
"준수야, 알림장 잘 써 왔어?"
"그럼요!"
㉠나는 자신 있게 가방을 열어젖혔어.
㉡"어? 알림장이 어디 갔지?"

14 준수가 ㉠과 같이 행동한 까닭은 무엇입니까?
( )

① 알림장을 쓰려고
② 알림장을 꺼내려고
③ 필통이 잘 있는지 확인하려고
④ 엄마께 드릴 선물을 찾으려고
⑤ 누나들이 얄밉게 구는 것이 속상해서

중요

15 ㉠과 ㉡처럼 행동하고 말할 때 준수의 마음으로 알맞은 것을 찾아 선으로 이으시오.

(1) ㉠ •　　　• ① 당황스럽다.

(2) ㉡ •　　　• ② 자신만만하다.

16~17

　1학년이 되어서 처음으로 현장 체험 학습을 갔다. ㉠친구들과 함께 버스를 타고 수목원으로 갔다.
　수목원에는 큰 나무와 예쁜 꽃이 많았다. '오리나무'와 '꽝꽝나무'는 이름이 너무 ㉡재미있었다. 화살나무는 줄기가 화살처럼 생겨 신기했다. 점심시간에는 할머니께서 싸 주신 김밥을 친구들과 나누어 먹었다. 김밥 안에 있는 우엉이 달콤하고 짭조름했다.

16 이 글은 어떤 경험을 쓴 글입니까? ( )

① 할머니와 김밥을 싼 일
② 현장 체험 학습을 간 일
③ 가족들과 수목원에 간 일
④ 학교에서 술래잡기를 한 일
⑤ 등굣길에 나무와 꽃을 본 일

중요

17 ㉠과 ㉡은 인물이 겪은 일과 그때의 마음 가운데에서 어떤 것을 드러내는 문장인지 각각 찾아 선으로 이으시오.

(1) ㉠ •　　　• ① 겪은 일

(2) ㉡ •　　　• ② 마음

국어 활동

18 다음 문장 가운데에서 생각이나 느낌이 더 잘 드러나는 것을 골라 기호를 쓰시오.

㉠ 기분이 좋았다.
㉡ 날씨가 너무 좋아 마음이 들뜨고 상쾌한 기분이 들었다.

( )

19 겪은 일과 마음이 잘 드러나게 표현한 친구의 이름을 쓰시오.

현지: 우리 동네에서 열리는 아나바다 행사에 갔어.
지환: 나에게 필요 없는 물건을 다른 친구와 바꾸는 행사가 있다는 것을 알게 돼서 신기했어.

( )

서술형

20 자신이 겪은 일 가운데에서 친구들에게 말하고 싶은 일을 떠올려 글로 쓰시오.

_____

● 글씨를 바르게 써 보시오.

끝	붙	이	기	술	래	잡	기
끝	붙	이	기	술	래	잡	기
끝	붙	이	기	술	래	잡	기

	알	림	장	을		뚫	어
	알	림	장	을		뚫	어

지	게		쳐	다	봤	어	.
지	게		쳐	다	봤	어	.

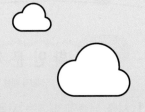

8

느끼고 표현해요

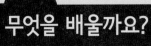
무엇을 배울까요?

준비

● 배울 내용 살펴보기

소단원 1

인물을 상상하며
작품 감상하기

● 장면을 떠올리며
시 낭송하기
● 인물의 모습과 행동
상상하기

소단원 2

작품에 대한
생각이나 느낌 나누기

● 연극을 보고
인물의 행동과 생각 알기
● 이야기를 읽고
생각이나 느낌 나누기

실천

● 배운 내용
마무리하기

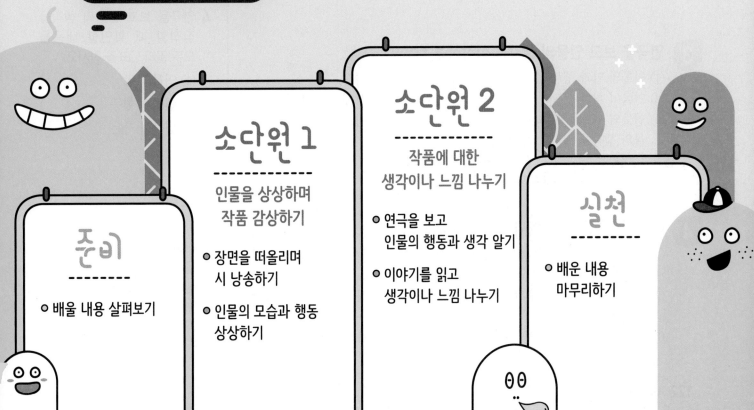

1 **장면을 떠올리며 시를 낭송하는 방법** → 시나 글의 느낌을 살려서 소리 내어 읽는 것을 '낭송'이라고 합니다.

① 자신의 경험이나 시의 내용을 바탕으로 시의 장면을 떠올려 시를 낭송합니다.

② 시 속 인물의 모습을 상상하고, 인물의 마음을 생각하며 낭송합니다.

③ 시의 분위기를 살려 낭송합니다. → 시를 낭송할 때에는 시 속 인물의 마음, 시의 분위기에 따라 목소리의 크기, 말의 빠르기와 분위기 등을 다르게 합니다.

④ 시를 낭송할 때에는 연과 행이 바뀌는 부분은 띄어 읽고, 반복되는 말의 느낌을 살려 읽는 것이 좋습니다. → 행이 바뀔 때보다 연이 바뀔 때 조금 더 띄어 읽습니다.

→ 이야기 속에서 말이나 행동, 생각을 하는 이를 '인물'이라고 합니다.

2 **인물의 모습과 행동을 상상하며 글을 읽는 방법**

① 이야기 속에서 인물의 모습과 행동을 나타내는 표현을 찾습니다.

② 자신의 경험을 떠올리거나 자신이 이야기 속 인물이 되었다고 생각하고 인물의 모습과 행동을 상상해 봅니다.

③ 인물의 마음을 짐작해 보면 인물의 모습과 행동을 상상하는 데 도움이 됩니다. → 인물의 마음을 짐작할 때에는 작품에서 마음이 직접적으로 표현된 부분을 찾거나 자신이 인물이라면 어떤 마음일지를 생각해 봅니다.

예「브로콜리지만 사랑받고 싶어」에서 달라진 브로콜리의 모습 상상하기

> • 나도 소시지처럼 분홍색이면 사랑받을 수 있겠지?
>   → 브로콜리의 색이 초록색에서 분홍색으로 변한 모습을 상상할 수 있습니다.
> • 나도 라면처럼 뽀글뽀글 파마하면 사랑받을 수 있겠지?
>   → 브로콜리의 일부분이 라면 면발처럼 꼬불꼬불해진 모습을 상상할 수 있습니다.

3 **연극을 보고 인물의 생각을 짐작하는 방법**

① 인물의 말과 행동을 보고 인물의 생각을 짐작해 봅니다.

② 인물이 처한 상황에서 말이나 행동을 한 까닭을 예상해 봅니다.

③ 인물의 표정, 목소리의 크기, 말의 빠르기나 높낮이 등을 통해서도 인물의 생각을 짐작할 수 있습니다.

4 **이야기를 읽고 생각이나 느낌을 나누는 방법** → 같은 이야기를 읽어도 생각이나 느낌은 사람마다 다를 수 있습니다.

① 인물의 마음을 짐작하고, 인물에 대해 자신은 어떻게 생각하는지 표현해 봅니다.

② 인물의 말과 행동, 생각을 떠올리며 그 인물에게 하고 싶은 말을 짐작해 봅니다.

③ 자신이 이야기 속 인물이라면 어떻게 할지 생각해 보고, 인물에게 해 주고 싶은 말을 정리해 봅니다.

핵심 확·인·문·제

정답과 해설 ● 29쪽

1 시를 낭송할 때에는 처음부터 끝까지 목소리의 크기나 말의 빠르기를 같게 합니다.

(○ , ×)

2 이야기 속에서 말이나 행동, 생각을 하는 이를 □□(이)라고 합니다.

3 인물의 □□을/를 짐작해 보면 인물의 모습과 행동을 상상하는 데 도움이 됩니다.

4 연극을 보고 인물의 생각을 짐작할 때 확인할 내용을 모두 골라 ○표를 하시오.

(1) 인물의 말 ( )
(2) 인물의 행동 ( )
(3) 인물이 사는 곳 ( )

5 이야기를 읽고 생각이나 느낌을 나눌 때는 인물에 대해 자신이 어떻게 생각하는지 표현합니다.

(○ , ×)

준비

마음이 그랬어

박진아

❶ 준이는 가장 친한 친구야.

준이와 노는 건 정말 ♥즐거워.

마음도 ♥덩달아 신나.

그런데…….

5 어제는 준이랑 싸웠어.
    <u>준이와 있었던 일</u>

너무 화가 나 소리도 질렀어.

'흥! 다시는 너랑 노나 봐.'
<u>준이와 싸우고 한 송이의 결심</u>

㉠마음이 그랬어.

〔중심 내용〕 송이가 가장 친한 친구 준이와 싸웠다.

❷ 놀이터에서 그네를 탔어.

10 맨날 같이 놀던 준이가 없으니 재미가 없는걸.
    <u>혼자 그네를 탈 때 송이의 마음 ❶</u>

마음이 텅텅 빈 상자 같아. 허전해.
<u>혼자 그네를 탈 때 송이의 마음 ❷</u>   <u>혼자 그네를 탈 때 송이의 마음 ❸</u>

'먼저 사과할까?'

'준이도 나랑 다시 놀고 싶을까?'

〔중심 내용〕 송이는 준이 없이 혼자 노니까 허전한 마음이 들었다.

❸ 집에 와서 필통을 열었더니 <u>준이가 준 쪽지가 있었어.</u>
                              <u>준이가 먼저 미안하다고 쪽지를 씀.</u>
〔중심 내용〕 송이의 필통 속에 준이가 미안하다고 쓴 쪽지가 있었다.

송이야
미안해.
— 준이 —

• 글의 종류: 이야기
• 글의 특징: 송이가 가장 친한 친구인 준이와 있었던 일을 쓴 글입니다. 준이와 재미있게 놀 때, 준이와 싸우고 화가 났을 때, 준이 없이 혼자 놀 때, 준이가 먼저 사과를 했을 때 등 다양한 상황에서 송이의 모습이 어떠했을지 상상해 봅니다.

♥즐거워 마음에 거슬림이 없이 흐뭇하고 기뻐.
♥덩달아 남이 하는 대로 쫓아서 하여.

🐌교과서 **핵심**

○ 「마음이 그랬어」를 읽으며 인물의 모습 상상하기 **예**

• 준이랑 즐겁게 놀 때: 신이 나서 환하게 웃는 모습
• 준이와 싸울 때: 화가 나 소리를 질러서 얼굴이 빨개진 모습
• 준이와 싸우고 혼자 놀 때: 시무룩하게 혼자 그네를 타는 모습
• 준이가 준 쪽지를 볼 때: 준이와 화해할 생각에 기뻐하는 모습

8 단원

월

일

〔핵심〕   📖교과서 문제

1 준이와 즐겁게 놀 때 송이는 어떤 표정을 지었겠습니까? ( )

① 우물쭈물 눈치를 보는 표정
② 신이 나서 환하게 웃는 표정
③ 하품을 하며 지루해하는 표정
④ 아무 말 없이 놀이에 집중하는 표정
⑤ 얼굴이 빨개져서 눈물을 흘리는 표정

2 송이가 ㉠처럼 말한 까닭은 무엇입니까?
                                    ( )

① 준이가 먼저 사과를 해서
② 준이와 놀고 싶은 마음이 들어서
③ 준이와 노는 것이 즐겁지 않아서
④ 준이가 송이랑 놀지 않겠다고 해서
⑤ 준이와 싸우고 속상한 마음이 들어서

〔핵심〕

3 준이와 싸울 때 송이의 모습을 상상한 것으로 알맞은 것을 골라 ○표를 하시오.

(1) 화가 나 소리를 질러서 얼굴이 빨개진 모습 ( )
(2) 미안한 마음을 표현하지 못하고 우물쭈물하는 모습 ( )

4 준이의 마음을 짐작할 수 있는 말을 쪽지에서 찾아 세 글자로 쓰시오.

( )

〔서술형〕   📖교과서 문제

5 준이가 송이에게 쪽지를 준 행동에 대해 자신의 생각이나 느낌을 쓰시오.

_____

_____

감기

전병호

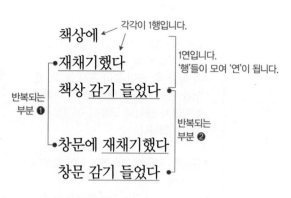

각각이 1행입니다.

책상에
재채기했다
책상 감기 들었다

1연입니다.
'행'들이 모여 '연'이 됩니다.

반복되는 부분 ❶

창문에 재채기했다
창문 감기 들었다

반복되는 부분 ❷

연필,
공책,
가방도
다 누웠다

㉠감기야, 나 오늘은
학교 가고 싶어.

• **글의 종류**: 시
• **글의 특징**: '나'가 감기에 걸려 재채기를 하니 사람이 아닌 책상, 창문도 감기에 들었다고 재미있게 표현하였습니다. 감기에 걸려 재채기하는 '나'의 모습을 상상하고, 어서 감기가 나아 학교에 가고 싶은 '나'의 마음을 생각하며 시를 낭송해 봅니다.

교과서 핵심

◉ **장면을 떠올리며 시 「감기」 낭송하기**
• 감기에 걸렸던 경험과 시의 내용을 바탕으로 시의 장면을 떠올려 봅니다.
• 감기에 걸려 재채기하는 시 속 인물의 모습을 상상해 봅니다.
• 시 속 인물의 마음을 생각하고 시의 분위기를 살려 낭송합니다.

◉ **시를 낭송하는 방법**
• 연과 행이 바뀌는 부분을 띄어 읽습니다.
• 반복되는 부분의 느낌을 살려 읽습니다.
• 시 속 인물의 마음을 생각하며 목소리 크기와 속도를 정합니다.

📖 교과서 문제

1 책상이 감기에 든 까닭은 무엇인지 빈칸에 알맞은 말을 쓰시오.

• 감기에 든 '나'가 책상에 대고 (   )을/를 했기 때문입니다.

📖 교과서 문제

2 연필, 공책, 가방이 다 누운 까닭은 무엇인지 두 가지 고르시오. (,   )

① 연필, 공책, 가방을 모두 새로 사서
② 연필, 공책, 가방이 누워 있고 싶어 해서
③ '나'가 누워서 연필, 공책, 가방을 보아서
④ '나'가 연필, 공책, 가방을 바닥에 눕혀 놓아서
⑤ '나'가 감기 들어 누워 있는 것처럼 연필, 공책, 가방도 힘들어서 누워 있는 것처럼 느껴져서

📖 교과서 문제

3 '나'가 ㉠처럼 말한 까닭을 바르게 말한 친구의 이름을 쓰시오.

혜리: 오늘만 학교에 가고 다음 날부터는 계속 누워 있고 싶은 마음이 들었기 때문이야.
유나: 얼른 감기가 낫고 싶은 마음과 학교에 가서 친구들을 만나고 싶은 마음이 들었기 때문이야.

(   )

핵심

4 ㉠을 낭송할 때 어울리는 목소리를 골라 ○표를 하시오.

(1) 힘없고 간절한 목소리   (   )
(2) 활기차고 씩씩한 목소리   (   )

브로콜리지만 사랑받고 싶어

• 글: 별다름·달다름, 그림: 서영

❶ 어제 들었어.

㉠아이들이 싫어하는 채소 1위에 내가 뽑혔다는 걸.

쉿, 밤새도록 펑펑 운 건 비밀이야.

하지만 괜찮아.

5 나도 아이들에게 사랑받고 말 거니까.

무슨 좋은 생각이 있냐고?

아이들에게 사랑받을 방법
물론이지.

사랑받는 친구들을 다 따라 해 볼 거거든.

브로콜리가 아이들에게 사랑받기 위한 계획을 세움.

중심 내용 브로콜리는 아이들이 싫어하는 채소 1위에 뽑힌 것을 듣고 아이들에게 사랑받기 위한 계획을 세웠다.

❷ ㉮나도 소시지처럼 분홍색이면 사랑받을 수 있겠지?

10 …… 그건 내 ♥착각이었어.

• 글의 종류: 이야기
• 글의 특징: 아이들이 싫어하는 채소 1위에 뽑힌 브로콜리가 아이들에게 사랑받기 위해 노력하는 내용을 담은 이야기입니다. 브로콜리의 모습과 행동, 마음을 상상하며 읽어 봅니다.

♥착각 어떤 사물이나 사실을 실제와 다르게 생각함.
㉾ 소풍 가는 날짜를 착각하였다.
♥효과 어떤 일을 이루기 위해 한 행동에 얻는 보람이나 좋은 결과.

㉯나도 라면처럼 뽀글뽀글 파마하면 사랑받을 수 있겠지?

…… 이것도 내 착각이었어.

중심 내용 아이들에게 사랑받는 다른 친구들을 따라해 보았지만 효과가 없었다.

❸ 왜 하나도 ♥효과가 없는 거야?

초록색이라서? / 맛이 없어서?

아니면 내가……. / 브로콜리라서?

이제 알겠어.

브로콜리는 절대 사랑받을 수 없다는걸.

아무도 없는 곳으로 떠날 거야!

브로콜리는 절대 사랑받을 수 없다고 생각해서

중심 내용 자신은 절대 사랑받을 수 없다고 생각한 브로콜리는 아무도 없는 곳으로 떠나기로 했다.

교과서 핵심

○ 인물의 모습과 행동을 상상하며 글을 읽는 방법
• 이야기 속에서 인물의 모습과 행동을 나타내는 표현을 찾습니다.
• 자신의 경험을 떠올리거나 자신이 이야기 속 인물이 되었다고 생각하고 인물의 모습과 행동을 상상해 봅니다.
• 인물의 마음을 짐작해 보면 인물의 모습과 행동을 상상하는 데 도움이 됩니다.

핵심

1 ㉠을 들었을 때 브로콜리의 마음은 어떠했을지 짐작하여 쓰시오. 교과서 문제

( )

핵심

2 ㉮, ㉯에서 브로콜리의 모습이 어떻게 달라졌을지 상상한 것으로 알맞은 것을 찾아 선으로 이으시오.

(1) ㉮ • • ① 브로콜리가 분홍색으로 변할 것이다.

(2) ㉯ • • ② 브로콜리의 일부분이 꼬불꼬불해질 것이다.

교과서 문제

3 브로콜리가 아이들에게 사랑받기 위해 한 행동을 두 가지 고르시오. (,)

① 라면처럼 뽀글뽀글 파마를 했다.
② 소시지처럼 분홍색이 되어 보았다.
③ 아무도 없는 곳으로 떠나기로 했다.
④ 아이들을 찾아가 사랑해 달라고 말했다.
⑤ 아이들이 좋아하는 맛을 내기 위해 노력했다.

핵심

4 ㉡에서 짐작할 수 있는 브로콜리의 표정으로 알맞은 것에 ○표를 하시오.

(1) 슬프고 시무룩한 표정 ( )
(2) 뿌듯하고 우쭐한 표정 ( )

❹ 떠나기 전에 이것만 두고 갈게.

별거 아니고 작은 이별 선물이야.

좋아해 줄지는 모르겠지만 밤새

열심히 만들었어.

5 진짜 갈게. 안녕!

쿵쿵

㉠맛있어!

응? 뭐라고 했어?

맛있다고 한 거야?

중심 내용 브로콜리가 만든 브로콜리수프를 먹은 아이가 맛있다고 했다.

❺ 양파와 감자를 버터에 달달 볶은 다음

초록초록 브로콜리 섞어 주고

새하얀 우유 넣고 보글보글 끓여 주면

음~ 끝내주게 맛있는 브로콜리수프 완성!
브로콜리가 찾은 아이들에게 사랑받는 방법

㉡그래, 바로 이거야.

따라 할 필요가 없는 거였어!

중심 내용 브로콜리는 아이들에게 사랑받는 자신만의 방법을 찾아 맛있는 브로콜리수프를 만들었다.

🦉 **교과서 핵심**

● 달라진 브로콜리의 모습 상상해 보기

나도 소시지처럼 분홍색이면 사랑받을 수 있겠지? →	브로콜리의 색이 초록색에서 분홍색으로 변한 모습을 상상할 수 있습니다.
나도 라면처럼 뽀글뽀글 파마하면 사랑받을 수 있겠지? →	브로콜리의 일부분이 라면 면발처럼 꼬불꼬불해진 모습을 상상할 수 있습니다.

중요 📖 교과서 문제

5 이 글에 나오는 인물을 모두 찾아 ○표를 하시오.

브로콜리	수프	아이	고양이

6 브로콜리가 준비한 이별 선물은 무엇입니까?
( )

① 브로콜리수프
② 뽀글뽀글 라면
③ 분홍색 소시지
④ 분홍색 브로콜리
⑤ 아이들이 좋아하는 과자

핵심

7 ㉠을 들은 브로콜리의 마음은 어떠했을지 짐작하여 두 가지 고르시오. (,)

① 기분이 날아갈 듯 좋았을 것이다.
② 자신을 놀린다고 생각해서 슬펐을 것이다.
③ 그동안 자신을 미워했던 아이들을 원망했을 것이다.
④ 부끄러워서 아무도 없는 곳으로 떠나고 싶었을 것이다.
⑤ 아이들에게 사랑받을 수 있다는 희망이 생겨 기뻤을 것이다.

핵심 📖 교과서 문제

8 ㉡에서 짐작할 수 있는 브로콜리의 마음을 찾아 ○표를 하시오.

(1) 화가 나고 속상하다. ( )
(2) 기분이 좋고 신난다. ( )

요술 항아리

❶ 농부가 밭을 갈다가 요술 항아리를 발견했습니다.

❷ ♥대감이 요술 항아리를 빼앗으려고 했습니다.

❸ 농부와 대감이 다투다가 원님에게 ♥판결을 내려 달라고 부탁했습니다.

❹ 원님은 요술 항아리가 욕심이 나서 자신이 가졌습니다.

❺ 원님의 어머니가 요술 항아리에 빠져 여러 명이 되었습니다.

❻ 원님은 자신의 잘못을 깨달았습니다.

• **장면 설명**: 연극 「요술 항아리」의 주요 장면과 줄거리를 일이 일어난 차례대로 정리한 것입니다. 인물의 말과 행동을 보고 인물의 생각을 짐작해 볼 수 있습니다.

♥**대감** 옛날에 벼슬아치를 높여 부르던 말.
♥**판결** 옳고 그름이나 선하고 나쁜 것을 판단하여 결정함.

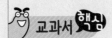 교과서 핵심

◉ **연극을 보고 인물의 생각을 짐작하는 방법**
• 인물의 말과 행동을 보고 인물의 생각을 짐작해 봅니다.
• 인물이 처한 상황에서 말이나 행동을 한 까닭을 예상해 봅니다.

중요

1 이 연극에 등장하는 인물이 <u>아닌</u> 것은 무엇입니까? ( )

① 농부　　　　② 대감
③ 원님　　　　④ 요술 항아리
⑤ 원님의 어머니

2 농부와 대감이 원님을 찾아간 까닭은 무엇입니까? ( )

① 원님에게 요술 항아리를 바치려고
② 요술 항아리의 비밀을 알아내 달라고
③ 요술 항아리의 원래 주인을 찾아 주려고
④ 요술 항아리를 없애 달라고 부탁하려고
⑤ 농부와 대감 중 요술 항아리 주인이 누구인지 판결을 내려 달라고 부탁하려고

3 원님이 요술 항아리를 가진 뒤에 일어난 일로 알맞지 <u>않은</u> 것을 골라 ×표를 하시오.

(1) 원님의 어머니가 여러 명이 되었다. ( )
(2) 대감이 요술 항아리를 빼앗으려고 했다.
( )
(3) 원님의 어머니가 요술 항아리에 빠졌다.
( )

핵심

4 장면 ❻에서 원님이 깨달은 잘못은 무엇입니까? ( )

① 부자가 될 기회를 놓친 것
② 농부와 대감의 말을 믿지 않은 것
③ 평소에 어머니께 효도하지 않은 것
④ 자기 것도 아닌데 요술 항아리가 욕심 나서 가진 것
⑤ 어머니가 요술 항아리에 빠질 때 얼른 구해드리지 않은 것

소단원 2

● 「요술 항아리」에 나오는 인물의 말과 행동을 보고 인물의 생각 알아보기

㉮ 난 자네에게 땅만 팔았지, 요술 항아리는 팔지 않았단 말일세. ① ㉠

이제 이 항아리는 내 것이니라. ② ㉡

저 항아리를 깨부 쉬야겠어. ③ ㉢

인물이 처한 상황에서 말이나 행동을 한 까닭을 예상해 보면 인물의 생각을 파악하는 데 도움이 됩니다.

교과서 핵심

◉ 연극 「요술 항아리」 속 인물의 생각 짐작해 보기

장면 ①	• 상황: 대감이 농부에게서 요술 항아리를 빼앗으려는 상황 • 대감의 생각: '요술 항아리를 가지고 싶어.'
장면 ②	• 상황: 원님이 요술 항아리를 보고 좋아하는 상황 • 원님의 생각: '난 곧 부자가 될 거야.'
장면 ③	• 상황: 원님의 어머니가 요술 항아리에 빠져 여러 명이 된 상황 • 원님의 생각: '항아리를 깨부수면 누가 나의 어머니인지 알 수 있겠지.'

핵심

5 대감이 농부에게 ㉮처럼 말한 까닭은 무엇입니까? (   )

① 농부에게 요술 항아리를 사려고
② 농부에게 땅을 판 값을 받으려고
③ 농부에게 요술 항아리 값을 받으려고
④ 농부와 힘을 합쳐 요술 항아리를 깨부수려고
⑤ 농부에게 요술 항아리가 자신의 것이라고 주장하려고

6 연극의 상황으로 보아 요술 항아리는 결국 어떻게 되었을지 짐작하여 쓰시오.

(   )

핵심   📖 교과서 문제

7 인물의 말과 행동을 보고 ㉠~㉢에 들어갈 인물의 생각으로 알맞은 것을 찾아 선으로 이으시오.

(1) ㉠ •   • ① '난 곧 부자가 될 거야.'

(2) ㉡ •   • ② '요술 항아리를 가지고 싶어.'

(3) ㉢ •   • ③ '항아리를 깨부수면 누가 나의 어머니인지 알 수 있겠지.'

서술형   📖 교과서 문제

8 자신이 「요술 항아리」에 나오는 인물이라면 어떻게 했을지 쓰시오.

_____

_____

인사

김성미

❶ 늑대 아저씨네 옆집에 여우 가족이 이사를 왔습니다.

여우는 아침부터 엄마한테 혼이 나서, 늑대 아저씨는 고장 난 시계 때문에 늦잠을 자서, 기분이 좋지 않았어요.

🦊 쳇, 엄마는 왜 아침부터 잔소리야!

5 🦊 으악! 늦었다, 늦었어.

🐺 어! 옆집 아저씨네.

인사할까?

아냐, 오늘은 그럴 기분이 아니야.

🐺 어! 옆집 아이네.

10 인사할까?

아냐, 그럴 시간이 없어.

잠깐 인사할 걸 그랬나?

에잇, 다음에 또 보겠지, 뭐.

🦊 그냥 인사할 걸 그랬나?

15 몰라. 다음에 하지, 뭐.

[중심 내용] 옆집에 사는 여우와 늑대 아저씨는 아침에 마주쳤지만 인사를 하지 않았다.

교과서 핵심

● **이야기를 읽고 생각이나 느낌을 나누는 방법**

• 인물의 마음을 짐작하고, 인물에 대해 자신은 어떻게 생각하는지 표현해 봅니다.

• 자신이 이야기 속 인물이라면 어떻게 할지 생각해 보고, 인물에게 해 주고 싶은 말을 정리해 봅니다.

● 「인사」와 비슷한 경험을 떠올리며 이야기 읽기 [예]

• 저는 어른들께 인사를 잘해서 칭찬을 받은 적이 있습니다.

• 저는 옆 반 친구와 엘리베이터 안에서 마주쳤는데 인사하기가 부끄러워서 인사하지 않은 경험이 있습니다.

• 글의 종류: 이야기

• 글의 특징: 옆집에 사는 여우와 늑대 아저씨가 서로 인사를 하지 않아 불편해하다가 다시 마주친 어느 날, 인사를 하는 이야기입니다. 인사와 관련한 자신의 경험을 떠올리며 글을 읽어 봅니다.

8 단원

월

일

📖 교과서 문제

1 이 이야기에 나오는 인물 두 명을 쓰시오.

( )

📖 교과서 문제

2 여우와 늑대 아저씨는 어떤 사이입니까?

( )

① 서로 모르는 사이이다.

② 옆집에 사는 이웃이다.

③ 여우네 윗집에 늑대 아저씨가 산다.

④ 여우네 옆집에 늑대 아저씨가 이사를 왔다.

⑤ 여우가 다니는 학교에서 늑대 아저씨가 일한다.

3 글 ❶에서 여우와 늑대 아저씨가 인사를 하지 않은 까닭이 아닌 것은 무엇입니까? ( )

① 늑대 아저씨가 시간이 없어서

② 여우가 인사할 기분이 아니라서

③ 여우와 늑대 아저씨가 서로 알아보지 못해서

④ 여우가 엄마한테 혼이 나 기분이 좋지 않아서

⑤ 늑대 아저씨가 늦잠을 자서 기분이 좋지 않아서

4 여우와 늑대 아저씨는 언제 인사하려고 했는지 빈칸에 들어갈 알맞은 말을 쓰시오.

• 여우와 늑대 아저씨는 ( ) 에 인사하면 되겠다고 생각했다.

소단원 2

정답과 해설 ● 30쪽

❷ 🦊 같이 가기 싫은데.

🐺 어디 들렀다 갈까.

그냥 확 인사해 버릴까?

🐺 지금이라도 인사할까?

5　　아니지. 내가 먼저 인사하면 지는 거잖아.

🐺 아니지. 이제 와서 인사하면 너무 이상하잖아.

🦊 아, ♥불편해.

🐺 아, 불편해.

중심 내용 서로 인사를 하지 않은 여우와 늑대 아저씨는 자꾸만 마주쳤고, 불편함을 느꼈다.

❸ 어느 겨울날,

10　여우와 늑대 아저씨는 우연히 건널목에서 마주쳤습니다.

🐺 안녕하세요?

🦊 안녕?

중심 내용 어느 겨울날, 건널목에서 마주친 여우와 늑대 아저씨는 인사를 주고받았다.

♥불편해 마음이 편치 않고 괴로워.
예 친구와 말다툼을 해서 마음이 불편해.

교과서 핵심

● 자신이 이야기 속 인물이라면 어떤 마음일지 짐작해 보기 예

- 내가 늑대 아저씨라면 늦잠을 잤다는 것을 알았을 때 당황했을 것 같아.
- 내가 여우라면 늑대 아저씨께 인사를 하고 나서 마음이 무척 후련했을 거야.
- 내가 늑대 아저씨라면 여우가 먼저 인사를 해 줘서 고마웠을 것 같아.

→ 자신의 경험을 떠올려 인물의 마음을 짐작해도 좋습니다.

5 글 ❷에서 여우가 먼저 인사하지 않은 까닭에 ×표를 하시오.

(1) 이제 와서 인사하는 게 이상해서 (　　)

(2) 먼저 인사하면 지는 거라고 생각해서 (　　)

6 여우와 늑대 아저씨가 서로 불편하다고 생각한 까닭을 두 가지 고르시오. (　,　)

① 아침부터 기분이 좋지 않아서
② 인사를 안 한다고 서로 눈치를 줘서
③ 하루에도 여러 번 인사를 해야 해서
④ 인사를 하지 않았는데 계속 마주쳐서
⑤ 옆집에 사는 사이인 것을 아는데 인사를 하지 않아서

핵심　📖 교과서 문제

7 인사하기 전과 후의 여우와 늑대 아저씨의 마음을 알맞게 나타낸 말을 보기에서 모두 골라 기호를 쓰시오.

보기
㉠ 반갑다　㉡ 뭉클하다　㉢ 개운하다
㉣ 어색하다　㉤ 불편하다

(1) 인사하기 전: (　　　)
(2) 인사한 후: (　　　)

서술형　📖 교과서 문제

8 여우나 늑대 아저씨에게 해 주고 싶은 말을 생각해서 쓰시오.

_____

_____

실력 키우기 · 104~105 쪽　소단원 1. 인물을 상상하며 작품 감상하기

학교 가는 길

아침에 학교 갈 때

날씨가 무척 춥다.

주머니를 찾아

손을 쑥 집어넣고
　어떤 공간이나 범위에 들어가게 하고.
목도 쏙 집어넣고

어깨는 위로 당겨 올리고

턱은 옷깃 사이로 집어넣고도

"어어 추워!" / 하며 학교에 갔다.

1 이 시에서 떠오르는 인물의 모습으로 알맞은 것을 골라 ○표를 하시오.

(1) 겉옷을 벗고 땀을 흘리며 학교에 가는 모습 (　　)

(2) 몸을 잔뜩 움츠리고 주머니에 손을 넣고 학교에 가는 모습 (　　)

실력 키우기 · 106~109 쪽　소단원 2. 작품에 대한 생각이나 느낌 나누기

바람에 날아간 깃털

　옛날 어느 마을에 ㉠말을 함부로 하는 청년이 살았습니다. ㉡이
　　　　　　　　　　　　　　　실제보다 지나치게 불려서.
청년은 다른 사람의 자그마한 실수를 부풀려 말하기도 했고, 자신이

알고 있는 일을 다른 사람에게 쉽게 전하기도 했습니다. 그래서 마을

에는 청년의 말로 이상한 소문이 퍼지는 일이 자주 일어났습니다. 마

5 을 사람들은 그 이상한 소문 때문에 서로 토라지기도 했습니다. 하지
　　　　　　　　　　　　　　　마음에 들지 아니하고 뒤틀리어 싹 돌아서기도.
만 ㉢청년은 자신의 잘못을 조금도 뉘우치지 않았습니다. 그러자

마을에서 가장 나이가 많은 할아버지가 이 청년에게 새의 깃털을 한
　　　　　　　　　　　　　　　　→ 스스로 잘못을 깨닫고 마음속으로
움큼 주며 이렇게 말했습니다.　　　　자기 잘못을 꾸짖지.
손으로 한 줌 움켜쥘 만한 분량을 세는 단위.

　"지금부터 동네 모든 집 대문 앞에 이 깃털 하나씩을 놓고 오세요."
　　　　　　　　할아버지가 청년에게 시킨 것
10 청년은 할아버지가 시키는 대로 했습니다. 그리고 ㉣할아버지를

다시 찾아갔습니다. 할아버지는 청년에게 이렇게 말했습니다.

　"이제 그 깃털을 모두 다시 가져오세요."

　다시 뛰어나간 청년은 빈손으로 올 수밖에 없었습니다.

　「"깃털이 너무 가벼워 바람에 모두 날아가 버렸고, 하나도 없었습

15 니다."」 「」: 청년이 빈손으로 온 이유

　그러자 할아버지가 말했습니다.

　"당신이 한 말도 바람에 날아간 깃털과 같습니다. 한번 내뱉으면
　　　　　　　　　다른 것과 비교하여 그것과 다르지 않습니다.
다시는 주워 담을 수가 없으니까요."

　할아버지의 말씀을 들은 청년은 창피하여 고개를 들지 못했습니다.
　　　　　　　　체면이 깎이는 일이나 아니꼬운 일을 당하여 부끄러워.

2 ㉠~㉣ 가운데에서 청년의 성격을 알 수 있는 부분이 아닌 것의 기호를 쓰시오.

(　　　　　　　　)

3 할아버지의 말을 듣고 난 청년의 마음으로 어울리는 것을 모두 찾아 ○표를 하시오.

시시하다	답답하다
후회스럽다	부끄럽다
샘내다	행복하다
수상하다	

4 청년에게 해 줄 말을 알맞게 말하지 않은 친구의 이름을 쓰시오.

수민: 깃털이 가볍다는 것을 알면 좋겠어요.

민준: 다른 사람에 대해 함부로 이야기해서는 안 돼요.

지원: 말은 한번 내뱉으면 주워 담을 수 없으니 신중해야 해요.

(　　　　　　　　)

1~5

강아지풀

이일숙

꾸벅꾸벅
졸고 있는
동생에게 다가가

꺾어 온 강아지풀
콧구멍에 간질간질

㉠아무런 반응이 없네
㉡어라, 이게 아닌데

📖 교과서 문제

1 이 시에 나오는 인물을 <u>모두</u> 찾아 ○표를 하시오.

나	동생	강아지풀
( )	( )	( )

2 이 시에서 말하는 이는 강아지풀로 무엇을 하였는지 빈칸에 알맞은 말을 쓰시오.

• 강아지풀로 꾸벅꾸벅 졸고 있는 동생의 ( )을/를 간질였다.

3 ㉠에서 말하는 이가 기대했던 반응을 알맞게 짐작한 친구의 이름을 쓰시오.

> 서윤: 동생이 편안한 자세로 푹 잠들기를 기대했을 거야.
> 영준: 동생이 간지럼을 느끼고 깜짝 놀라 잠에서 깨기를 기대했을 거야.

( )

📖 교과서 문제

4 ㉡에 어울리는 표정은 무엇이겠습니까?

( )

① 웃는 표정　　② 화난 표정
③ 슬픈 표정　　④ 당황한 표정
⑤ 감동한 표정

📖 교과서 문제

5 이 시를 읽고 떠오르는 장면으로 알맞은 것에 ○표를 하시오.

(1) 동생이 깜짝 놀라 잠에서 깨어나고, 강아지풀을 손에 들고 있는 아이는 깔깔 웃는 장면　　　　　　　　　　( )

(2) 아이가 졸고 있는 동생한테 살며시 다가가 콧구멍 앞에 강아지풀을 살랑살랑 흔드는 장면　　　　　　　( )

📖 교과서 문제

6 문장의 빈칸에 들어가기에 알맞은 낱말을 보기 에서 찾아 쓰시오.

> **보기**
> 표현해　　구별해

(1) 이야기 속 농부의 모습을 상상하여 몸짓으로 ( ) 보았다.

(2) 장난감과 학용품을 ( ) 상자에 나누어 담았다.

📖 교과서 문제

7 다음 낱말에 알맞은 뜻을 찾아 선으로 이으시오.

(1) 확인하다 • • ① 충분히 잘 이용하다.

(2) 활용하다 • • ② 틀림없이 그러한가를 알아보거나 인정하다.

단원 평가

1~3

> 어제는 준이랑 싸웠어.
> 너무 화가 나 소리도 질렀어.
> '흥! 다시는 너랑 노나 봐.'
> 마음이 그랬어.
> 놀이터에서 그네를 탔어.
> 맨날 같이 놀던 준이가 없으니 재미가 없는걸.
> 마음이 텅텅 빈 상자 같아. 허전해.
> '먼저 사과할까?'
> '준이도 나랑 다시 놀고 싶을까?'
> 집에 와서 필통을 열었더니 ㉠준이가 준 쪽지
> 가 있었어.
>
> 송이야
> 미안해.
> - 준이 -

1 준이와 싸울 때 송이의 마음은 어떠했을지 짐작하여 두 가지를 고르시오. (,)

① 속상했다.　　② 미안했다.
③ 부끄러웠다.　④ 정말 즐거웠다.
⑤ 너무 화가 났다.

2 준이와 싸운 뒤 혼자 그네를 타는 송이의 마음으로 옳지 않은 것에 ×표를 하시오.

(1) 허전한 마음　　　　　　　( )
(2) 후련한 마음　　　　　　　( )
(3) 재미가 없는 마음　　　　　( )
(4) 텅 빈 상자 같은 마음　　　( )

중요

3 ㉠을 본 송이가 어떤 행동을 했을지 상상한 것으로 알맞은 것을 골라 ○표를 하시오.

(1) 준이에게 미안하다고 답장을 쓸 것 같다.
　　　　　　　　　　　　　　( )
(2) 준이와 다시는 놀지 않겠다고 다짐할
　 것 같다.　　　　　　　　　( )

4~6

> 책상에
> 재채기했다
> 책상 감기 들었다
>
> 창문에 재채기했다
> 창문 감기 들었다
>
> 연필,
> 공책,
> 가방도
> 다 누웠다
>
> 감기야, 나 오늘은
> 학교 가고 싶어.

4 이 시에서 '나'는 어떤 상황인지 쓰시오.

( )

5 이 시를 읽고 떠오르는 장면으로 알맞은 것을 두 가지 고르시오. (,)

① '나'가 재채기하는 장면
② '나'가 방을 청소하는 장면
③ '나'가 아파서 누워 있는 장면
④ '나'가 학교에서 친구들을 만나는 장면
⑤ '나'가 연필, 공책, 가방을 정리하는 장면

실력 UP

6 이 시를 낭송할 때 생각할 점으로 알맞지 않은 것을 골라 ×표를 하시오.

(1) '나'의 마음을 짐작해 본다. ( )
(2) '나'가 다니는 학교가 어디인지 생각해
　 본다. ( )
(3) '나'가 어떠한 모습인지 상상해 본다.
　　　　　　　　　　　　　　( )

7~10

> 어제 들었어.
> 아이들이 싫어하는 채소 1위에 내가 뽑혔다는 걸.
> 쉿, ㉠밤새도록 펑펑 운 건 비밀이야.
> 하지만 괜찮아.
> 나도 아이들에게 사랑받고 말 거니까.
> 무슨 ㉡좋은 생각이 있냐고?
> 물론이지.
> 사랑받는 친구들을 다 따라 해 볼 거거든.
> 나도 소시지처럼 분홍색이면 사랑받을 수 있
> 겠지?
> …… 그건 내 착각이었어.
> 나도 라면처럼 뽀글뽀글 파마하면 사랑받을
> 수 있겠지?
> ㉢…… 이것도 내 착각이었어.
> 왜 하나도 효과가 없는거야?

7 '나'가 ㉠과 같이 행동한 까닭으로 알맞은 것을 골라 ○표를 하시오.

　• 아이들이 (좋아하는, 싫어하는) 채소
　 1위에 자신이 뽑혀서

8 '나'가 떠올린 ㉡은 무엇인지 알맞은 것을 골라 ○표를 하시오.

　(1) 사랑받는 친구들을 따라 하는 것 (　　)
　(2) 사랑받는 '나'만의 방법을 찾는 것 (　　)

9 ㉢을 말할 때 어울리는 브로콜리의 모습을 두 가지 고르시오. (　　,　　)

　① 활기차고 씩씩한 모습
　② 뿌듯하고 의기양양한 모습
　③ 어깨가 축 처지고 시무룩한 모습
　④ 가슴을 활짝 펴고 고개를 번쩍 든 모습
　⑤ 얼굴이 빨개지고 눈물이 그렁그렁한 모습

실력 UP

10 이 글을 읽고 상상할 수 있는 인물의 모습과 행동으로 알맞지 않은 것은 무엇입니까?
(　　)

　① 분홍색으로 변한 모습
　② 밤새도록 펑펑 우는 모습
　③ 아이들에게 사랑받는 모습
　④ 머리를 꼬불꼬불하게 파마한 모습
　⑤ 노력한 효과가 없어 풀이 죽은 모습

국어 활동 **중요**

11 ㉠~㉤ 가운데에서 인물의 모습을 떠올릴 수 있는 부분이 아닌 것은 무엇입니까? (　　)

> 아침에 학교 갈 때 / ㉠날씨가 무척 춥다.
> 주머니를 찾아 / ㉡손을 쏙 집어넣고
> ㉢목도 쏙 집어넣고 / ㉣어깨는 위로 당
> 겨 올리고 / ㉤턱은 옷깃 사이로 집어넣고
> 도 / "어어 추워!" / 하며 학교에 갔다.

　① ㉠　② ㉡　③ ㉢　④ ㉣　⑤ ㉤

12~13

> 서로 요술 항아리가 자신의 것이라고 다투던
> 농부와 대감이 원님에게 판결을 내려 달라고 부
> 탁을 했습니다. 그런데 원님은 요술 항아리가 욕
> 심이 나서 자신이 가졌습니다.

중요

12 인물의 말과 행동을 보고 알 수 있는 인물의 생각으로 알맞은 것을 골라 ○표를 하시오.

이제 이 항아리는 내 것이니라.

　(1) '난 곧 부자가 될 거야.' (　　)
　(2) '요술 항아리를 깨부숴야겠어.' (　　)

서술형

13 원님에게 해 주고 싶은 말을 쓰시오.

_____

_____

14~16

> ㉮ 여우: 어! 옆집 아저씨네. 인사할까? 아냐, 오늘은 그럴 기분이 아니야.
>
> 늑대 아저씨: 어! 옆집 아이네. 인사할까? 아냐, 그럴 시간이 없어.
>
> ㉯ 여우: 지금이라도 인사할까? 아니지. 내가 먼저 인사하면 지는 거잖아.
>
> 늑대 아저씨: 아니지. 이제 와서 인사하면 너무 이상하잖아.
>
> 여우: 아, 불편해.
>
> 늑대 아저씨: 아, 불편해.

14 이 글에서 여우와 늑대 아저씨가 한 행동으로 알맞은 것을 골라 ○표를 하시오.

(1) 서로 인사를 하지 않았다. (   )

(2) 여우가 늑대 아저씨에게 인사했다.
(   )

(3) 늑대 아저씨가 여우에게 인사했다.
(   )

15 이 글에서 여우와 늑대 아저씨의 마음을 표현한 말을 찾아 <u>세 글자</u>로 쓰시오.

(   )

서술형

16 자신이 이 이야기 속 인물이라면 어떻게 할지 생각하여 쓰시오.

_____

_____

17~18

> "깃털이 너무 가벼워 바람에 모두 날아가 버렸고, 하나도 없었습니다."
> 그러자 할아버지가 말했습니다.
> "당신이 한 말도 바람에 날아간 깃털과 같습니다. 한번 내뱉으면 다시는 주워 담을 수가 없으니까요."

국어 활동

17 깃털이 바람에 모두 날아가 버린 까닭은 무엇인지 쓰시오.

(   )

국어 활동

18 할아버지의 말에서 배울 점으로 알맞은 것을 <u>두 가지</u> 고르시오. (,   )

① 말을 많이 해야 한다.

② 말은 신중하게 해야 한다.

③ 사람의 말과 깃털은 모양이 같다.

④ 깃털이 가볍다는 것을 알아야 한다.

⑤ 다른 사람에 대해 함부로 이야기하면 안 된다.

19~20

> 꾸벅꾸벅 / 졸고 있는
> 동생에게 다가가
>
> 꺾어 온 강아지풀 / 콧구멍에 간질간질
>
> 아무런 반응이 없네 / ㉠어라, 이게 아닌데

19 이 시에서 떠올릴 수 있는 장면으로 알맞지 <u>않은</u> 것은 무엇입니까? (   )

① 동생이 꾸벅꾸벅 조는 장면

② 말하는 이가 강아지풀을 꺾는 장면

③ 동생이 잠에서 깨 재채기를 하는 장면

④ 말하는 이가 동생에게 조심조심 다가가는 장면

⑤ 말하는 이가 동생의 콧구멍에 강아지풀을 대고 살살 흔드는 장면

중요

20 ㉠에서 짐작할 수 있는 인물의 마음으로 알맞은 것을 골라 번호를 쓰시오.

> ① 동생이 반응이 없어 당황한 마음
>
> ② 동생에게 들킬까 봐 조마조마한 마음
>
> ③ 동생에게 장난을 칠 생각에 신이 난 마음

(   )

● 글씨를 바르게 써 보시오.

옆	집	건	널	목	늦	잠
옆	집	건	널	목	늦	잠
옆	집	건	널	목	늦	잠

	따	라		할		필	요
	따	라		할		필	요
가		없	는		거	였	어	!
가		없	는		거	였	어	!

한끝

정답과
해설

초등
국어 1·2

visang

ABOVE IMAGINATION

우리는 남다른 상상과 혁신으로
교육 문화의 새로운 전형을 만들어
모든 이의 행복한 경험과 성장에 기여한다

한끝

정답과 해설

1·2

초등 국어

정답과 해설

1. 기분을 말해요

1 흉내 내는 말   **2** ×   **3** 오래
4 (2) ○   **5** 나

준비 배울 내용 살펴보기   11쪽

1 (1) ③   (2) ②   (3) ①   **2** ①, ②
3 ④   **4** 기뻐요 / 고마워요

1 그림 ㉮는 수영장에서 신나게 노는 상황, 그림 ㉯는 아파서 누워 있는 상황, 그림 ㉰는 친구에게 생일 축하를 받는 상황입니다.

2 그림 ㉮는 수영장에 간 상황이므로 '신나요', '즐거워요' 등의 기분을 나타내는 말이 어울립니다.

3 그림 ㉯는 아파서 누워 있는 상황이므로 '속상해요', '걱정돼요' 등의 기분을 나타내는 말이 어울립니다.

4 그림 ㉰와 같이 친구에게 생일 축하를 받는 상황이라면 '기뻐요', '고마워요'와 같은 기분을 나타내는 말이 어울립니다.

소단원 1 **기본** 흉내 내는 말 알기   12쪽

1 ④   **2** (1) ②   (2) ①   (3) ②   (4) ①
3 (1) ②   (2) ①   (3) ④   (4) ③
4 ⑩ 문장의 내용을 더 실감 나게 만들 수 있다.

1 '가을바람'은 모양이나 소리를 나타내는 말이 아닙니다.

> **정답 친해지기** '야옹'은 소리를 나타내는 말, '씽씽'은 모양이나 소리를 나타내는 말, '둥실둥실'과 '살랑살랑'은 모양을 나타내는 말입니다.

2 '깡충깡충', '둥실둥실'은 모양을 나타내는 말이고, '깔깔', '째깍째깍'은 소리를 나타내는 말입니다.

3 ㉠~㉣에 어떤 흉내 내는 말이 들어가야 문장의 내용

이 더 실감 나게 느껴질지 생각해 봅니다.

4 흉내 내는 말을 사용하면 문장을 재미있게 만들어 쓸 수 있고, 문장의 상황이 기억에 더 오래 남습니다. 또 문장을 실감 나게 만드는 데 도움을 받을 수 있고 생동감 있는 표현을 할 수 있습니다.

> **채점 기준** 문장을 만들 때 흉내 내는 말을 사용하면 좋은 점 가운데에서 한 가지 이상을 쓰면 정답으로 합니다.

소단원 1 **통합** 흉내 내는 말을 넣어 문장 만들기   13~14쪽

1 ①
2 ⑩ 신났다. / 뿌듯했다. / 자랑스럽다.
3 (1) ②   (2) ①
4 ⑩ 병원에서 예방 주사를 맞을 때 가슴이 두근두근 떨렸다.
5 (깜짝) 놀랐다.
6 ⑤   **7** ③, ⑤   **8** ④

1 '나'는 떨려서 노랫말이 떠오르지 않은 것입니다.

2 다른 친구들이 못한 것을 자신이 혼자 해냈다면 신이 나고 뿌듯하면서 자랑스러울 것입니다.

3 떨리고 긴장했을 때는 '얼음처럼 꽁꽁!', 자랑스럽고 뿌듯했을 때는 '보석처럼 반짝반짝!'이라고 표현하였습니다.

> **정답 친해지기** '꽁꽁'은 물체가 매우 단단히 언 모양을 나타내는 말이고, '반짝반짝'은 작은 빛이 잠깐 잇따라 나타났다가 사라지는 모양을 나타내는 말입니다.

4 긴장하거나 무서워서 떨렸던 경험을 먼저 떠올려 보고, 그때 기분을 표현할 수 있는 흉내 내는 말을 넣어 문장으로 써 봅니다.

> **채점 기준** 긴장하거나 무서웠던 본인의 경험을 담아, 상황에 어울리는 흉내 내는 말을 써서 문장으로 표현하면 정답으로 합니다.

> **정답 친해지기** 긴장하거나 무서워서 떨렸던 경험을 먼저 떠올린 다음에, 그 경험에 어울리는 흉내 내는 말을 생각해 봅니다.

5 '민호가 달려들어 깜짝 놀랐어.'라고 하였습니다.

6 만든 성이 민호 때문에 무너져서 '나'는 민호에게 화가 났습니다.

7 글 ❸, ❹에 쓰인 흉내 내는 말은 '깜짝', '찌지직', '와장창', '우르릉 쾅쾅'입니다.

8 '와장창'은 '갑자기 한꺼번에 무너지거나 부서지는 소리나 모양.'을 흉내 내는 말입니다.

> **정답 친해지기** ① 빗방울이 떨어지는 소리는 '후드득'이라고 표현합니다.
> ② 얼음이 매우 단단히 언 모양은 '꽁꽁'이라고 표현합니다.
> ③ 강아지가 꼬리를 흔드는 모양은 '살랑살랑'이라고 표현합니다.
> ⑤ 종이가 산들바람에 날리는 모양은 '나풀나풀'이라고 표현합니다.

소단원 2 〔기본〕 기분을 나타내는 말 하기 15쪽

1 ①
2 예 아끼는 인형을 잃어버려서 슬퍼요.
3 ④, ⑤   **4** ①

1 아이가 활짝 웃는 표정이므로 '기뻐요'가 어울립니다.

2 그림 ㉡에는 '슬퍼요'가 어울립니다. '슬퍼요'를 넣어 문장을 만들어 써 봅니다.

> **채점 기준** 그림에 어울리는 기분이 무엇인지 정확히 쓰고, 문장을 완성하면 정답으로 합니다.

3 자신이 만든 성을 훈이가 무너뜨린 상황이므로 '속상하다', '화가 난다'가 알맞습니다.

> **정답 친해지기** ③ '미안하다'는 수영이가 만든 성을 무너뜨린 훈이의 기분으로 알맞습니다.

4 속상하고 화가 나는 상황이라도 듣는 사람의 기분을 생각하여 화를 내지 않고 차분히 말합니다.

> **정답 친해지기** 듣는 사람의 기분을 생각하며 자신의 기분을 말하는 방법
> • 무슨 일이 있었는지 생각해 봅니다.
> • 그때의 솔직한 자신의 기분을 생각해 봅니다.
> • 솔직하게 말했을 때의 듣는 사람의 기분을 생각해 봅니다.
> • '나'라는 말로 시작하며 정리한 생각을 말합니다.

소단원 2 〔통합〕 듣는 사람을 생각하며 자신의 기분 말하기 16~17쪽

1 버럭쟁이   **2** ③   **3** ⑤
4 (1) ② (2) ① **5** ⑤   **6** (3) ○
7 예 나는 구름 때문에 친구들이랑 놀 수 없어서 슬퍼요.
8 (1) 예 나는 내 책이 우유에 젖어서
(2) 예 많이 속상했어.

1 도치는 화를 내며 말하는 버릇이 있어서 버럭쟁이라는 별명이 붙었습니다.

2 도치가 화를 내며 말할 때마다 나쁜 말 구름이 점점 커졌습니다.

3 도치가 듣는 사람을 생각하며 예쁘게 말하자 나쁜 말 구름이 사라졌습니다.

4 '버럭버럭'은 화가 나서 소리를 지르는 모양을 나타내는 말이고, '소곤소곤'은 작은 목소리로 이야기하는 소리 또는 모양을 나타내는 말입니다.

5 제시된 뜻을 가진 낱말은 '감쪽같이'입니다.

> **정답 친해지기** ① '버릇'은 오랫동안 자꾸 반복하여 몸에 익은 행동이라는 뜻입니다.
> ② '펑펑'은 눈물이 세차게 쏟아져 나오는 소리. 또는 모양이라는 뜻입니다.
> ③ '어디선가'는 잘 모르는 어느 곳에선가라는 뜻입니다.
> ④ '사이좋게'는 서로 정답게 또는 친하게라는 뜻입니다.

6 듣는 사람의 기분을 생각해서 말한 것을 찾습니다.

7 '나'라는 말로 시작하고, 듣는 사람을 생각하며 있었던 일과 기분을 씁니다. ㉮에서 도치는 구름 때문에 친구들과 놀 수 없어 슬퍼서 펑펑 울었습니다.

> **채점 기준** 듣는 사람을 생각하며 '나'라는 말로 시작을 하고, 있었던 일과 그때의 기분을 알맞게 문장으로 표현하면 정답으로 합니다.

8 (1) '있었던 일'에는 '나'라는 말로 시작하고 '상황'을 정리해서 씁니다. (2) '내 기분'에는 듣는 사람(동생)의 기분을 생각하며 솔직한 자신의 기분을 씁니다.

> **채점 기준** (1)에는 '나'라는 말로 시작하며 '상황'을 정리해 쓰고, (2)에는 듣는 사람을 생각하며 그때의 솔직한 자신의 기분을 써서 문장을 완성하면 정답으로 합니다.

국어 활동 18~19쪽

1 ① **2** 대롱대롱 **3** ②

4 예 꿀벌이 윙윙 소리를 내며 날고 있다.

5 (1) ② (2) ① **6** ③

7 다 **8** (2) ○

1 '많이'는 모양이나 소리를 나타내는 말이 아닙니다.

2 매달린 모습을 나타내는 말로는 '대롱대롱'이 어울립니다.

> **정답 친해지기** • '방긋'은 입을 예쁘게 약간 벌리며 소리 없이 가볍게 한 번 웃는 모양을 나타내는 말입니다.
> • '어흥'은 호랑이가 우는 소리를 나타내는 말입니다.
> • '휘휘'는 이리저리 휘두르거나 휘젓는 모양을 나타내는 말입니다.

3 거울이 떨어지며 깨지는 소리에 어울리는 흉내 내는 말은 '쨍그랑'이고, 사과나무에 사과가 열린 것에 어울리는 흉내 내는 말은 '주렁주렁'입니다.

> **정답 친해지기** 3번에 나온 흉내 내는 말의 구분
> • 모양을 흉내 내는 말 예: 주렁주렁, 펄쩍펄쩍
> • 소리를 흉내 내는 말 예: 따르릉, 쨍그랑, 드르렁, 우당탕, 뽀드득
> • 모양과 소리를 흉내 내는 말 예: 바삭바삭, 훌쩍훌쩍, 소곤소곤

4 '윙윙'은 '조금 큰 벌레나 돌이 매우 빠르고 세차게 날아가는 소리.' 또는 '거센 바람이 전선이나 철사에 빠르고 세차게 부딪치는 소리.'를 흉내 내는 말입니다. 어울리는 상황을 떠올려 글을 써 봅니다.

> **채점 기준** 흉내 내는 말 '윙윙'을 의미에 알맞게 사용하여, 완성된 문장으로 표현하면 정답으로 합니다.

5 그림 ㉠에는 웃고 있는 모습이, 그림 ㉡에는 선물을 발견하고 신나하는 모습이 나타나 있습니다.

6 그림 ㉢에는 무거운 짐을 들어 올리려는 아이가 힘들어하는 모습이 나타나 있습니다.

7 친구의 성을 망가뜨린 그림 다는 '미안해요'가 어울립니다. 그림 가는 '신났어요', 그림 나는 '뿌듯했어요'가 어울립니다.

8 그림 라의 아이는 비 때문에 옷이 젖어서 속상할 것입니다.

실천 배운 내용 마무리하기 20쪽

1 ① **2** 예 살금살금 **3** ③, ④

4 ②

5 예 나는 율이가 생일 선물을 줘서 행복했어.

6 ②

7 예 곰이 모자를 벗습니다. / 곰이 그림책을 봅니다.

1 새싹이 자라는 모습에는 '쑥쑥'이 어울립니다.

> **정답 친해지기** ② '덜컹'은 '바람에 창문이 덜컹 흔들립니다.'와 같이 씁니다.
> ③ '바스락'은 '낙엽을 밟았더니 바스락 소리가 납니다.'와 같이 씁니다.
> ④ '첨벙첨벙'은 '첨벙첨벙 물장구를 칩니다.'와 같이 씁니다.
> ⑤ '데굴데굴'은 '야구공이 데굴데굴 굴러갑니다.'와 같이 씁니다.

2 소리 내지 않고 조용히 걷는 모습을 흉내 내는 말로는 '살금살금'이 어울립니다.

> **정답 친해지기** '살금살금'을 넣어 문장 만들기 예
> • 잠든 동생이 깨지 않도록 살금살금 걸어 나왔다.

3 자신의 기분을 말할 때에는 듣는 사람을 생각하며 '나'라는 말로 시작하고, 있었던 일과 그때 자신의 기분을 솔직하게 말합니다.

4 친구가 준비물을 빌려주었을 때에는 고마운 기분이 들 것입니다.

5 친구와 있었던 일을 한 가지 떠올리고 '나'라는 말로 시작하면서 있었던 일과 그때 자신의 기분을 나타내는 말을 넣어 문장을 씁니다.

> **채점 기준** 듣는 사람을 생각하며 '나'라는 말로 시작을 하고, 있었던 일과 자신의 기분을 문장으로 표현하면 정답으로 합니다.

6 문장에서 '마십니다'에 어울리는 말은 '우유를'입니다.

7 곰이 무엇을 어찌하는지 나타내는 문장을 만들어 써 봅니다.

> **채점 기준** '곰이 모자를'과 '벗습니다/봅니다/삽니다', '곰이 그림책을'과 '봅니다/삽니다', '곰이 우유를'과 '봅니다/삽니다/마십니다'와 같이 낱말을 연결했을 때 자연스러운 문장을 쓰면 정답으로 합니다.

단원 평가

1 ①　　　　　**2** 예 둥실둥실, 살랑살랑
3 ①, ③　　　**4** 삐악삐악　　**5** ④
6 예 거위는 뒤뚱뒤뚱, 거북은 엉금엉금 걷는다.
7 ③　　　　　**8** ①　　　　　**9** ①
10 예 꽁꽁, 반짝반짝
11 (1) 예 떨렸다　(2) 예 신났다
12 ①　　　　**13** 찌지직　　**14** ③
15 예 신나요　**16** ⓒ　　　　**17** ⑤
18 (손바닥만 한) 구름　　　　　**19** ④
20 예 친구들에게 화를 내지 말고 예쁘게 말하면 좋겠어.

1 '씽씽'은 사람이나 물체가 바람을 일으킬 만큼 매우 빠르게 움직일 때 나는 소리나 모양을 나타내는 말입니다.

2 이 글에 쓰인 흉내 내는 말은 '둥실둥실', '살랑살랑', '야옹', ㉠ '씽씽'입니다.

3 흉내 내는 말은 모양을 나타내는 말과 소리를 나타내는 말이 있습니다. '깔깔'은 웃는 소리를 나타내는 말, '째깍째깍'은 시계가 돌아가는 소리를 나타내는 말입니다.

4 병아리 소리를 흉내 내는 말로는 '삐악삐악'이 어울립니다.

5 '휘저으며'는 '마구 저으며.'라는 뜻으로, 흉내 내는 말이 아닙니다.

6 제시된 흉내 내는 말 두 가지를 넣어 자연스러운 문장을 써 봅니다.

> **채점 기준** 제시된 흉내 내는 말 가운데에서 두 가지를 활용하여 자연스러운 문장을 쓰면 정답으로 합니다.

7 '후드득'은 굵은 빗방울이 갑자기 떨어지는 소리를 나타내는 말이므로, '빗방울이 후드득 떨어졌다.'는 자연스러운 문장입니다.

> **정답 친해지기** ① '맴맴'은 '매미가 맴맴 웁니다.'와 같이 씁니다.
> ② '반짝반짝'은 '별이 반짝반짝 빛납니다.'와 같이 씁니다.
> ④ '활활'은 '장작불이 활활 타오릅니다.'와 같이 씁니다.
> ⑤ '우르릉 쾅쾅'은 '천둥이 우르릉 쾅쾅 칩니다.'와 같이 씁니다.

8 흉내 내는 말을 사용하면 문장의 내용이 더 실감 나고 재미있게 느껴지지, 어렵게 느껴지지는 않습니다.

9 '나'만 뜀틀에 올라가서 친구들이 부러워한 것입니다.

10 흉내 내는 말로 글 ㉮에는 '꽁꽁', 글 ㉯에는 '폴짝', '반짝반짝'이 쓰였습니다.

11 글 ㉮에서 '나'는 친구들 앞에서 노래를 불러서 떨렸고, 글 ㉯에서는 '나'만 뜀틀에 올라가서 신났습니다.

12 '나'는 민호가 갑자기 달려들어서 깜짝 놀랐습니다.

13 깜짝 놀란 기분을 '내 마음이 찌지직, 번개처럼 찌지직!'이라고 표현하였습니다.

14 '조마조마하다'는 다가올 일이 걱정되어 마음이 불안하다는 의미입니다. ③의 그림 속 아이들은 회전목마를 타며 환하게 웃고 있으므로 '신나요', '즐거워요' 등을 쓰는 것이 어울립니다.

15 수영장에서 노는 상황이므로 '신나요', '기뻐요', '즐거워요', '재미있어요' 등이 어울립니다.

16 듣는 사람의 기분을 생각하며 자신의 기분을 말할 때에는 '나'라는 말로 시작하며 정리한 생각을 말합니다.

17 듣는 사람의 기분을 생각하며 자신의 기분을 말할 때에는 '나'라는 말로 시작하고, 있었던 일과 그때의 솔직한 '나'의 기분을 말합니다.

18 어느 날 화를 내며 말하는 버릇이 있는 도치 머리 위에 손바닥만 한 구름이 생겼습니다.

19 소리를 지르는 행동에 어울리는 흉내 내는 말은 '버럭버럭'입니다.

> **정답 친해지기** ① '번쩍'은 '빛이 번쩍 났다.'와 같이 씁니다.
> ② '두근두근'은 '가슴이 두근두근 뛰었다.'와 같이 씁니다.
> ③ '팔랑팔랑'은 '나뭇잎이 팔랑팔랑 떨어졌다.'와 같이 씁니다.
> ⑤ '소곤소곤'은 '친구와 소곤소곤 비밀 이야기를 나누었다.'와 같이 씁니다.

20 도치는 친구에게 화를 내며 말하고 있습니다. 이것을 고쳐 예쁘게 말하라고 해 주는 것이 어울립니다.

> **채점 기준** 도치가 친구들에게 잘못하고 있는 행동이 무엇인지와 이를 어떻게 고쳐야 할지를 쓰면 정답으로 합니다.

2. 낱말을 정확하게 읽어요

핵심 확인 문제 26쪽

1 겹받침   **2** (3) ○   **3** 닥 ➡ 닭
4 제목   **5** 말, 행동

준비 배울 내용 살펴보기 27쪽

1 (썩은) 동아줄   **2** ⑤   **3** ④
4 예 듣는 사람이 그 낱말이 무엇인지 정확하게 알 수 있기 때문이야.

1 호랑이는 썩은 동아줄을 잡았습니다.

2 '붉'에 서로 다른 두 개의 자음자로 이루어진 받침 'ㄺ' 이 들어 있습니다.

3 두 개의 자음자로 이루어진 받침은 바르게 읽는 방법 을 생각하며 받침에 주의하여 읽어야 합니다.

> **정답 친해지기** 두 개의 자음자로 이루어진 받침은 자음 자가 두 개여도 하나만 발음합니다. 뒤에 오는 글자에 따라 다르게 발음되므로, 바르게 읽는 방법을 알고 주 의하여 읽어야 합니다.

4 받침에 주의하며 글을 읽지 않으면 듣는 사람이 해당 낱말의 뜻을 잘못 이해할 수 있고, 내가 하고 싶은 말 을 분명하게 전달할 수 없습니다.

> **채점 기준** 듣는 사람이 그 낱말이 무엇인지 정확하게 알 수 있다거나 하고 싶은 말을 분명하게 전할 수 있기 때문이라는 내용을 담아 쓰면 정답으로 합니다.

소단원 1 기본 글자의 짜임 알기 28쪽

1 ③   **2** (1) ○   (2) ㅓ   (3) ㅄ
3 (1) ②   (2) ①   (3) ③   **4** (1) ①   (2) ②

1 '즐'의 받침에는 자음자 'ㄹ' 하나만 들어 있습니다.

2 '없'에는 자음자 'ㅇ', 모음자 'ㅓ', 받침 'ㅄ'이 들어갑니 다. 겹받침 'ㅄ'에 주의하여 씁니다.

3 ㉠은 'ㄻ', ㉡은 'ㅀ', ㉢은 'ㅄ' 받침이 들어가야 합니다.

4 같은 자음자가 겹쳐서 된 받침은 쌍받침이고, 서로 다 른 두 개의 자음자로 이루어진 받침은 겹받침입니다.

> **정답 친해지기** 쌍받침과 겹받침의 예
> • 쌍받침: ㄲ, ㅆ
> • 겹받침: ㄺ, ㄼ, ㅀ, ㅄ

소단원 1 기본 받침에 주의하며 문장 쓰기 29쪽

1 ㄺ   **2** ①   **3** ⑤
4 잃어버렸다   **5** ①
6 긁는다   **7** ②   **8** 짧다

1 '밝다'에는 받침 'ㄺ'이 들어가야 합니다.

2 '앓다', '넓다', '밝다', '가엾다'로 써야 합니다.

3 '꿇다'와 '뚫다'에는 모두 'ㅀ'이 받침으로 들어가야 합 니다.

4 그림으로 볼 때 '잃어버렸다'가 어울립니다.

5 그림으로 보아 '넓다'가 어울립니다.

6 아이가 머리를 긁는 그림이므로 '긁는다'가 들어가야 알맞습니다.

7 '닭'으로 고쳐 써야 합니다.

8 '짧다'로 고쳐 써야 합니다.

소단원 1 통합 받침이 있는 낱말에 주의하며 글 읽기 30~31쪽

1 ①   **2** ③   **3** 먼지 (할아버지)
4 (1) ③   (2) ②   (3) ①   **5** ④
6 (아주) 넓고 위험한 곳   **7** ⑤
8 예 세상은 아주 넓고 위험해서 참외가 되는 것 이 쉽지는 않아. 하지만 참외씨는 잡아먹힐 뻔한 상황에서 용감하게 탈출을 했고, 달고 맛있는 참외 가 되려는 꿈이 있으니까 꿈을 이룰 수 있을 거야.

1 "하마터면 잡아먹힐 뻔했어."라고 참외씨가 한 말에 서 알 수 있습니다.

2 "아이코! 세상은 무시무시한 곳이구나."라고 한 참외 씨의 말에서 알 수 있습니다.

3 하마터면 잡아먹힐 뻔했던 참외씨는 탈출하는 중에 먼지 할아버지를 만났습니다.

4 '간신히'는 '겨우 또는 매우 힘들게.'라는 뜻이므로 '학교에 간신히 도착했다.'는 문장이 자연스럽습니다. '하마터면'은 '조금만 잘못했더라면.'이라는 뜻으로 위험한 상황을 겨우 벗어났을 때 쓰는 말이므로 '하마터면 우유를 쏟을 뻔했다.'는 문장이 자연스럽습니다. '무시무시한'은 '아주 많이 무서운.'이라는 뜻이므로 '할머니께 무시무시한 옛날이야기를 들었다.'는 문장이 자연스럽습니다.

5 "제 꿈은 흙 속에 들어가서 달고 맛있는 참외가 되는 거예요."라고 한 참외씨의 말에서 알 수 있습니다.

6 먼지 할아버지는 세상은 아주 넓고 위험해서 참외가 되는 건 쉽지 않다고 하였습니다.

7 각각 [흘기], [흑쏘게]로 읽어야 합니다.

> **정답 친해지기** 받침 'ㄺ'이 있는 낱말은 뒤에 오는 글자에 따라 'ㄹ'이나 'ㄱ'으로 발음합니다.
> **받침 'ㄺ'이 있는 낱말 발음하기 예**
> • 흙이[흘기] 어디 있는지 아세요?
> • 흙 속에[흑쏘게] 들어가서
> • 흙은[흘근] 말이야 …….

8 참외씨에게 해 줄 수 있는 말을 써 봅니다.

> **채점 기준** 완성된 문장의 형태로 참외씨에게 해 줄 말을 자유롭게 쓰면 정답으로 합니다.

소단원 2 · 기본 글쓴이가 하고 싶은 말 찾기 · 32쪽

1 (1) 김서연 　(2) 사용한 물건을 제자리에 두자
2 (1) ②　(2) ①
3 예 물건을 쓰고 나서 제자리에 두자.
4 ⑤

1 글을 쓴 사람의 이름과 글의 제목을 찾아서 씁니다.

2 서연이는 물건을 쓰고 나서 제자리에 두는데, 동생은 물건을 쓰고 나서 아무 데나 둡니다.

3 서연이는 물건을 쓰고 나서 제자리에 두자는 생각을 전하기 위해 이 글을 썼습니다.

> **채점 기준** 물건을 쓰고 나서 제자리에 두자는 글쓴이의 생각을 찾아 쓰면 정답으로 합니다.

> **정답 친해지기** 글쓴이가 하고 싶은 말을 찾을 때에는 글의 제목이 무엇인지 살펴보거나 글쓴이가 글을 쓴 까닭이 무엇이지 찾아봅니다.

4 글의 제목을 살펴보거나, 글쓴이가 누구인지, 글쓴이가 글을 쓴 까닭이 무엇인지 찾아봅니다.

소단원 2 · 통합 글을 읽고 인물의 생각 알기 · 33~34쪽

1 ②　　　　**2** 멋진 날　　　**3** ⑤
4 멋진　　　**5** 예 다니엘, 에마 누나, 할머니
6 (1) ③　(2) ②　(3) ①　　　**7** ④, ⑤
8 예 친구들과 사이좋게 지낸 날 / 큰 소리로 웃은 일이 많은 날

1 이웃들은 다니엘에게 '멋진 날 보내렴!'이라고 인사하였습니다.

2 다니엘은 이웃들에게 "어떤 날이 멋진 날이에요?"라고 물었습니다.

3 산체스 부인은 하늘이 맑아서 페인트칠하기 좋은 날이 멋진 날이라고 하였습니다.

4 '보기에 썩 좋은.'의 뜻을 가진 낱말은 '멋진'입니다.

5 이 글에는 다니엘, 산체스 부인, 에마 누나, 안전 요원, 할머니, 엄마까지 총 6명의 인물이 등장합니다.

6 글 속에 어떤 인물이 나오는지 살펴보고, 각 인물이 하는 말을 살펴보며 각자가 생각하는 멋진 날이 무엇인지 찾아봅니다. "어떤 날이 멋진 날이야?"라는 다니엘의 질문에 에마 누나는 "바람이 씽씽 불어서 연날리기 좋은 날!"이라고 답하였고, 안전 요원은 "모두들 안전하게 귀가하는 날."이라고 답하였고, 할머니는 "우리 다니엘이 할머니를 꼭 안아 주는 날이란다!"라고 답하였습니다.

7 이야기에 어떤 인물이 나오는지 찾아보고, 인물이 한 말이나 행동을 살펴보면 인물의 생각을 알 수 있습니다.

8 자신이 생각하는 멋진 날을 떠올려서 써 봅니다.

> **채점 기준** 자신이 생각하는 멋진 날을 자유롭게 쓰면 정답으로 합니다.

국어 활동 35쪽

1 ④ **2** ㄹㅂ **3** (1) ○
4 ①, ⑤
5 예 복도에서 걸어 다니자. / 복도에서 뛰지 말자.

1 '없다', '가엾다'라고 써야 하므로 공통으로 들어갈 받침은 'ㅄ'입니다.

2 '밟다', '짧다'라고 써야 하므로 공통으로 들어갈 받침은 'ㄹㅂ'입니다.

3 '땅을 밟다'로 써야 합니다.

4 복도에서 뛰면 친구와 부딪쳐서 다칠 수도 있고 다른 사람들을 놀라게 할 수도 있다고 하였습니다.

5 글의 제목을 살펴보고, 글쓴이가 글을 쓴 까닭을 생각해 봅니다.

> **채점 기준** 제목인 '복도에서 걸어 다니자.'나, 글쓴이가 글을 쓴 까닭인 '복도에서 뛰지 말고 천천히 걸어 다녀야 한다.' 등의 내용을 쓰면 정답으로 합니다.

실천 배운 내용 마무리하기 36쪽

1 ⑤ **2** 넓고 **3** 옳다
4 민혁(이) **5** ③
6 (1) [까마귀] (2) [다람쥐]
7 ① **8** (1) ○

1 '읽었다', '흙', '값', '묶었다'로 써야 합니다.

2 겹받침 'ㄹㅂ'에 주의하여 씁니다.

3 겹받침 'ㄹㅎ'에 주의하여 씁니다.

4 이 글은 민혁이가 준호에게 쓴 편지입니다.

5 넘어졌을 때 도와준 준호에게 고맙다고 편지를 쓴 것입니다.

6 '까마귀'는 [까마귀]로, '다람쥐'는 [다람쥐]로 읽습니다. 모음 'ㅟ'를 'ㅣ'로 발음하지 않도록 주의합니다.

7 가위는 [가위], 바위는 [바위], 가위바위보는 [가위바위보], 주사위는 [주사위]로 읽습니다.

8 [기여운]으로 발음하지 않도록 주의합니다.

단원 평가 37~39쪽

1 ②, ③ **2** ① **3** 붉
4 ㄹㅂ **5** (1) ㄲ (2) ㅡ (3) ㄹㅎ
6 ④ **7** ② **8** (1) ① (2) ②
9 닳다 / 닳았다 **10** 업다 ➡ 없다
11 예 (달고 맛있는) 참외가 되는 것
12 (3) × **13** ㉠ **14** (1) ○
15 (서연이의) 동생 **16** ⑤
17 ⑤ **18** ⑤ **19** 할머니
20 예 이야기에 어떤 인물이 나오는지 살펴본다. / 인물이 한 말이나 행동을 살펴본다.

1 '운'과 '즐'은 받침에 자음자가 하나인 글자이고, '어'는 받침이 없는 글자입니다.

> **정답 친해지기** **자음자가 두 개인 받침의 종류**
> • 쌍받침: 같은 자음자가 겹쳐서 된 받침.
> • 겹받침: 서로 다른 두 개의 자음자로 이루어진 받침.

2 '닭'에 겹받침이 들어 있습니다. '낚'에는 쌍받침이 들어 있습니다.

3 '붉'에 서로 다른 두 개의 자음자로 이루어진 겹받침 'ㄹㄱ'이 들어 있습니다.

> **정답 친해지기** 이 글에서 같은 자음자가 겹쳐서 된 받침인 쌍받침이 쓰인 글자는 '었'과 '졌'입니다.

4 '넓다', '짧다', '밟다'는 모두 받침이 'ㄹㅂ'인 글자입니다.

5 글자의 짜임을 생각하고 자음자와 모음자, 겹받침에 주의하여 써 봅니다.

6 낱말의 받침에 자음자가 두 개 있어도 한 개만 발음합니다. 따라서 [나비가 가엽따]로 발음해야 합니다.

7 '책을 읽다.'로 써야 합니다.

8 그림을 보면 '아이가 머리를 긁는다.', '외양간에 송아지가 없다.'가 어울립니다.

9 연필심의 길이가 짧아진 그림이므로 '닳다' 또는 '닳았다'라고 써야 합니다.

10 '업다'를 '없다'로 고쳐야 합니다.

> **정답 친해지기** '업다'는 사람이나 동물을 등에 대고 손으로 붙잡거나 무엇으로 매어 붙어 있게 하다는 뜻입니다.

11 참외씨는 흙 속에 들어가서 달고 맛있는 참외가 되는 것이 꿈이라고 하였습니다.

12 낱말의 받침에 자음자가 두 개 있어도 한 개만 발음합니다. 따라서 [널끼]로 발음해야 합니다.

13 ㉠의 '책이 알다.'는 '얇다'로 써야 합니다.

14 '값'은 받침에 겹받침 'ㅄ'을 써야 합니다.

15 서연이는 물건을 쓰고 나서 제자리에 두지만 동생은 아무 데나 둔다고 하였습니다.

16 물건을 쓰고 나서 제자리에 두면 다음에 쓰려고 할 때 빨리 찾을 수 있습니다.

17 제목을 살펴보거나 글쓴이가 글을 쓴 까닭을 찾아보면 글쓴이가 하고 싶은 말을 찾을 수 있습니다. 이 글의 제목은 「사용한 물건을 제자리에 두자」이고, 글을 쓴 까닭은 풀이나 가위 같은 물건을 쓰고 나서 아무 데나 두는 동생이 물건을 쓰고 나서 제자리에 두었으면 좋겠다는 것을 전하기 위해서입니다.

> **정답 친해지기** 글에서 글쓴이가 하고 싶은 말을 찾는 방법
> • 글의 제목이 무엇인지 살펴봅니다.
> • 글쓴이가 글을 쓴 까닭이 무엇인지 찾아봅니다.
> • 글쓴이가 누구인지 알고 글쓴이가 하고 싶은 말을 찾아봅니다.

18 에마는 바람이 씽씽 불어서 연 날리기 좋은 날이 멋진 날이라고 하였습니다.

19 할머니가 생각하는 멋진 날입니다.

> **정답 친해지기** 등장인물이 생각하는 멋진 날
> • 에마 누나: 바람이 씽씽 불어서 연 날리기 좋은 날
> • 안전 요원: 모두들 안전하게 귀가하는 날
> • 할머니: 다니엘이 할머니를 꼭 안아 주는 날

20 이야기에 어떤 인물이 나오는지 찾아보고, 인물이 한 말이나 행동을 살펴봅니다.

> **채점 기준** 인물의 생각을 알아보는 방법 가운데에서 한 가지를 적으면 정답으로 합니다.

> **정답 친해지기** 인물의 생각을 알아보는 방법
> • 이야기에 어떤 인물이 나오는지 찾아봅니다.
> • 인물이 한 말이나 행동을 살펴봅니다.

3. 그림일기를 써요

> **핵심 확인 문제**   42쪽
>
> **1** ○   **2** 듣는 사람
> **3** 크기, 또박또박
> **4** (1) ○   **5** 경험, 자세히

> **준비** 배울 내용 살펴보기   43쪽
>
> **1** (2) ○   **2** ④, ⑤   **3** ②, ④
> **4** 🗨 그날 경험한 일을 일기에 쓴다.

1 그림 ❹에서 여자아이가 바른 자세로 발표를 하여 발표를 듣고 있는 남자아이가 여자아이의 말을 분명히 알아듣고 있습니다.

2 그림 ㉮에서 여자아이는 발표를 하면서 말끝을 흐리고 있습니다. 또 그림 ㉮에서 남자아이의 생각을 통해 여자아이의 목소리가 작아서 잘 들리지 않는다는 것을 알 수 있습니다.

3 그림 ❹의 여자아이처럼 말끝을 흐리지 않고 끝까지 분명하게 말하면 말하는 사람은 듣는 사람에게 뜻을 잘 전할 수 있고, 듣는 사람은 뜻을 알아듣기 쉽습니다.

4 이외에도 있었던 일을 개인 누리망에 쓰는 등 다양한 방법으로 자신이 경험한 일을 표현할 수 있습니다.

> **채점 기준** 일기를 쓰거나 개인 누리망에 글을 쓰는 등 자신이 경험한 일을 표현할 수 있는 방법을 떠올려 쓰면 정답으로 합니다.

> **소단원 1** **기본** 여러 사람 앞에서 발표하는 자세 알아보기   44~45쪽
>
> **1** 탐험가   **2** ①   **3** (1) ① (2) ②
> **4** ①   **5** ❶, ❷, ❸
> **6** (1) ⓛ (2) ㉠   **7** (1) ㉠ (2) ⓛ
> **8** 🗨 말하는 사람을 바라보며 듣는다. / 궁금한 점을 생각하며 듣는다.

1 남자아이는 "제 꿈은 탐험가입니다."라고 발표했습니다.

2 그림 ❸에서 남자아이는 책을 찾아보며 탐험가가 하는 일을 알아보았습니다.

3 남자아이는 발표할 때에 바른 자세로 서서 알맞은 크기의 목소리로 또박또박 이야기하였습니다.

4 발표할 때에는 듣는 사람을 바라보며 말해야 합니다.

> **정답 친해지기** **바른 자세로 발표하는 방법**
> • 듣는 사람을 바라보며 말합니다.
> • 허리를 펴고 바르게 서서 말합니다.
> • 알맞은 크기의 목소리로 또박또박 말합니다.

5 듣는 자세가 바른 친구는 궁금한 점을 생각하며 듣고 있는 친구 ❶, 바른 자세로 앉아서 듣고 있는 친구 ❷, 말하는 사람을 바라보며 듣고 있는 친구 ❸입니다.

6 발표를 듣는 바른 자세를 생각하며 각 친구들이 어떻게 발표를 듣고 있는지 확인해 봅니다.

7 (1)은 다른 친구와 시끄럽게 떠들고 있는 모습이고, (2)는 발표에 귀 기울이지 않고 딴짓을 하고 있는 모습입니다.

8 다른 사람의 발표를 들을 때에는 바른 자세로 앉아서 말하는 사람을 바라보며, 궁금한 점을 생각하며 듣습니다.

> **채점 기준** 다른 사람의 발표를 들을 때의 바른 자세를 알맞게 쓰면 정답으로 합니다.

> **정답 친해지기** **다른 사람이 발표할 때에 바른 자세로 듣는 방법**
> • 말하는 사람을 바라보며 듣습니다.
> • 바른 자세로 앉아 듣습니다.
> • 궁금한 점을 생각하며 듣습니다.
> • 들은 내용을 이해했다면 미소를 짓거나 고개를 끄덕일 수 있습니다.
> • 딴 생각을 하며 다른 곳을 보거나 딴짓하지 말고 듣습니다.
> • 시끄럽게 떠들면서 다른 사람을 방해하면 안 됩니다.

| 소단원 1 | **통합** 자신이 경험한 일이 잘 드러나게 발표하기 | 46쪽 |

1 예 일어났다. / 기지개를 켰다. **2** ⑤
3 해린

1 그림 ㉮에서 남자아이가 일곱 시에 일어나 기지개를 켜고 있습니다.

2 발표를 들을 사람의 수를 생각할 필요는 없습니다.

3 발표를 할 때 자신 있게 말하는 것을 단순히 목소리를 크게 말하는 것으로 오해해서는 안 됩니다.

| 소단원 2 | **기본** 기억에 남는 일을 문장으로 말하기 | 47쪽 |

1 (1) ② (2) ①
2 예 체육 대회 때 이어달리기를 했다.
3 예 친구들과 서로 응원하면서 힘을 모아 이어달리기를 하여 우리 반이 이겼기 때문이다.
4 (1) ✕

1 친구들과 숨바꼭질을 할 때 술래에게 숨은 곳을 들켰던 일은 ㉠ 놀랐던 일, 친구가 전학 간 일은 ㉡ 슬펐던 일이라고 할 수 있습니다.

2 우리 반에서 있었던 일을 떠올려 보고 그중에서 재미있었거나 가장 기억에 남는 일을 골라 써 봅니다.

> **채점 기준** 우리 반에서 있었던 일 가운데에서 가장 기억에 남는 일을 떠올려 자유롭게 쓰면 정답으로 합니다.

3 문제 2번에서 고른 일이 특히 기억에 남는 까닭을 자세히 써 봅니다.

> **채점 기준** 문제 2번에서 고른 일이 기억에 남는 이유를 자유롭게 문장으로 표현하면 정답으로 합니다.

4 있었던 일을 문장으로 이야기할 때에는 기억에 남는 일과 그때의 느낌을 떠올려 보면 좋습니다.

| 소단원 2 | **기본** 그림일기를 쓰는 방법 알기 | 48쪽 |

1 ⑤   **2** ㉯   **3** (3) ○
4 (1) 날씨 (2) 내용 (3) 생각이나 느낌

1 그림일기에는 날짜와 요일, 날씨, 그림, 글이 들어갑니다.

2 그날 경험한 일 가운데에서 기억에 남는 일을 쓰고, 경험한 일에 대한 생각이나 느낌을 쓰는 부분은 ㉯입니다.

3 이 그림일기에서 생각이나 느낌이 나타난 문장은 '사과를 직접 따 보니 정말 재미있었다.'입니다.

4 그림일기를 쓸 때에는 날짜와 요일, 날씨를 쓰고 경험한 일이 잘 나타나게 내용을 씁니다. 또 경험한 일에 대한 생각이나 느낌도 써야 합니다.

> **정답 친해지기** **그림일기를 쓸 때 주의할 점**
> • 하루에 경험한 일 가운데에서 기억에 남는 일을 고릅니다.
> • 날짜와 요일, 날씨를 씁니다.
> • 경험한 일이 그림에 잘 나타나게 표현합니다.
> • 언제, 어디에서, 누구와 어떤 일이 있었는지 경험한 일을 자세히 씁니다.
> • 경험한 일에 대한 생각이나 느낌을 씁니다.

소단원 2 통합 경험한 일을 그림일기로 쓰기 49쪽

1 차례   **2** (1) 예 준비물을 챙긴 일
(2) 예 현장 체험 학습을 다녀온 일
(3) 예 설거지를 도와 드린 일   **3** ④
4 예 경험한 일 가운데에서 중요한 장면을 정해 그림으로 그린다.

1 어제 있었던 일을 아침 – 낮 – 저녁 차례대로 떠올려 봅니다.

2 어제 아침, 낮, 저녁에 있었던 일을 한 가지씩 떠올려 써 봅니다.

3 그 일을 누구와 하고 싶은지가 아니라 누구와 있었던 일인지 생각해야 합니다.

4 그림일기의 그림은 경험한 일이 잘 나타나도록 그려야 합니다.

> **채점 기준** 경험한 일 가운데에서 가장 기억에 남거나 중요한 장면이 잘 드러나는 그림으로 고친다는 내용을 쓰면 정답으로 합니다.

국어 활동 50~51쪽

1 ④   **2** ❷   **3** 유현
4 다, 마   **5** ③   **6** 나
7 ⑤   **8** (2) ○

1 선생님께서는 현장 체험 학습 준비물을 안내하고 있으십니다.

2 아이 ❷가 선생님의 말씀을 바른 자세로 듣고 있습니다. 아이 ❶은 선생님께서 말씀하시는 내용을 귀 기울여 듣지 않고 질문을 하고 있고, 아이 ❸은 엎드려서 딴짓을 하고 있고, 아이 ❹는 딴짓을 하고 있습니다.

3 다른 사람의 말을 듣는 중에 궁금한 점이 생길 경우 유현이처럼 행동해야 합니다.

4 선생님께서 과자는 통에 먹을 만큼 담아 오고, 돗자리와 물을 준비해 오라고 하셨습니다.

5 ㉠에는 날씨가 들어가야 합니다.

6 내용에 알맞게 그림을 그린 그림일기는 나입니다. 그림일기 가는 내용과 관련이 없는 그림을 그렸습니다.

7 그림일기 나에서는 어머니께서 곰 인형을 사 주신 일을 썼습니다.

8 (1)은 경험한 일을 쓴 문장이고, (2)가 생각을 쓴 문장입니다.

실천 배운 내용 마무리하기 52쪽

1 (1) ① (2) ② (3) ① (4) ②
2 예 수업 시간에 친구가 발표할 때
3 해설 참조   **4** 가현   **5** 책을
6 거울을

1 말할 때에는 듣는 사람을 바라보며 또박또박 말해야 하고, 들을 때에는 말하는 사람을 바라보며 귀 기울여 들어야 합니다.

2 수업 시간에 친구가 발표할 때, 여럿이 같이 들을 때, 부모님께서 말씀하실 때 등 바른 자세로 들어야 하는 상황을 떠올려 봅니다.

3

날짜		경험한 일
		인사
	날씨	그림 / 느낌
이름		식단
		기억에 남는 일
		시간표
요일		생각

그림일기에는 날짜와 요일, 날씨를 씁니다. 경험한 일 가운데에서 기억에 남는 일을 골라 그림과 글로 표현하고 자신의 생각이나 느낌이 잘 드러나게 씁니다.

4 그림일기는 자신이 경험한 일 가운데에서 기억에 남는 일을 골라 자세히 쓰고, 날짜와 요일과 함께 날씨도 써야 합니다.

5 그림에 알맞은 '무엇을'에 해당하는 말은 '책을'입니다.

> **정답 친해지기** '무엇을'에 해당하는 말은 주로 동작을 나타내는 말 앞에 나오는 것이 자연스럽습니다.
> **동작을 나타내는 말의 예**
> 읽다, 먹다, 주다, 닦다, 그리다

6 이 문장에서 '무엇을'에 해당하는 말은 '거울을'입니다.

단원 평가
53~55쪽

1 ㉯   **2** ④, ⑤
3 뜻   **4** ③   **5** (1) ○
6 ①   **7** 세(3)
8 예 궁금한 점을 생각하며 듣고 있구나.
9 ❹   **10** ⑤   **11** ⑤
12 ⑤   **13** 예 선생님 말씀을 들을 때에는 딴짓을 하지 말아야 해.
14 (1) ②   (2) ①   **15** 그림일기
16 (1) 20○○년 10월 24일   (2) 일요일
(3) 해가 쨍쨍한 날   **17** ④
18 ㉣   **19** ⑤   **20** (3) ×

1 ㉯와 같이 바른 자세로 또박또박 말해야 듣는 사람이 잘 알아들을 수 있습니다.

2 그림 ㉮에서 여자아이가 발표를 하면서 말끝을 흐리고 목소리도 너무 작아 남자아이가 잘 알아듣지 못하고 있습니다.

3 이외에도 ㉯와 같이 바른 자세로 발표하면 듣는 사람이 뜻을 알아듣기 쉽습니다.

4 장면 ❸에서 남자아이는 "탐험가가 되어 북극을 탐험해 보고 싶습니다."라고 하였습니다.

5 남자아이는 책을 보며 발표할 내용을 찾아보았습니다.

6 남자아이는 허리를 펴고 바른 자세로 서서 듣는 사람을 바라보며 말하고 있습니다.

> **정답 친해지기** **바른 자세로 발표하는 방법**
> • 듣는 사람을 바라보며 말합니다.
> • 허리를 펴고 바르게 서서 말합니다.
> • 알맞은 크기의 목소리로 또박또박 말합니다.

7 친구 ❶, ❷, ❸이 바른 자세로 듣고 있습니다.

> **정답 친해지기** • 친구 ❹는 짝꿍과 시끄럽게 떠들고 있습니다. 발표를 들을 때는 시끄럽게 떠들며 다른 듣는 사람을 방해하지 말고 말하는 사람에게 귀 기울입니다.
> • 친구 ❺는 말하는 사람을 바라보지 않고 딴짓을 하고 있으며, 친구 ❻은 말하는 사람을 바라보지 않고 딴 생각을 하며 창밖을 보고 있습니다. 발표를 들을 때에는 말하는 사람을 바라보며 듣습니다.

8 그림에서 친구 ❶은 발표하는 친구가 좋아하는 것이 무엇일지 궁금한 점을 생각하며 듣고 있습니다.

> **채점 기준** 친구 ❶은 발표하는 말을 들으며 궁금한 내용을 생각하고 있으므로 이러한 내용을 담아 쓰면 정답으로 합니다.

9 친구 ❹는 옆자리에 앉은 친구에게 말을 걸며 시끄럽게 떠들고 있습니다.

10 발표를 들으며 궁금한 점을 생각하며 듣는 것이 좋습니다.

> **정답 친해지기** **다른 사람이 발표할 때에 바른 자세로 듣는 방법**
> • 말하는 사람을 바라보며 듣습니다.
> • 바른 자세로 앉아 듣습니다.
> • 궁금한 점을 생각하며 듣습니다.
> • 들은 내용을 이해했다면 미소를 짓거나 고개를 끄덕일 수 있습니다.
> • 딴 생각을 하며 다른 곳을 보거나 딴짓하지 말고 듣습니다.
> • 시끄럽게 떠들면서 다른 사람을 방해하면 안 됩니다.

11 발표할 내용을 정할 때 발표 장소를 생각할 필요는 없습니다.

12 친구 ㉠은 선생님께서 말씀하시는 중에 질문을 하고 있습니다. 말씀하시는 중에 궁금한 점이 생기면 말씀이 끝난 후에 질문을 합니다.

13 선생님께서 말씀을 하실 때에는 딴짓을 하지 말고 바른 자세로 귀 기울여 들어야 합니다.

채점 기준 선생님께서 말씀을 하실 때 딴짓을 하고 있는 친구에게 해 주고 싶은 말을 알맞게 쓰면 정답으로 합니다.

14 있었던 일 가운데에서 기억에 남는 일을 문장으로 이야기할 때에는 재미있거나 기억에 남는 일을 골라 언제, 어디에서 있었던 일인지 생각해 봅니다.

정답 친해지기 있었던 일 가운데에서 기억에 남는 일을 문장으로 생각하는 방법
• 있었던 일을 시간의 차례대로 정리해 보고, 어떤 느낌이 들었는지 생각해 봅니다.
• 있었던 일 가운데에서 재미있거나 기억에 남는 일을 생각해 봅니다.
• 언제, 어디에서, 무엇을 했는지 떠올려 봅니다.

15 제시된 설명은 그림일기에 대한 내용입니다.

16 날짜는 '20○○년 10월 24일', 요일은 '일요일', 날씨는 '해가 쨍쨍한 날'입니다.

정답 친해지기 그림일기에 들어갈 내용
• 날짜와 요일
• 날씨
• 경험한 일을 표현한 그림
• 기억에 남는 일과 생각이나 느낌을 쓴 글

17 그림일기에서 그림은 경험한 일이 잘 나타나도록 그립니다.

18 이 그림일기에서 생각이나 느낌이 나타난 문장은 ㉣ '사과를 직접 따 보니 정말 재미있었다.'입니다.

정답 친해지기 ㉯ '과수원을 하시는 할머니 댁에 놀러 갔다.'와 ㉰ '나와 동생은 빨갛게 익은 사과를 땄다.'는 어디에서 무엇을 했는지 있었던 일을 표현한 문장입니다.

19 경험한 일 가운데에서 중요한 장면을 정해 그림으로 그려야 합니다.

20 그림일기를 점검할 때에는 날짜, 요일, 날씨를 빠뜨리지 않았는지, 경험한 일을 글과 그림에 잘 나타냈는지, 경험한 일에 대한 생각이나 느낌을 썼는지 살펴보아야 합니다.

4. 감동을 나누어요

핵심 확인 문제   58쪽

1 생각, 말, 행동   **2** ○
3 (1) ○   **4** (1) ×   **5** ○

준비 배울 내용 살펴보기   59쪽

1 만화 영화   **2** 예 「뽀롱뽀롱 뽀로로」
3 예 뽀로로랑 친구들이 재미있게 놀던 장면
4 (3) ○

1 모두 자신이 본 만화 영화를 떠올린 것입니다.

2 ㉮~㉱ 외에도 자신이 본 만화 영화는 무엇이 있는지 생각해 써 봅니다.

3 자신이 본 만화 영화에서 어떤 장면이 기억에 남는지 떠올려 써 봅니다.

채점 기준 자신이 본 만화 영화 가운데에서 기억에 남는 장면을 자유롭게 적으면 정답으로 합니다.

4 영진이는 동생과 함께 본 만화 영화 제목만 말하였고, 세정이는 만화 영화 캐릭터가 그려진 학용품을 산 경험만 말하였습니다.

소단원 1 기본 누가 무엇을 했는지 생각하며 이야기 듣기   60쪽

1 ①   **2** 선생님
3 ㉠ → ㉣ → ㉢ → ㉡
4 예 브로콜리를 좋아하지 않지만 용기 내어 먹어 본 적이 있다.

1 시간을 나타내는 말을 찾아봅니다. '오늘 점심시간'에 주원이가 싫어하는 미역으로 만든 반찬이 나왔습니다.

2 미역무침을 먹는 주원이를 보고 선생님께서 하신 말씀과 행동입니다.

3 주원이는 급식 반찬으로 나온 미역무침을 먹기 싫어했지만 서윤이가 한번 먹어 보라고 하며 맛있게 먹는 모습을 보고 용기 내어 미역무침을 먹어 보았습니다. 그 모습을 본 선생님께서 주원이를 칭찬해 주셨습니다.

4 주원이는 용기를 내어 싫어하는 미역으로 만든 미역무침을 한번 먹어 보았는데 생각보다 맛이 좋아서 다 먹었습니다. 이처럼 주원이와 비슷한 경험을 써 봅니다.

> **채점 기준** 주원이와 비슷하게 용기 내어 싫어하는 음식을 먹었던 경험이나, 싫어하는 일을 해 보았던 경험을 완전한 문장으로 쓰면 정답으로 합니다.

소단원 1 **통합** 이야기를 읽고 일이 일어난 차례 정리하기 61~62쪽

1 ②   **2** ①   **3** 어느 날 아침
4 (1) 작은따옴표   (2) 마음속으로 한 말
5 ⑤   **6** 예 (소금이 배 안에 쌓여 배가 기우뚱거리자) 너무 놀라 맷돌을 멈추는 방법을 잊어버렸기 때문이다.
7 ①, ④   **8** (1) 2   (2) 1   (3) 3

1 사람들은 시장에 모여 임금님이 가진 신기한 맷돌 이야기를 하였습니다.

2 '신기한'은 '믿을 수 없을 정도로 놀라운.'의 뜻입니다. ②는 '귀한'이라는 낱말의 뜻입니다.

3 '어느 날 아침'이 시간을 나타내는 말입니다.

> **정답 친해지기** '어느 날 아침'처럼 일이 일어난 때를 알려주는 말을 시간을 나타내는 말이라고 합니다. 시간을 나타내는 말을 생각하면 일이 일어난 차례를 정리할 수 있습니다.

4 ㉡에 쓰인 ' '은 작은따옴표로, 인물이 마음속으로 한 말을 나타낼 때 씁니다.

> **정답 친해지기** 인물이 소리 내어 한 말을 나타낼 때 쓰는 큰따옴표는 " "입니다.

5 도둑은 바다 건너 멀리 도망가려고 했습니다.

6 도둑은 소금이 쏟아져 배 안에 쌓여 배가 기우뚱거리자 너무 놀라 맷돌을 멈추는 방법을 잊어버렸고, 맷돌과 함께 바닷속으로 가라앉고 말았습니다.

> **채점 기준** '배 안에 소금이 쌓여 배가 기우뚱거리자, 도둑은 너무 놀라 무슨 말을 해야 하는지 잊어버렸기 때문이다.' 등 글 속에서 도둑이 맷돌과 함께 바닷속에 가라앉게 된 이유를 찾아서 쓰면 정답으로 합니다.

7 일이 일어난 때를 알려 주는 말을 시간을 나타내는 말이라고 합니다. 도둑이 언제 궁궐로 숨어들었고, 언제 맷돌을 훔쳤는지 생각하며 시간을 나타내는 말을 찾습니다.

8 누가 무엇을 했는지 생각하며 일어난 일을 차례대로 정리해 봅니다.

소단원 2 **기본** 만화 영화를 보고, 있었던 일 정리하기 63~64쪽

1 꽃   **2** ⑤   **3** ⑤
4 예 카르망 콩드 백작이 뛰어나가는 장면이 재미있었어.
5 ④   **6** (1) ②   (2) ①
7 예 꽃을 선물받은 카르망 콩드 백작에게 이상한 반응이 생겼다.   **8** 시온

1 「빨간 모자가 된 아이쿠」에 나오는 인물은 아이쿠, 비비, 카르망 콩드 백작이다.

2 아이쿠는 꽃밭에서 꽃을 따 할머니께 드리려고 하였습니다.

3 꽃을 받은 카르망 콩드 백작은 몸이 가려워지고, 콧물을 흘리며 기침과 재채기를 했습니다.

> **정답 친해지기** 만화를 보고 있었던 일을 정리할 때에는 인물의 말과 행동, 말투, 표정, 몸짓을 자세히 살펴봅니다.

4 만화 영화에서 인물이 한 말과 행동을 떠올려 보고 재미있었던 장면을 써 봅니다.

> **채점 기준** 만화 영화에서 인물이 한 말과 행동을 떠올려 보고 재미있었던 장면을 자유롭게 쓰면 정답으로 합니다.

5 아이쿠는 할머니 댁에 가기로 했습니다.

6 카르망 콩드 백작이 할머니로 변장하고 할머니 댁에서 아이쿠를 기다리고 있었습니다.

7 아이쿠와 카르망 콩드 백작이 만난 후, 아이쿠에게 꽃을 선물받은 카르망 콩드 백작에게 이상한 반응이 생겼습니다.

> **채점 기준** 카르망 콩드 백작이 아이쿠가 따 온 꽃을 선물받고 몸이 가려워지고, 콧물을 흘리며 기침과 재채기를 하는 등 몸에 이상한 반응이 생겼다는 내용을 담아 쓰면 정답으로 합니다.

8 만화 영화를 보고 있었던 일을 차례대로 정리할 때에는 인물이 어떤 말과 행동을 하는지, 인물이 어떤 말투로 어떤 표정을 짓고 어떤 몸짓을 하는지 자세히 살펴보아야 합니다.

소단원 2 〔통합〕 만화 영화를 보고 감동적인 장면에 대해 이야기 나누기 **65~66쪽**

1 거북알 **2** ②
3 미끄럼틀 타기, 공놀이
4 (1) 1 (2) 4 (3) 3 (4) 2 **5** ①, ⑤
6 예 꺼병이들이 아기 거북을 동생처럼 대해 주던 장면이 재미있었다.
7 예 나라면 아기 거북이 엄마를 보고 싶어할 것 같아서 엄마 거북을 바로 찾아주었을 거야.

1 꽁지는 바닷가에서 놀다가 모래 구덩이에서 거북알을 발견하였습니다.

2 먼저 깨어난 거북들이 바다로 들어가고 난 후 아기 거북이 혼자 뒤늦게 알에서 깨어났기 때문에 까투리 가족 집으로 따라 간 것입니다.

3 까투리 가족의 집으로 간 아기 거북과 마지, 두지, 세찌, 꽁지는 미끄럼틀도 타고 공놀이도 하며 신나게 놀았습니다.

4 만화 영화에서 일이 일어난 차례대로 정리해 봅니다.

〔정답 친해지기〕 만화 영화를 보고 있었던 일을 정리할 때에는 인물의 말과 행동, 말투, 표정, 몸짓을 자세히 살펴봅니다.

5 아기 거북은 꺼병이들과 재미있게 놀았으므로 신나고 재미있는 마음이었을 것입니다.

6 만화 영화를 보면서 재미있거나 감동적인 장면과 그 까닭을 생각해 써 봅니다.

〔채점 기준〕 만화 영화를 보면서 재미있거나 감동적인 장면과 그 까닭을 자유롭게 적으면 정답으로 합니다.

7 만화 영화의 한 장면을 생각하고 그때 등장인물은 어떻게 행동하였는지 떠올려 봅니다. 또 자신이라면 등장인물과 비슷한 행동을 할 것인지, 아니면 다른 행동을 할 것인지 떠올려 써 봅니다.

〔채점 기준〕 자신이 만화 영화 속 등장인물이라면 어떤 행동을 했을지 떠올리고 자세히 쓰면 정답으로 합니다.

국어 활동 **67쪽**

1 (1) ① (2) ②   **2** (1) ㉢ (2) ㉡ (3) ㉠
3 ꠵·꠵ ꠵'꠵

1 각 인물이 어떤 행동을 했는지 살펴봅니다.

2 일이 일어난 차례를 정리하며, 알맞은 시간을 나타내는 말을 찾아봅니다.

3 작은따옴표는 인물이 마음속으로 한 말을 나타낼 때 씁니다.

실천 배운 내용 마무리하기 **68쪽**

1 (1) ○ (2) ○ (3) ×
2 (1) 3 (2) 2 (3) 1   **3** ②, ⑤
4 (1) 예 「뽀롱뽀롱 뽀로로」
(2) 예 뽀로로가 친구들과 술래잡기하는 모습을 보고 나도 술래잡기하고 싶다는 생각이 들었다.
5 예 먹는다 / 먹습니다
6 예 미술 시간에 그림을 그렸다.

1 이야기에서 누가 무엇을 했는지 알아볼 때에는 인물의 생각이나 말, 행동을 살펴봅니다.

2 그림을 보고 일이 일어난 차례를 생각해 봅니다.

3 만화 영화를 보고 생각이나 느낌을 말할 때에는 만화 영화에서 있었던 일에 대한 생각이나 느낌을 말하거나 떠오르는 장면에 대한 느낌을 말해야 합니다.

〔정답 친해지기〕 **만화 영화를 보고 생각이나 느낌을 말하는 방법**
• 만화 영화를 보고 누가 무엇을 했는지 생각하고, 일어난 일을 차례대로 정리해 봅니다.
• 만화 영화에서 재미있거나 감동적인 장면을 찾아 이야기해 봅니다.
• 만화 영화의 한 장면을 떠올려 보고, 자신이라면 어떻게 했을지 이야기해 봅니다.

4 자신이 본 책이나 만화 영화를 떠올려 보고 그중 기억에 남는 것을 한 가지 골라 생각이나 느낌을 써 봅니다.

> **채점 기준** 자신이 본 책이나 만화 영화의 제목을 적고, 그중 기억에 남는 장면을 떠올려 생각이나 느낌을 쓰면 정답으로 합니다.

5 그림에서 가족이 밥을 먹고 있으므로 '먹는다' 또는 '먹습니다'를 넣는 것이 어울립니다.

6 '씻다', '먹다', '읽다' 등 동작을 나타내는 말을 사용하여 오늘 있었던 일을 문장으로 표현해 봅니다.

> **채점 기준** 오늘 있었던 일을 떠올리고 '읽다', '씻다', '먹다', '그리다' 등의 동작을 나타내는 말을 사용하여 문장을 완성하면 정답으로 합니다.

> **정답 친해지기** 동작을 나타내는 말은 주로 문장의 끝에 옵니다.
> **동작을 나타내는 말의 예**
> 책을 읽다, 얼굴을 씻다, 밥을 먹다, 이를 닦다, 공을 차다, 그림을 그리다.

단원 평가 〈69~71쪽〉

1 '나', 서윤이 **2** (1) ② (2) ①
3 ⑤   **4** ③   **5** (2) ○
6 예 브로콜리를 먹지 않는 동생에게 브로콜리가 아삭아삭 정말 맛있다며 먹어 보라고 말해 주었다.
7 (2) ×   **8** 맷돌   **9** (1) ① (2) ②
10 ①   **11** ④, ⑤   **12 예** 깊은 밤, 도둑이 임금님의 맷돌을 훔쳐 도망갔다.
13 ③   **14** (1) ○   **15** ②
16 ⑤   **17** (1) 1 (2) 3 (3) 2
18 ②   **19** ④
20 예 아기 거북이 다시 가족을 만나는 장면이 감동적이다.

1 '나'와 서윤이가 등장합니다.

2 서윤이는 "너도 한번 먹어 봐. 새콤달콤 맛이 얼마나 좋은데."라고 말하고, 미역무침을 맛있게 먹었습니다.

> **정답 친해지기** 인물의 생각이나 말, 행동을 정리할 때에는 인물이 어떤 생각이나 말, 행동을 했는지 구체적으로 살펴봅니다.

3 문장 ⊙은 '나'가 마음속으로 한 말이므로 작은따옴표를 써야 합니다.

> **정답 친해지기** 큰따옴표와 작은따옴표
> • 큰따옴표(" "): 인물이 소리 내어 한 말을 나타낼 때 씁니다.
> • 작은따옴표(' '): 인물이 마음속으로 한 말을 나타낼 때 씁니다.

4 '나'는 미역을 싫어하지만 눈을 질끈 감고 미역무침을 먹어 보았습니다.

5 (2) → (1)의 차례로 일이 일어났습니다.

6 서윤이는 미역무침을 먹기 싫어하는 '나'에게 미역무침이 맛있다며 한번 먹어 보라고 말하였습니다. 이와 같이 해 보지 않은 일을 해 보도록 권해 본 경험을 떠올려 써 봅니다.

> **채점 기준** 서윤이와 같이 친구나 가족에게 그들이 해 보지 않은 일을 용기 내어 한번 해 보도록 권한 경험을 자유롭게 쓰면 정답으로 합니다.

7 인물의 생각이나 말, 행동을 살펴봅니다.

8 도둑은 사람들이 시장에 모여 임금님이 가진 신기한 맷돌에 대해 이야기하는 것을 들었습니다.

9 '신기한'은 '믿을 수 없을 정도로 놀라운.', '서둘러'는 '일을 급하게 처리하려고.'의 뜻입니다.

10 신기한 맷돌에 대한 이야기를 들은 도둑은 '그 맷돌이 있으면 부자가 될 수 있겠어.'라고 생각하며 맷돌을 훔치려는 마음을 먹었습니다.

11 이 글에 쓰인 시간을 나타내는 말은 '어느 날 아침', '저녁', '깊은 밤'입니다.

12 시간을 나타내는 말을 생각하며 일이 일어난 차례대로 정리합니다.

> **채점 기준** 시간을 나타내는 말을 사용하여 제시된 문장 다음에 일어난 일을 쓰면 정답으로 합니다.

> **정답 친해지기** 시간을 나타내는 말을 생각하면 일이 일어난 차례를 정리할 수 있습니다.
> **이 글에 쓰인 시간을 나타내는 말**: 어느날 아침, 저녁, 깊은 밤

13 양치기 소년은 처음에는 심심하여 늑대가 나타났다고 소리쳤고, 나중에는 진짜로 늑대가 나타나서 늑대가 나타났다고 소리쳤습니다.

14 시간을 나타내는 말을 찾으며 일이 일어난 차례를 정리해 봅니다.

> **정답 친해지기** 이 이야기에 쓰인 시간을 나타내는 말은 '이튿날'과 '며칠 뒤'입니다.

15 아이쿠는 할머니께 선물로 드리려고 꽃밭에서 꽃을 땄습니다.

16 할머니로 변장한 카르망 콩드 백작이 아이쿠를 기다리고 있었습니다.

17 만화 영화 속 인물이 어떤 말과 행동을 하는지 살펴보며 일어난 일을 차례대로 정리해 봅니다.

> **정답 친해지기** 이 만화 영화에서 있었던 일을 차례대로 정리하기
> ① 아이쿠가 할머니 댁에 가기로 했습니다.
> ② 아이쿠와 비비가 할머니께 꽃을 따 드리기로 했습니다.
> ③ 아이쿠가 할머니로 변장한 카르망 콩드 백작을 만났습니다.
> ④ 꽃을 선물받은 카르망 콩드 백작에게 이상한 반응이 생겼습니다.

18 거북알을 발견한 꽁지는 그것이 무엇인지 궁금했을 것입니다.

19 아기 거북은 혼자 뒤늦게 알에서 깨어났고, 까투리 가족을 따라 까투리 가족의 집으로 갔습니다.

20 만화 영화에서 있었던 일을 생각해 보고 재미있거나 감동적인 장면을 찾아 써 봅니다.

> **채점 기준** 이 만화 영화의 내용을 떠올리고 재미있거나 감동적인 장면과 그 까닭을 자유롭게 쓰면 정답으로 합니다.

> **정답 친해지기** 같은 만화 영화를 보아도 재미있거나 감동적인 장면은 사람마다 다를 수 있습니다. 기억에 남는 장면과 그 까닭을 친구들과 이야기하는 것도 좋습니다.

5. 생각을 키워요

핵심 확인 문제 74쪽

| **1** ○ | **2** 다른 | **3** 소리, 모양 |
| **4** 공, 종 | **5** × | **6** 속상한 |

준비 배울 내용 살펴보기 75쪽

1 (1) **예** 해 (2) **예** 람, 란
2 (1) **예** 첫 자음자인 'ㅈ'과 'ㅎ'이 다르다.
(2) **예** 받침인 'ㅁ'과 'ㄴ'이 다르다.
3 ⑤   **4** **예** 재, 주 / 바, 부 등
5 **예** 요술 항아리

1 첫 자음자, 모음자, 받침 가운데에서 하나의 글자만 다른 글자를 찾아 써 봅니다.

> **정답 친해지기** 모양이 비슷한 글자란 하나의 자음자 또는 모음자만 다른 글자를 의미합니다.

2 문제 1번에서 찾은 글자를 비교해 보고 자음자와 모음자 가운데에서 서로 무엇이 다른지 찾아 씁니다.

3 '도'와 '다'는 첫 자음자 'ㄷ'은 같고 모음자가 각각 'ㅗ'와 'ㅏ'로 다릅니다.

4 글자의 짜임에서 모음자 하나만 다른 글자를 찾아 써 봅니다.

5 책 제목을 살펴보면 내용을 짐작해 볼 수 있습니다. 따라서 책을 고를 때 제목을 살펴보아야 한다는 것을 알 수 있습니다.

소단원 1 기본 한글을 소중히 여기기 76~77쪽

1 ⑤	**2** ㅊ	**3** ⑤
4 (2) ○	**5** 하	**6** 세종 대왕
7 (2) ○	**8** ②	

9 **예** 백성들이 글을 읽고 쓸 수 있게 되어 편리해졌다. 등

1 'ㄷ'에 한 획을 더 그어 'ㅌ'을 만들었습니다.

2 'ㅈ'에서 한 획을 더 그으면 'ㅊ'이 됩니다.

3 'ㅏ', 'ㅓ', 'ㅗ', 'ㅜ'는 서로 방향을 달리하여 만들 수 있는 모음자입니다.

4 'ㄱ'에서 한 획을 더 그으면 'ㅋ'이 되고 이때 소리는 더 세집니다.

> **정답 친해지기** 자음자에 획을 그어 다른 글자를 만들면 소리가 더 세집니다. 'ㅋ'이 'ㄱ'보다, 'ㅌ'이 'ㄷ'보다, 'ㅊ'이 'ㅈ'보다 소리가 셉니다.

5 '호'에서 'ㅗ'의 방향을 달리하면 '하', '후', '허' 등의 글자를 만들 수 있습니다. '휴'와 '혜'는 모음자 'ㅗ'의 방향을 달리한 후 획을 더 그었습니다.

6 한글은 조선 시대에 세종 대왕이 만든 글자입니다.

7 양반이 아니라, 글을 몰라 어려움을 겪는 백성이 쉽게 읽고 쓸 수 있는 글자가 필요했기 때문에 세종 대왕이 한글을 만든 것입니다.

8 한글은 소리 나는 모양을 본떠 만든 글자입니다.

9 한글이 만들어지기 전에는 백성이 한자를 몰라서 글을 읽지 못하여 불편했습니다.

> **채점 기준** 한글을 만든 후 백성들이 글을 읽고 쓸 수 있게 되고, 삶이 편리해졌다는 내용을 쓰면 정답으로 합니다.

소단원 1 | 기본 | 글자에 관심 가지기 | 78쪽

1 (1) ㄷ (2) ㅏ (3) ㄹ　　　**2** (1) ○
3 (1) ① (2) ②　　　　　　　**4** ②
5 예 복, 예 봄, 예 봉

1 첫 자음자에 'ㄷ', 모음자에 'ㅏ', 받침에 'ㄹ'이 쓰였습니다.

2 '달'과 '발'은 모음자와 받침은 같고 첫 자음자만 달리하여 만든 낱말입니다.

> **정답 친해지기** 한글은 낱말을 이루고 있는 글자가 하나만 달라져도 글자의 모양과 소리, 뜻이 달라집니다.

3 '볼'의 첫 자음자 'ㅂ'을 'ㅅ'으로 바꾸면 '솔'이 됩니다. '감'의 첫 자음자 'ㄱ'을 'ㅂ'으로 바꾸면 '밤'이 됩니다.

4 '감'의 받침 'ㅁ'을 'ㅇ'으로 바꾸었을 때 '강'이 됩니다.

5 '볼'에서 받침 'ㄹ'만 바꾸어 의미 있는 낱말을 만들어 써 봅니다.

소단원 2 | 통합 | 책에 흥미 가지기 | 79~80쪽

1 (1) ② (2) ①　　　　　　　**2** (2) ○
3 예 전자 기기 / 노트북 / 태블릿
4 ①　　　　**5** ③　　　　**6** 빈이
7 예 저는 책을 비행기라고 생각합니다. 왜냐하면 책은 나를 어디로든지 데려다 줄 수 있기 때문입니다.

1 몽키는 책을, 동키는 노트북을 들고 대화하고 있습니다.

2 동키가 몽키에게 "그건 뭐야?"라고 물어본 까닭은 동키는 몽키가 가지고 있는 책이 무엇인지 잘 모르기 때문입니다.

3 동키는 자신이 들고 있는 노트북 같은 전자 기기와 책을 비교하며 책으로 스크롤을 어떻게 하는지, 게임을 하거나 메일을 보낼 수 있는지 등을 몽키에게 묻고 있습니다.

4 동키는 책과 전자 기기를 비교하며 책도 전자 기기 같은 기능이 있는지 물어보고 있습니다. 책으로 글을 쓸 수 있는지 물어보지는 않았습니다.

5 동키는 책에 흥미를 느껴 더 읽고 싶어서 책을 돌려 달라는 몽키의 말에 "아니."라고 답하였습니다.

6 책에 관해 잘 모르는 동키가 몽키에게 엉뚱한 질문을 계속하는 장면이 재미를 주고 있습니다. 몽키가 동키에게 화를 내는 장면은 나오지 않습니다.

> **정답 친해지기** 재미있는 부분을 고를 때에는 기억에 남는 장면, 공감이 가는 장면, 자신의 경험과 비슷한 장면, 감동적인 장면 등을 떠올려 봅니다.

7 자신이 생각하는 책은 어떤 것인지, 책과 비슷한 특성을 가진 낱말을 떠올려 표현해 봅니다.

> **채점 기준** 책과 비슷한 특성을 가진 낱말과 그 낱말을 고른 까닭을 완전한 문장으로 쓰면 정답으로 합니다.

소단원 2 [기본] 글을 읽고 생각이나 느낌 나누기 81~82쪽

1 (1) ② (2) ① **2** ⑤ **3** ②

4 예 뜀틀을 넘을 때 넘지 못할까 봐 겁이 났다.

5 예 훌라후프를 잘 돌리고 싶어서

6 (1) ○ **7** ①, ⑤ **8** ②

9 예 칭찬을 받아서 기분이 좋았지만 다음에는 친구들처럼 훌라후프를 잘 돌리면 좋겠다는 마음이 안타까웠어.

1 운동장에 나가자는 선생님의 말씀에 친구들은 "우아!" 하고 소리를 질렀지만 나만 혼자 "어휴."라고 하였습니다.

2 '나'는 운동장에 나가자는 선생님 말씀에 "어휴."라고 하였습니다.

3 "어휴."라는 말과 '내가 하면 훌라후프가 금방 뚝 떨어진다.'와 같은 부분에서 '나'는 훌라후프를 잘 돌리지 못해서 훌라후프로 운동하는 것을 두려워하고, 싫어한다는 것을 알 수 있습니다.

4 주인공과 비슷한 경험을 떠올려서 써 봅니다.

> **채점 기준** 주인공처럼 하기 싫은 일이나 하기 두려운 일을 해내기 위해서 노력했던 경험을 담아 쓰면 정답으로 합니다.

5 '나'는 친구들처럼 훌라후프를 잘 돌리고 싶어서 훌라후프가 있다고 생각하면서 허리를 이리저리 움직였습니다.

6 선생님은 훌라후프 돌리기를 포기하지 않고 노력하는 모습이 기특하다고 칭찬해 주셨습니다.

7 칭찬을 받아서 기분이 좋았지만 다음에는 친구들처럼 훌라후프를 잘 돌리면 좋겠다는 마음도 나타납니다.

8 '나'는 선생님께 칭찬을 받은 후에 '다음에는 친구들처럼 훌라후프를 잘 돌리면 좋겠다.'고 생각합니다. 더 이상 노력하지 않는다는 내용은 없습니다.

9 '나'의 생각이나 느낌에 대한 자신의 생각이나 느낌을 자유롭게 써 봅니다.

> **채점 기준** 친구들이 잘하는 것을 나만 잘하지 못할 때 들 수 있는 속상한 마음, 안타까운 마음, 부러운 마음을 이해하거나 공감하고 응원하는 생각 등을 담아 쓰면 정답으로 합니다.

국어 활동 83쪽

1 ③ **2** (1) ○ (2) ○ (3) ×

3 ①

1 ㉠에는 '솔'의 첫 자음자를 바꾼 낱말인 '볼'이, ㉡에는 '솔'의 모음자를 바꾼 낱말인 '실'이 들어가는 것이 적절합니다.

2 (1) 1번에서 ㉠에 들어갈 낱말은 '볼'입니다. '볼'에서 받침을 바꾸어야 하므로 '복'은 알맞게 바꾼 낱말입니다. (2) 1번에서 ㉡에 들어갈 낱말은 '실'입니다. '실'에서 받침을 바꾸어야 하므로 '신'은 알맞게 바꾼 낱말입니다. (3) '손'에서 받침을 바꾸어야 하므로 알맞게 바꾼 낱말은 '솔', '솥' 등이 될 수 있습니다.

3 우주에서는 음식을 담아 둔 주머니와 수저가 떠다니지 않게 식판에 붙여 놓고 먹습니다.

실천 배운 내용 마무리하기 84쪽

1 (1) ㅂ, ㄹ (2) ㅇ, ㄹ **2** 산들

3 ㉡ **4** (1) **예** 돈 (2) **예** 산 (3) **예** 솜

5 ④ **6** (1) ② (2) ① **7** ③

1 '밤'과 '람'은 첫 자음자가, '동'과 '돌'은 받침이 다른 글자입니다.

2 안내판에서는 도토리와 밤은 겨울철 다람쥐 같은 야생 동물의 먹이이므로 줍지 말라는 내용을 전달하고 있습니다. 산들이 한 말은 안내판의 내용과 관계가 없습니다.

3 한글은 글자를 만든 사람, 만든 까닭, 만들고 발표한 때, 만든 원리와 사용법이 알려진 문자입니다.

4 '손'에 사용된 'ㅅ', 'ㅗ', 'ㄴ'을 각각 바꾸어 의미가 다른 낱말을 만들어 봅니다.

5 '먹'은 '물'의 글자 가운데에서 모음자와 받침을 각각 'ㅓ'와 'ㄱ'으로 바꾸어야 합니다.

6 차를 셀 때 쓰는 낱말은 '대'이고, 종이를 셀 때 쓰는 낱말은 '장'입니다.

7 수박을 셀 때 쓰는 낱말은 '통'입니다.

단원 평가 ·············· 85~87쪽

1 ① 　　　**2** ④, ⑤

3 예 한자를 모르는 백성이 억울한 일이 있어도 전할 방법이 없는 것을 세종 대왕이 안타깝게 여겼기 때문이다. / 백성이 쉽게 배우고 쓸 수 있는 글자가 필요했기 때문이다.

4 (2) × 　　　**5** 훈민

6 (1) 예 죽 (2) 예 각 (3) 예 궁

7 (1) 예 심장, 사자, 시장 등

(2) 예 가구, 아우, 마중 등

8 (1) 예 돈 (2) 예 단 (3) 예 달 **9** (3) ○

10 예 책과 노트북을 비교하고 있어서 / 책에 대해 잘 몰라서

11 ② 　　　**12** ② 　　　**13** ②

14 (2) ○

15 예 재치 있다고 생각한다. / 대단하다고 느꼈다.

16 ② 　　　**17** (1) ㉯ (2) ㉰ (3) ㉠

18 (1) ② (2) ① 　　　**19** (2) ○

20 (3) ○

---

1 획을 더 그어 만든 글자의 세기가 세지는 것은 자음자입니다. 'ㅗ'의 방향을 달리하면 'ㅏ', 'ㅓ' 등의 다른 글자가 됩니다.

2 'ㅏ', 'ㅓ', 'ㅗ', 'ㅜ'는 서로 방향을 달리하여 만들 수 있는 글자이며, 'ㅑ', 'ㅐ'는 'ㅏ'에 획을 더 그어 만들 수 있는 글자입니다.

3 한자를 모르는 백성이 억울한 일이 있어도 전할 방법이 없는 것을 안타깝게 여긴 세종 대왕이 백성이 쉽게 배우고 쓸 수 있는 한글을 만들었습니다.

> **채점 기준** 글을 읽고 쓸 줄 몰라 불편을 겪는 백성들이 쉽게 배워 쓸 수 있게 하기 위해 만들었다는 내용을 쓰면 정답으로 합니다.

4 한글은 백성들이 쉽게 배우고 매일 쓰며 편안하길 바라는 마음으로 세종 대왕이 만들었으므로 백성들이 배우기 어렵다는 말은 알맞지 않습니다.

5 세종 대왕이 한글을 만들어 백성도 쉽게 자신의 생각을 글로 표현할 수 있게 되었습니다.

6 '국'은 글자 'ㄱ', 'ㅜ', 'ㄱ'이 사용된 낱말입니다. 각각 글자 하나씩을 바꾸어 뜻이 있는 다른 낱말을 만들어 봅니다.

7 보기 의 자음자와 모음자를 넣어 새로운 낱말을 만들어 보고 낱말의 뜻이 달라짐을 확인해 봅니다.

8 '손'에서 첫 자음자를 바꾸어 쓰고, 다음에는 바꾼 낱말의 모음자를, 그 다음에는 바꾼 낱말의 받침을 바꾸어 가며 새로운 낱말을 만들어 봅니다.

9 '감'과 '강'은 첫 자음자와 모음자는 같고 받침만 다른 낱말입니다. 한글은 글자가 하나만 달라도 모양과 소리, 뜻이 다른 새로운 낱말이 됩니다.

10 책에 대해 잘 모르는 동키는 몽키에게 자신이 가지고 있는 노트북과 비교하여 책에 관해 묻고 있습니다.

11 ㉠에는 종이를 세는 단위인 '장'이 들어가야 알맞습니다.

12 동키는 책을 읽는 것에 재미를 느껴서 책을 돌려 달라고 하는 몽키의 말을 거절하였습니다.

13 몽키가 동키에게 책을 선물한 장면은 없으므로 알맞지 않습니다.

14 '나'는 훌라후프로 운동하는 시간이 부담스러워서 다른 친구들과 달리 한숨을 쉰 것입니다.

15 '나'가 훌라후프를 잘 돌리기 위해 노력한 점에 대한 자신의 생각이나 느낌을 자유롭게 써 봅니다.

> **채점 기준** 훌라후프를 잘 돌리기 위해 노력한 점에 대해 '재치 있다', '대단하다', '멋지다'와 같은 자신의 느낌을 구체적으로 쓰거나, 비슷한 경험을 떠올려 그때의 마음을 쓰면 정답으로 합니다.

16 '잘'의 첫 자음자만 'ㅁ'으로 바꾸면 '말'이 됩니다.

17 '나'는 운동장에 나가자는 선생님의 말씀에 운동장에 나갔습니다. 훌라후프를 잘 돌리지 못했지만 포기하지 않고 노력해서 선생님께 칭찬을 받았습니다.

18 '나'는 운동장에서 훌라후프를 잘 돌리는 친구들을 보며 신기하고 부러운 마음을 느낍니다. 그러다 선생님께 칭찬을 받았을 때는 뿌듯하고 기쁘면서 더 잘하고 싶은 마음을 느낍니다.

19 글을 읽고 재미있는 점을 떠올릴 때에는 웃긴 장면만이 아니라 감동적인 점, 놀라운 점, 새롭게 알게 되어 신기한 점도 떠올릴 수 있습니다. 현서는 글의 내용과 관련이 없는 말을 하였습니다.

20 많은 장난감을 혼자 움켜쥐고 있는 친구의 행동을 볼 때는 친구들과 함께 가지고 놀아야 한다는 생각을 떠올려 표현할 수 있습니다.

6. 문장을 읽고 써요

핵심 확인 문제   90쪽

1 문제, 해결, 구체적   **2** 뜻
3 같지만, 다른   **4** (2) ○   **5** ×

준비   **배울 내용 살펴보기**   91쪽

1 영화관   **2** ④   **3** 아리
4 예 영화관에서는 휴대 전화에서 소리나 진동이 울리지 않게 해야 해.

1 친구들이 다양한 모습으로 영화관을 이용하고 있습니다.

2 주변 사람에게 피해를 주지 않는다면 영화관에서 조용히 팝콘 등의 간식을 먹는 것은 괜찮습니다.

3 친구와 영화에 대한 생각이나 느낌을 나누고 싶을 때에는 영화를 다 본 후에 따로 이야기를 나눕니다.

4 휴대 전화에서 소리나 진동이 울리면 영화를 보는 다른 사람들에게 방해가 될 수 있습니다.

> **채점 기준** 휴대 전화에서 소리가 나고 있는 그림의 내용을 잘 파악하고, 영화관을 바르게 이용하는 방법을 쓰면 정답으로 합니다.

> **정답 친해지기** 상황에 알맞게 자신의 생각을 말로 표현해야 할 때에는 먼저 해당 상황에 어떠한 문제가 있는지 살펴보고 해결 방법을 생각한 다음에 자신의 생각을 구체적인 문장으로 표현합니다.

소단원 1   **기본 생각을 문장으로 나타내기**   92쪽

1 (1) ○   **2** (1) ㉡   (2) ㉢   (3) ㉠
3 예 종이를 더 쓸 수 있는데
4 예 아직 더 쓸 수 있으니까 종이를 뒤집어서 쓰면 좋겠어요.

1 물건을 새로 생각하여 만든 것은 '발명', 계속 꽂혀 있던 플러그를 찾아낸 것은 '발견'에 해당합니다.

> **정답 친해지기** '발명'과 '발견' 구분하기
> **'발명'이 쓰인 문장** 예
> • 여러 기계들이 발명되면서 우리의 삶이 편리해졌다. 등
> **'발견'이 쓰인 문장** 예
> • 친구가 잃어버린 우산을 내가 우연히 발견했다.

2 영상의 내용을 떠올려 보고, 사람들이 발견한 것을 바르게 연결해 봅니다.

3 친구가 더 쓸 수 있는 종이를 쓰레기통에 버리려 하고 있습니다.

4 문제 상황과 해결 방법을 밝혀 자신의 생각을 구체적인 문장으로 써 봅니다.

> **채점 기준** 문제 상황과 해결 방법을 종합해 종이를 뒤집어서 더 쓰면 좋겠다는 자신의 생각을 구체적으로 밝혀 쓰면 정답으로 합니다.

소단원 1   **통합 시를 읽고 자신의 생각을 문장으로 나타내기**   93쪽

1 (1) ①   (2) ②
2 (1) ○   **3** 해인
4 예 부끄럽지만 용기를 내어 손을 들고 내 생각을 발표하는 별이 되고 싶어요.

1 '별'은 '혼자', '반짝' 빛나고, '별자리'는 '여럿이', '반짝반짝' 빛납니다.

> **정답 친해지기** 이 시는 혼자 반짝 빛나는 별도, 여럿이 함께 반짝반짝 빛나는 별자리도 모두 가치가 있다고 말하고 있습니다. 이처럼 시에서 사용된 낱말들이 어떠한 의미인지 떠올려 보면 정답을 찾기 쉽습니다.

2 그림을 그리거나 글을 쓰는 등 자신의 생각을 표현하는 것은 혼자 빛날 수 있는 상황입니다.

3 다른 친구와 함께 도움이 필요한 친구를 도와준 해인이 여럿이 함께 반짝반짝 빛나는 친구입니다.

4 어떤 별이나 별자리가 되고 싶은지 자신의 생각을 완전한 문장으로 써 봅니다.

> **채점 기준** 나 자신이나 다른 사람을 위해 할 수 있는 일을 떠올려 구체적으로 쓰고, 이때 혼자 할 수 있는 일을 골랐을 때는 별, 여럿이 함께 하는 일을 골랐을 때는 별자리가 되고 싶다는 내용을 쓰면 정답으로 합니다.

정답과 해설

소단원 2 기본 낱말 바르게 쓰고 읽기   94쪽

1 (1) ② (2) ① (3) ③   **2** 못
3 ②, ⑤   **4** ③

1 '낮'은 해가 떠서 질 때까지를, '낫'은 풀 따위를 베는 농기구를, '낯'은 얼굴을 뜻하는 말입니다.

> **정답 친해지기** 소리는 같지만 뜻이 다른 낱말 ⑩
> '낮', '낫', '낯'은 모두 [낟]으로 소리가 나지만 뜻이 서로 다르므로 주의해서 써야 합니다.
> • 낮: 해가 뜰 때부터 질 때까지의 동안.
> ⑩ 겨울철은 낮이 짧고 밤이 길다.
> • 낫: 곡식, 나무, 풀 따위를 베는 데 쓰는 농기구.
> ⑩ 밭에서 농부가 낫으로 밀을 베고 있다.
> • 낯: 눈, 코, 입 따위가 있는 얼굴의 바닥.
> ⑩ 주희는 부끄러워서 낯이 붉어졌다.

2 'ㅅ' 받침을 쓴 '못'으로 씁니다.

3 글자를 소리 나는 대로 쓰면 그 뜻을 알기 어렵고 소리는 같지만 뜻이 다른 낱말을 바르게 구별할 수 없으므로 낱말을 알맞게 써야 합니다.

4 '맏', '맛', '맞', '맡'의 소리는 모두 같지만 뜻이 모두 다릅니다. 코로 향기를 느낄 때 쓰는 말은 '맡다'입니다.

> **정답 친해지기** ① 맏: '맏'은 여러 형제자매 가운데에서 가장 나이가 많은 사람이라는 뜻을 더하는 낱말입니다. '맏이', '맏며느리'처럼 씁니다.
> ② 맛: '맛'은 음식을 혀에 댈 때 느끼는 감각을 뜻하는 낱말입니다.
> ④ 맞: 마주 또는 서로 엇비슷하다라는 뜻을 더하는 낱말입니다. '맞들다(물건을 양쪽에서 마주 들다.)'처럼 씁니다.
> ⑤ 많: '많'은 '많다', '많이'처럼 씁니다.

소단원 2 기본 문장을 자연스럽게 띄어 읽기   95쪽

1 소방관   **2** (1) 장난 (2) 소화전 (3) 대피
3 ⑩ 첫째,∨소방서에 장난 전화를 하면∨안 됩니다.∨∨신고가 들어오면∨소방관은 바로 출동해야 합니다.
4 (1) ○

1 소방관이 모두의 안전을 지키기 위한 방법을 이야기하고 있습니다.

2 소방관이 말한 모두의 안전을 지키기 위한 방법 세 가지를 잘 살펴보고 빈칸에 들어갈 낱말을 찾아 씁니다.

3 띄어 읽는 방법은 다양하므로 글쓴이가 말하려는 내용을 생각하며 문장을 자연스럽게 읽어 봅니다.

4 (2)는 (1)과 다르게 글자마다 끊어서 읽어 자연스럽게 느껴지지 않습니다.

> **정답 친해지기** 문장을 자연스럽게 띄어 읽는 방법
> • 글자마다 끊어서 읽지 않습니다.
> • 글을 쓴 사람이 말하려는 내용을 떠올리며 읽습니다.

소단원 2 통합 글의 의미를 생각하며 읽기   96~97쪽

1 머리 모양   **2** ③   **3** 세수를 하고
4 나무
5 (1) 흔들흔들 (2) 꼬불꼬불 (3) 깡충깡충
6 만족스러움   **7** (1) ② (2) ① (3) ③
8 ①

1 아저씨는 아침마다 머리카락으로 머리 모양을 다양하게 만들며 괜찮다고 말하고 있습니다.

2 '새들이 포르르. 머리카락 한 올이 쏘옥~'에서 새들이 머리카락 한 올을 물고 간 것을 짐작할 수 있습니다.

3 글 ❶, ❷에서 사용된 시간을 나타내는 말은 '다음 날', '아침이면'입니다.

> **정답 친해지기** '시간을 나타내는 말'은 4단원에서 배웠습니다. 배운 내용을 떠올려 봅니다.

4 문장의 의미에 따라 띄어 읽는 방법은 다양할 수 있습니다. 따라서 문장 읽기 연습을 할 때에는 여러 가지 방법으로 소리 내어 읽어 보는 것이 좋습니다.

> **정답 친해지기** 뜻이 잘 드러나게 문장을 띄어 읽는 방법
> • 문장의 내용을 생각하며 읽습니다.
> • '누가(무엇이)'에 해당하는 말 뒤에서 조금 쉬었다 읽습니다.
> • 문장과 문장 사이에서 조금 더 쉬었다 읽습니다.
> • 흉내 내는 말은 생동감 있게 읽습니다.

5 각각 거미가 머리카락에 매달려 흔들리는 모양, 머리카락이 말린 모양, 토끼가 뛰는 모양을 나타내는 말입니다.

정답 친해지기 글에 쓰인 흉내 내는 말의 뜻과 쓰임 알아보기
ㄱ 흔들흔들: 자꾸 이리저리 흔들리거나 흔들리게 하는 모양.
　예 바람이 불 때마다 나뭇잎이 흔들흔들 춤을 춘다.
ㄴ 꼬불꼬불: 이리저리로 고부라지는 모양.
　예 길이 꼬불꼬불하다.
ㄷ 깡충깡충: 짧은 다리를 모으고 자꾸 힘 있게 솟구쳐 뛰는 모양.
　예 토끼가 깡충깡충 뛴다.

6 아저씨는 남은 머리카락을 여러 가지 모양으로 바꾼 자신의 모습을 마음에 들어 하고 있습니다.

7 머리카락이 한 올씩 빠질 때마다 아저씨의 머리 모양이 어떻게 달라지는지 살펴봅니다.

정답 친해지기 머리카락 수에 따른 아저씨 머리 모양의 변화
• 9개일 때: 머리카락을 세 개씩 묶었습니다.
• 8개일 때: 네 개씩 가르마를 탔습니다.
• 7개일 때: 머리카락을 꼬불꼬불 말았습니다.
• 6개일 때: 머리카락을 땋았습니다.

8 문장의 뜻이 잘 드러나게 쉬어 가며 알맞은 속도로 읽어야 합니다.

정답 친해지기 문장을 자연스럽게 읽었는지 점검하는 방법
• 너무 빠르게 읽지 않았는지 점검합니다.
• 글자마다 띄어 읽거나 쉬지 않는지 점검합니다.
• 의미가 잘 드러나도록 띄어 읽었는지 점검합니다.

국어 활동 98~99쪽

1 ㉯, ㉰　**2** ⑤
3 예 저는 이 음식을 먹으면 피부가 빨개지고 가려워져서 먹고 싶지 않아요.
4 (2) ○　**5** ②　**6** ㅅ
7 (1) ㉮ ○　(2) ㉰ ○
8 예 개구리는∨혀로∨날아다니는 벌레를∨잡아먹습니다.

1 자신의 생각을 표현할 때에는 까닭을 밝혀 구체적인 문장으로 씁니다.

2 정리를 왜 해야 하는지 그 까닭을 밝혀 자신의 생각을 나타내는 말을 써야 합니다.

3 음식을 먹고 싶지 않은 까닭을 밝혀 말하고 싶은 내용을 정확하게 전달할 수 있는 문장을 써 봅니다.

채점 기준 그림 속 속마음 말풍선의 내용인 '피부가 빨개지고 가려워지니까 이 음식은 먹으면 안 돼.'를 활용해 음식을 먹고 싶지 않은 까닭을 구체적으로 적으면 정답으로 합니다.

4 문장을 길게 말한다고 무조건 좋은 것은 아닙니다. 상대가 이해하기 쉽도록 짧고 간결한 문장으로 자신이 말하고 싶은 내용을 분명하게 전달하는 것이 중요합니다.

5 받침 'ㅍ'을 넣어 '앞', 받침 'ㅊ'을 넣어 '꽃'이라고 써야 합니다.

6 '셋', '곳', '옷'에는 모두 'ㅅ' 받침이 들어갑니다.

정답 친해지기 □ 안에 들어갈 글자 알아보기
대한초등학교 앞 꽃집에서 다섯 걸음 떨어진 곳에서 나는 빨간색 옷을 입고 있다. 나를 찾아라.

7 '누가(무엇이)' 다음에 조금 쉬어 읽고, 문장과 문장 사이에서는 조금 더 쉬어 읽습니다.

8 낱말마다 띄어 읽기보다 '날아다니는 벌레'처럼 뜻이 연결되는 낱말을 이어 읽는 것이 더 자연스럽습니다.

실천 배운 내용 마무리하기 100쪽

1 (1) 숯　(2) 잎　(3) 밖
2 (1) 치읓　(2) 키읔　(3) 피읖　(4) 히읗
3 예 심장이∨쿵쾅쿵쾅.∨／ 온몸이∨화끈화끈.∨／ 숨이∨컥컥 막히고,∨머릿속은∨눈사람처럼 새하얘졌어요.∨／ '그동안∨발표 준비를∨얼마나 열심히 했는데,∨왜 입이∨안 떨어지지?'∨／ 링링은∨눈앞이 캄캄했어요.　**4** ⑤
5 (1) 예 더러웠다　(2) 예 깨끗했다

1 (1) '숯'은 '나무를 숯가마에 넣어 구워 낸 검은 덩어리의 연료.'를 이르는 말입니다. '숫'은 '숯'과 소리는 같지만 '새끼를 배지 않는.'을 뜻하는 말로 '숫양', '숫염소'와 같이 쓰입니다. (2) '나뭇잎'처럼 '잎'으로 써야 합니다. (3) '밖'은 '안'의 반대말로 '박'과 소리가 같습니다.

정답과 해설 **23**

2 '치읕', '키윽', '피읍', '히읕'으로 쓰지 않도록 주의합니다. 또한 쓴 글자와 소리가 어떻게 다른지 소리 내어 읽으며 살펴봅니다.

3 띄어 읽기가 정해져 있는 것은 아니므로 링링의 마음이 잘 드러나도록 자연스럽게 읽어 보고 ∨와 ≫를 해 봅니다.

4 반대말은 낱말의 뜻이 반대인 낱말입니다. '뛰어가다 - 빠르다'는 반대말이 아닙니다.

5 운동장에서 모래 장난을 한 손은 더러웠고, 비누로 씻은 손은 깨끗했다는 내용입니다. 따라서 ⊙에는 '더러웠다'가, ⓒ에는 '깨끗했다'가 들어가야 합니다.

단원 평가 101~103쪽

1 (2) ○
2 예 비누칠을 할 때는 수도꼭지를 잠급니다.
3 예 보호 장비 없이 킥보드를 타면 위험해. 꼭 보호 장비를 착용하고 조심히 킥보드를 타야 해.
4 나 혼자 반짝   **5** ①   **6** (3) ○
7 ⊙   **8** (1) 팥 (2) 윷   **9** ②
10 못을   **11** ⑤   **12** ④
13 ②   **14** 예 정말 도움이 필요한 다른 사람들에게 소방관이 갈 수 없게 되기 때문이다.
15 예 개는∨혀로∨더위를 식힙니다.≫혀를∨입 밖으로 쭉 내밀어∨몸을 시원하게 만들지요.
16 ②   **17** 풀었어요
18 (1) ③ (2) ②
19 ③   **20** (2) ×

1 종이의 뒷면을 다시 쓰거나 다른 부분에 그림을 그리라고 하는 등 문제 상황과 해결 방법을 밝혀 자신의 생각을 구체적으로 말해 주는 문장이 알맞습니다.

2 제시된 문제 상황을 해결할 수 있는 방법을 떠올리고 자유롭게 써 봅니다.

> **채점 기준** 손 씻을 때 물을 틀어 두는 문제를 해결할 수 있는 다양한 방법을 쓰면 정답으로 합니다.

3 그림에 어떤 문제가 있는지 살펴보고, 문제를 해결할 방법을 떠올린 후 그림 속 아이에게 해 줄 자신의 생각을 구체적인 문장으로 써 봅니다.

> **채점 기준** 그림 속 아이에게 어떤 문제가 있는지 찾아 쓰고, '보호 장비를 착용한다.', '도로에서 킥보드를 타지 않는다.' 등의 문제 상황을 해결할 수 있는 방법을 떠올려 자신의 생각을 구체적인 문장으로 쓰면 정답으로 합니다.

4 누가 시키지 않아도 스스로 쓰레기를 주울 때는 혼자 반짝 빛날 수 있는 상황입니다.

5 여럿이 함께 도움이 필요한 친구를 도와줄 때 모두가 반짝반짝 빛납니다. 반면, 별은 혼자 반짝 빛납니다.

6 상대방의 기분이 상하지 않게 까닭을 밝혀 자신이 말하려는 내용을 구체적인 문장으로 표현합니다.

7 '같다'와 '갔다'는 소리는 같지만 뜻이 다른 낱말로, 이와 같은 낱말들을 구별하기 위해서는 글자를 소리 나는 대로 쓰면 안 됩니다.

> **정답 친해지기** 소리는 같지만 뜻이 다른 낱말 예
> '같다'와 '갔다'는 모두 [갇따]로 소리가 나지만 뜻이 서로 다르므로 주의해서 써야 합니다.
> • 같다: 서로 다르지 않고 하나이다.
>   예 나는 친구와 키가 같다.
> • 갔다: '가다(한곳에서 다른 곳으로 장소를 이동하다.)'의 과거.
>   예 어제는 도서관에 갔다.

8 '팥'과 '윷'은 글자와 소리가 다른 낱말이므로 받침에 주의하여 바르게 씁니다.

9 '밤'과 뜻이 반대되는 낱말인 '낮'은 [낟]으로 소리 나지만 받침에 'ㅈ'을 씁니다.

10 소리 나는 대로 쓰면 낱말의 뜻을 알기 어렵기 때문에 [모슬]로 읽지만 '못을'로 씁니다.

> **정답 친해지기** 모든 글자를 소리 나는 대로 쓰면 안 되는 까닭
> • 낱말을 소리 나는 대로만 쓰면 읽는 사람이 뜻을 알기 어렵습니다.
> • 소리는 같지만 뜻이 다른 낱말을 바르게 구별할 수 없습니다.

11 '깻잎'으로 써야 합니다.

> **정답 친해지기** ① 꽃: [꼳]으로 소리 나지만 '꽃'으로 씁니다.
> ② 숯: [숟]으로 소리 나지만 '숯'으로 씁니다.
> ③ 맡다: [맏따]로 소리 나지만 '맡다'로 씁니다.
> ④ 창밖: [창박]으로 소리 나지만 '창밖'으로 씁니다.

12 소방차에 많은 물을 가지고 다닐 수는 없어서 도로에 물을 끌어다 쓸 수 있는 소화전을 만들어 놓았다고 했습니다.

13 (나)는 말하려는 내용이 잘 드러나도록 의미 단위로 띄어 읽었습니다.

14 장난 전화 신고를 받고 소방관이 출동하면 정말 도움이 필요한 곳에 소방관이 갈 수 없게 된다고 하였습니다.

> **채점 기준** 소방서에 장난 전화를 하면 안 되는 까닭을 글 속에서 찾아서 써야 합니다. 글 속에서는 장난 전화 신고 때문에 소방관이 출동하면 그 사이에 정말로 도움이 필요한 사람에게 갈 수 없다는 내용이 있으므로 이 내용을 담아 쓰면 정답으로 합니다.

15 문장의 뜻이 잘 드러나도록 자연스럽게 띄어 읽어 봅니다. 문장과 문장 사이는 좀 더 쉬어 읽습니다.

16 머리카락은 '올'이나 '가닥'으로 그 수를 셉니다.

> **정답 친해지기** ① '통'은 편지나 서류, 전화 따위를 세는 단위입니다. 수박을 셀 때에도 씁니다.
> ③ '쌈'은 바늘을 묶어서 세는 단위입니다.
> ④ '다발'은 꽃, 푸성귀, 돈 따위의 묶음을 세는 단위입니다.
> 예 장미꽃 한 다발.
> ⑤ '켤레'는 신, 양말처럼 짝이 되는 두 개를 한 벌로 세는 단위입니다.
> 예 구두 한 켤레.

17 '묶다'의 반대말은 '풀다'로 '묶은 것을 그렇지 아니한 상태로 되게 하다.'는 뜻입니다.

> **정답 친해지기** • 끊었어요: '실, 줄, 끈 따위의 이어진 것을 잘라 따로 떨어지게 해요.'라는 뜻입니다.
> 예 실 전화기의 실을 잘라 끊었어요.
> • 이었어요: '두 끝을 맞대어 붙이다.'라는 뜻입니다.
> 예 끊어진 실을 묶어서 이었어요.

18 새들이 머리카락 한 올을 물고 가서 머리카락이 아홉 가닥 남은 아저씨는 머리카락을 세 개씩 묶었습니다. 또 거미가 매달려서 머리카락이 여덟 가닥 남았을 때는 가르마를 탔습니다.

19 글의 의미에 따라 띄어 읽는 방법은 다를 수 있지만 글자마다 천천히 띄어 읽으면 오히려 문장의 뜻을 이해하기 힘들어집니다.

20 아저씨의 머리카락이 빠진 까닭은 새와 거미 때문이라고 글에 나와 있으므로 이것을 궁금해하는 것은 알맞지 않습니다.

7. 무엇이 중요할까요

핵심 확인 문제 　　　　　　　　106쪽

| **1** 설명 | **2** 제목 | **3** (2) ○ |
| **4** × | **5** 느낌 | |

준비　배울 내용 살펴보기 　　　　107쪽

| **1** ② | **2** ② | **3** (3) ○ |
| **4** 창민 | | |

1 두 아이는 선생님의 설명을 들으며 색종이로 한복을 접고 있습니다.

2 그림의 남자아이는 선생님께서 설명하시는 내용을 잘 듣고 따라 했기 때문에 만들기를 잘할 수 있었습니다.

3 무엇을 어떻게 하라는 것인지에 대한 설명을 듣고 내용을 이해해야 합니다.

4 해나는 설명하는 글을 써 본 경험을 말했습니다.

소단원 1　（기본）무엇을 설명하는지 생각하며 글 읽기 　108쪽

| **1** 독도 | **2** ② | **3** ②, ⑤ |
| **4** ㉠ | | |

1 이 글의 제목은 「독도」입니다.

2 독도는 우리나라 동쪽 끝에 위치한 섬입니다.

3 이 글에서는 독도의 위치와 독도의 구성, 동도와 서도의 특징을 소개하고 있습니다.

4 주민을 위한 숙소가 있는 섬은 서도입니다.

> **정답 친해지기** 글에서 설명하는 동도와 서도
>
> | 동도 | • 등대와 배가 드나들 수 있는 시설이 있다.
• 독도를 지키는 경비대가 있다. |
> |---|---|
> | 서도 | • 주민을 위한 숙소가 있다.
• 땅에 스며든 물이 땅 밖으로 모이는 곳이 있다. |

소단원 1 (통합) 글을 읽고 새롭게 안 점 말하기   109~110쪽

1 (1) ○   **2** ①
3 (1) ② (2) ①   **4** 재인
5 ④   **6** 자연, 자연   **7** (1) ×
8 예 내가 쓰고 있는 물건이 자연의 동물과 식물을 본떠 만들었다는 것을 알게 되었다.

1 글 ❶, ❷에서 가장 많이 반복해서 나오는 말은 '본떠 만들었습니다'입니다.

2 글 ❶, ❷에서는 문어나 민들레씨 같은 자연에 있는 동물과 식물을 본떠 만든 물건을 소개하고 있습니다.

> **정답 친해지기** 글에서 소개하는 대상을 찾을 때에는 글의 제목을 살펴보거나 글에서 반복하여 나오는 낱말을 찾아봅니다.

3 어디에나 잘 달라붙는 문어의 빨판을 보고 칫솔걸이를, 털을 이용해 천천히 떨어지는 민들레씨를 보고 낙하산을 만들었다고 하였습니다.

4 제목에는 설명하는 대상이 구체적으로 드러나지 않을 수 있습니다. 이런 경우에는 글에서 반복하여 나오는 내용을 살펴보며 설명하는 대상을 찾아봅니다.

5 도꼬마리 열매에 갈고리 모양의 가시가 많아서 새나 짐승의 털에 잘 붙는다고 하였습니다.

6 글에서 자연의 모습을 본떠 만든 물건을 소개하고 있기 때문에 「자연은 발명왕」이라는 제목을 붙였습니다.

7 도꼬마리 열매가 잘 자랄 수 있는 방법은 글에서 찾을 수 없습니다.

8 글을 읽고 새롭게 안 점이나 궁금한 점을 자유롭게 써 봅니다.

> **채점 기준** 글을 읽고 새롭게 안 점이나 글과 관련하여 궁금한 점을 완성된 문장의 형태로 쓰면 정답으로 합니다.

> **정답 친해지기** 글을 읽고 새롭게 안 점을 찾는 방법
> • 글의 제목을 살펴보거나 글에서 반복하여 나오는 낱말이나 내용이 무엇인지 살펴보며 글에서 소개(설명)하는 대상이 무엇인지 생각해 봅니다.
> • 소개하는 대상의 어떤 점을 설명하고 있는지 찾아봅니다.

소단원 2 (기본) 겪은 일을 정리하는 방법 알기   111~112쪽

1 ①   **2** ③   **3** 이름표
4 (1) ×   **5** (3) ○   **6** ①, ④
7 예 자신 있다. / 자신만만하다.   **8** ④
9 예 친구와의 약속 시간을 깜빡해서 당황했던 적이 있어.

1 '나(준수)'는 책가방을 탈탈 털어서 필통을 찾았습니다.

2 '나(준수)'는 '내가 또 필통 잃어버리나 봐라!'라고 하면서 다시는 필통을 잃어버리지 않겠다고 다짐했습니다.

3 '나(준수)'는 새로 산 필통을 잃어버리지 않기 위해 필통에 초강력 끈적 대마왕 이름표를 붙였습니다.

4 마음을 표현할 때에는 '즐거웠다.', '재미있었다.'라고만 표현하지 않도록 합니다.

5 '나(준수)'가 필통을 자주 잃어버렸기 때문에 쌍둥이 누나들은 '나(준수)'를 놀리려고 필통도 잘 다녀왔냐고 물어본 것입니다.

6 '나(준수)'는 필통은 잃어버리지 않고 잘 가져 왔지만 알림장을 잃어버렸습니다.

> **정답 친해지기** 글 ❸, ❹에서 '나(준수)'가 겪은 일
> • 쌍둥이 누나들이 학교 다녀온 준수를 놀렸다.
> • 새로 산 필통을 잃어버리지 않고 가져왔다.
> • 알림장을 잃어버렸다.

7 '나(준수)'는 자신 있게 가방을 열어젖혔습니다.

8 '나(준수)'는 알림장을 잃어버려서 당황스러웠을 것입니다.

9 '나(준수)'가 겪은 일과 비슷한 자신의 경험을 떠올려서 쓰거나 '나(준수)'가 느낀 마음과 비슷한 마음이 들었던 다른 경험을 떠올려서 써 봅니다.

> **채점 기준** 이야기의 주인공 준수처럼 물건을 잃어버렸던 경험을 쓰면 정답으로 합니다. 더 나아가 이야기의 주인공 준수가 느낀 당황스러운 마음을 느꼈던 다른 경험을 써도 정답으로 합니다.

> **정답 친해지기** 겪은 일을 정리할 때에는 다른 사람이 겪은 일과 비슷한 자신의 경험을 떠올릴 수도 있지만 다른 사람과 비슷한 마음이 들었던 다른 경험을 떠올릴 수도 있습니다.

소단원 2 **통합** 겪은 일이 잘 드러나는 글 쓰기 `113쪽`

1 수목원   **2** ④   **3** ②
4 (1) **예** 짭조름한 우엉이 많아서 김밥이 맛있었다. / (2) **예** 고소한 냄새가 솔솔 나서 김밥이 맛있었다.

1 현장 체험 학습으로 수목원에 다녀와서 쓴 글입니다.

2 친구들과 함께 집에 가서 신나게 놀았다는 내용은 나타나 있지 않습니다.

> **정답 친해지기** 이 글의 글쓴이가 겪은 일을 차례대로 정리해 보기
> ① 버스를 타고 수목원으로 현장 체험 학습을 갔다.
> ② 할머니께서 싸 주신 김밥을 친구들과 나누어 먹었다.
> ③ 친구들과 술래잡기를 했다.

3 더 놀고 싶었는데 아쉬웠다고 하였습니다.

> **정답 친해지기** 글 속에서 글쓴이가 겪은 일과 글쓴이가 느낀 마음을 잘 구별해야 합니다.

4 '맛있었다.'와 같은 단순한 느낌을 좀 더 구체적으로 표현해 볼 수 있는 방법을 생각하여 문장을 바꾸어 써 봅니다.

> **채점 기준** '김밥이 맛있었다.'에서 김밥이 어떻게 맛있었는지 구체적이고 완전한 문장으로 표현하면 정답으로 합니다.

> **정답 친해지기** 겪은 일이 잘 드러나게 글을 쓰기 위해서는 겪은 일과 연관 있는 생각이나 느낌이 드러나게 글을 써야 합니다. 이때 '즐거웠다.', '재미있었다.'와 같은 단순한 표현보다는 마음을 구체적으로 표현하는 것이 좋습니다. 이때 무엇이 어떠하였는지 생각하면 마음을 구체적으로 표현할 수 있습니다.

국어 활동 `114~115쪽`

1 사진, 예의   **2** (2) ✕   **3** ㉢
4 (3) ○
5 카드놀이, **예** 흥미롭게 느껴졌다
6 ⑤
7 **예** 아버지께서 만들어 주신 음식이 달콤한 사탕보다도 맛있었다.

1 이 글은 사진을 예의 있게 찍는 방법을 설명하고 있습니다.

2 (2)의 내용은 이 글에 나타나 있지 않습니다.

3 사진을 찍을 때 빛이 얼마나 나는지 생각할 필요는 없습니다.

4 있었던 일에 대해 어떤 생각이나 느낌이 들었는지 구체적으로 써야 합니다.

5 그림 ❷에서 아이들은 카드놀이를 하고 있고, 생각이나 느낌에 '재미있었다.'라고 하였습니다. '재미있었다.'라는 표현을 더 구체적으로 써 봅니다.

6 아버지께서 밥을 차려 주신 상황입니다.

7 무엇이 어떻게 맛있는지 자세하게 드러나도록 생각이나 느낌을 써 봅니다.

> **채점 기준** 단순히 '맛있다', '좋다'가 아닌 구체적인 표현을 넣어, 아버지께서 해 주신 음식을 먹을 때 들 수 있는 생각이나 느낌을 문장으로 쓰면 정답으로 합니다.

실천 배운 내용 마무리하기 `116쪽`

1 (1) ①   (2) ②
2 버리지 않고 다시
3 ③   **4** (3) ○
5 (1) 힘들어요   (2) 귀찮아요   (3) 신나요

1 '나눠 쓰기'는 나에게 필요가 없지만 다른 사람에게는 필요한 물건을 나누어 주는 것이고, '바꿔 쓰기'는 서로에게 필요한 물건을 바꾸어 쓰는 것입니다.

2 쓸 수 있는 물건을 버리지 않고 다시 쓰는 것이 '다시 쓰기'라고 했습니다.

3 두 친구는 동네에서 열리는 아나바다 행사에 같이 가기로 했습니다.

4 '즐거웠어.'와 '재미있었어.'는 겪은 일과 그렇게 느낀 까닭이 드러나지 않습니다.

5 (1) 웃는 그림과 '힘들어요'는 어울리지 않습니다. (2) 놀란 그림과 '귀찮아요'는 어울리지 않습니다. (3) 우는 그림과 '신나요'는 어울리지 않습니다.

단원 평가
117~119쪽

1 ㉡
2 (1) ○
3 ⑤
4 독도
5 자연을 본떠 만든 물건
6 (3) ×
7 ②
8 ②
9 (1) ○
10 ㉡
11 ③
12 ④
13 예 생일 선물로 받은 축구공을 깜빡하고 놀이터에 두고 왔는데, 다시 가 보니 축구공이 사라지고 없어서 정말 속상했다.
14 ②
15 (1) ② (2) ①
16 ②
17 (1) ① (2) ②
18 ㉡
19 지환
20 예 오늘 친구들과 함께 바람에 떨어지는 낙엽잡기를 했다. 낙엽을 하나도 못 잡은 건 섭섭했지만 친구들과 신나게 놀 수 있어서 좋았다.

1 아이 ㉡은 설명하는 내용을 잘 이해하고 따라서 종이 접기를 하고 있지만, 아이 ㉠은 설명을 이해하지 못해서 어떻게 해야 할지 모르고 있습니다.

2 '접은 색종이를 가위로 자르세요.'라는 설명에 따라야 합니다.

3 독도에 땅에 스며든 물이 땅 밖으로 모이는 곳이 있다는 내용은 제시된 부분에 나오지 않습니다.

4 이 글은 '독도'에 대해 설명하는 글입니다.

5 이 글은 민들레씨와 도꼬마리 열매와 같은 자연을 본떠 만든 물건을 소개하고 있습니다.

6 쉽게 붙였다 떼었다 할 수 있는 물건은 새나 짐승의 털에 잘 붙는 자연의 특성을 본떠 만들었습니다.

7 글을 읽고, 비행기에서 안전하게 땅으로 내려올 수 있는 낙하산의 쓰임새는 알 수 있지만 낙하산을 만든 때는 알 수 없습니다.

8 이 글은 사진을 찍을 때 지켜야 할 점을 설명하고 있습니다.

> **정답 친해지기** 제목이 없는 글에서 설명하는 대상을 찾으려면 글에서 반복해서 나오는 낱말이나 내용을 찾아보거나, 글에서 무엇을 설명하고 있는지 살펴봅니다.

9 글에서 사진을 찍을 때 내는 빛이 작품에 영향을 주기 때문에 사진을 찍으면 안 된다고 했습니다.

10 겪은 일과 그때의 마음을 함께 생각하여 쓰고, 마음을 표현할 때는 '즐거웠다.', '재미있었다.'라고만 표현하지 않도록 합니다.

> **정답 친해지기** 겪은 일을 정리하는 방법
> • 언제, 어디에서 있었던 일인지, 그때의 마음은 어떠했는지 생각해 봅니다.
> • 마음을 표현할 때는 '즐거웠다.', '재미있었다.'라는 표현만 쓰지 않고, 구체적으로 어떤 느낌이 들었는지 표현합니다.

11 '나'는 책가방을 탈탈 털어서 필통을 찾고 있습니다.

12 필통을 잃어버려서 새로 사 달라고 한 것이 벌써 세 번째이므로, 엄마께 다시는 필통을 잃어버리지 않겠다는 약속을 하고 새 필통을 샀을 것입니다.

13 소중한 물건을 잃어버린 경험을 떠올려 보고, 그때 어떤 마음이 들었는지 생각해서 써 봅니다.

> **채점 기준** 주인공처럼 물건을 잃어버린 경험을 떠올리고, 그 경험과 그때의 마음을 구체적으로 쓰면 정답으로 합니다.

14 준수는 "알림장 잘 써 왔어?"라는 엄마의 물음에 알림장을 꺼내려고 가방을 열어젖혔습니다.

15 준수는 자신있게 가방을 열어젖혔지만 알림장이 없는 것을 보고 당황스러웠을 것입니다.

16 현장 체험 학습을 간 일을 쓴 글입니다.

17 친구들과 함께 버스를 타고 수목원으로 간 것은 인물이 겪은 일이고, 재미있었다는 것은 나무의 이름을 보고 들었던 인물의 마음입니다.

18 '좋았다'라는 표현만 하지 않고 왜 그런 생각이나 느낌이 들었는지 그 까닭을 덧붙여 쓰면 느낌이 더 잘 드러납니다.

19 현지는 겪은 일만 말하고 겪은 일과 관련된 생각이나 느낌을 표현하지 않았습니다.

20 자신이 겪은 일과 그때의 마음을 되돌아보면서 친구들에게 소개하고 싶은 내용을 생각해서 써 봅니다.

> **채점 기준** 자신이 겪은 일과 그때 들었던 생각이나 느낌을 구체적으로 쓰면 정답으로 합니다.

> **정답 친해지기** 겪은 일이 잘 드러나게 글을 쓸 때에는 중심 내용을 바탕으로 겪은 일과 관련된 생각이나 느낌이 드러나게 글을 써야 합니다.

8. 느끼고 표현해요

1 ×　　　**2** 인물　　　**3** 마음
4 (1) ○　(2) ○　　　　**5** ○

준비　배울 내용 살펴보기　　　　　123쪽

1 ②　　　　**2** ⑤　　　　**3** (1) ○
4 미안해
5 🖎 친구에게 먼저 미안하다고 쪽지를 쓴 준이의 행동이 아주 멋지다는 생각이 들었다.

1 준이와 노는 건 정말 즐겁다고 했으므로 신이 나서 환하게 웃는 표정이 어울립니다.

2 준이와 싸우고 속상한 마음이 든 것을 '마음이 그랬어.'라고 표현하였습니다.

3 송이는 너무 화가 나 소리도 질렀다고 했으므로, 화가 나 소리를 질러서 얼굴이 빨개진 모습을 상상할 수 있습니다.

4 준이는 송이에게 자신의 미안한 마음을 표현하기 위해 쪽지에 '송이야 미안해.'라고 썼습니다.

5 송이에게 쪽지를 준 준이의 행동에 대한 자신의 생각이나 느낌을 정리해서 써 봅니다.

> **채점 기준** 준이의 행동을 보고 떠오르는 자신의 생각이나 느낌을 완전한 문장으로 쓰면 정답으로 합니다.

소단원 1　기본 장면을 떠올리며 시 낭송하기　124쪽

1 재채기　　**2** ③, ⑤　　**3** 유나
4 (1) ○

1 책상에 재채기를 했더니 책상이 감기 들었다고 하였습니다.

2 '나'가 누워서 연필, 공책, 가방을 보니 연필, 공책, 가방도 자신처럼 힘들어서 누워 있는 것처럼 보인 것입니다.

3 감기가 낫고 싶고, 학교에 가서 친구들을 만나고 싶은 마음이 들어서 한 말입니다.

4 감기에 들어 힘들고 아픈 '나'가 감기에게 오늘은 학교에 갈 수 있도록 얼른 낫게 해 달라고 부탁하는 상황이므로 힘없고 간절한 목소리로 낭송하는 것이 어울립니다.

> **정답 친해지기** 시를 낭송할 때에는 시 속 인물의 마음을 생각하며 목소리 크기와 속도를 정합니다. 또한 연과 행이 바뀌는 부분을 띄어 읽고 반복되는 부분에서는 느낌을 살려 읽습니다.

소단원 1　통합 인물의 모습과 행동 상상하기　125~126쪽

1 🖎 슬펐을 것이다. / 화가 났을 것이다.
2 (1) ①　(2) ②　**3** ①, ②　　**4** (1) ○
5 브로콜리, 아이　**6** ①　　**7** ①, ⑤
8 (2) ○

1 아이들이 싫어하는 채소 1위에 자신이 뽑혔다는 이야기를 들은 브로콜리는 화가 나고 슬펐을 것입니다.

2 ㉮에서는 소시지처럼 분홍색으로 변한 브로콜리의 모습을, ㉯에서는 라면처럼 꼬불꼬불해진 브로콜리의 모습을 상상해 볼 수 있습니다.

3 브로콜리는 소시지처럼 분홍색이 되어 보기도 하고, 라면처럼 뽀글뽀글 파마를 하기도 했으나 하나도 효과가 없었습니다.

4 아이들에게 사랑받기 위해 노력을 했지만 효과가 없었으므로 여전히 아이들이 싫어할 것이라고 생각하며 슬프고 시무룩한 표정일 것입니다.

5 이야기 속에서 말이나 행동, 생각을 하는 이를 인물이라고 합니다. 이 글에 나오는 인물은 '브로콜리'와 '아이'입니다.

6 브로콜리는 이별 선물로 브로콜리수프를 만들었습니다.

7 브로콜리는 열심히 만든 브로콜리수프가 맛있다는 이야기를 들어서 기분이 좋고, 아이들에게 사랑받을 수 있다는 희망도 생겨 기뻤을 것입니다.

8 자신이 사랑받을 방법을 찾았기 때문에 브로콜리는 기분이 좋고 신났을 것입니다.

소단원 2 · 기본 연극을 보고 인물의 행동과 생각 알기 · 127~128쪽

1 ④ 2 ⑤ 3 (2) ×
4 ④ 5 ⑤
6 예 깨졌다. / 부서졌다.
7 (1) ② (2) ① (3) ③
8 예 내가 농부라면 공정한 판결은 내려 주지 않고 오히려 항아리를 빼앗은 원님에게 항아리를 돌려 달라고 말할 것이다.

1 '요술 항아리'는 말이나 행동을 하지 않고 생각도 하지 않기 때문에 인물이 아닙니다.

> 정답 친해지기 이야기 속에서 말이나 행동, 생각을 하는 이를 '인물'이라고 합니다.

2 농부와 대감이 서로 요술 항아리가 자기의 것이라고 다투다가 원님에게 판결을 내려 달라고 부탁했습니다.

3 대감이 요술 항아리를 빼앗으려고 한 일은 원님이 요술 항아리를 가지기 전에 일어난 일입니다.

4 원님은 요술 항아리가 욕심이 나서 자신이 가졌고, 장면 ⑤와 같은 문제가 생겼습니다. 이에 장면 ⑥에서 원님은 자신의 것이 아닌 요술 항아리를 가진 것을 후회하였습니다.

5 대감은 농부가 발견한 요술 항아리가 탐이 나서, 요술 항아리가 자기 땅에 있던 것이니 자기 것이라고 말하고 있습니다.

6 마지막 장면에서 원님이 항아리를 깨부숴야겠다고 말하였습니다.

> 정답 친해지기 앞으로 일어날 일을 미루어 짐작할 때에는 해당 상황이 나오는 장면을 자세히 살펴봅니다.

7 각 장면에 나타난 인물의 말과 행동을 보면 인물의 생각을 짐작할 수 있습니다.

8 「요술 항아리」 속 인물 중 하나를 골라, 내가 그 인물이라면 어떻게 행동하거나 말했을지 상상하여 써 봅니다.

> 채점 기준 「요술 항아리」에 등장하는 인물 중 한 명을 고르고, 자신이라면 어떻게 행동했을지 상상해 어떠한 말과 행동을 할지 구체적으로 쓰면 정답으로 합니다.

소단원 2 · 통합 이야기를 읽고 생각이나 느낌 나누기 · 129~130쪽

1 여우, 늑대 아저씨 2 ②
3 ③ 4 다음 5 (2) ○
6 ④, ⑤ 7 (1) ㉣, ㉢ (2) ㉠, ㉡
8 예 앞으로는 서로 인사하면서 친하게 지내길 바라요.

1 이 이야기에는 여우와 늑대 아저씨가 나옵니다.

2 늑대 아저씨네 옆집에 여우 가족이 이사를 와서 여우와 늑대 아저씨는 옆집에 사는 이웃입니다.

3 여우와 늑대 아저씨는 서로 알아보았지만 인사를 하지 않았습니다.

4 늑대 아저씨는 '다음에 또 보겠지.'라고 생각하였고, '여우는 다음에 하지.'라고 생각하였습니다.

5 여우는 자기가 먼저 인사하면 지는 거라고 생각하였습니다.

6 옆집에 사는 사이인 것을 아는데 인사를 하지 않았고, 계속 마주쳤기 때문에 불편한 마음이 들었습니다.

7 서로 인사하기 전에는 불편하고 어색했지만, 인사한 후에는 반갑고 개운했을 것입니다.

8 자신이 이야기 속 인물이라면 어떻게 할지 생각해 보고, 이야기 속 인물에게 해 주고 싶은 말을 정리하여 써 봅니다.

> 채점 기준 자신이 여우나 늑대 아저씨라면 어떻게 행동했을지 상상해 보고, 서로 아는 사이인데도 인사를 하지 않은 인물들에게 하고 싶은 말을 쓰면 정답으로 합니다.

국어 활동 · 131쪽

1 (2) ○ 2 ㉣
3 후회스럽다, 부끄럽다 4 수민

1 날씨가 무척 추워서 손을 주머니에 넣고 몸을 움츠리고 학교에 가고 있으므로 이와 관련된 장면을 떠올려야 합니다.

2 ㉣의 행동에서는 청년의 성격이 드러나지 않습니다.

3 청년은 자신의 행동을 부끄럽게 여기고 후회했을 것입니다.

> **정답 친해지기** · '후회스럽다'는 이전의 잘못을 깨치고 뉘우칠 데가 있다는 뜻입니다.
> **예** 거짓말을 한 것이 후회스럽다.
> · '부끄럽다'는 떳떳하지 못하다 또는 수줍다는 뜻입니다.
> **예** 나는 거짓말을 한 내 자신이 부끄럽다. / 남 앞에 나서는 것이 부끄럽다.
> · '시시하다'는 신기할 정도로 묘하거나 훌륭한 데가 없고 하찮다. 또는 좀스럽고 쩨쩨하다는 뜻입니다.
> **예** 영화가 시시하게 끝났다. / 시시하게 굴다.
> · '답답하다'는 애가 타고 갑갑하다는 뜻입니다.
> **예** 소식을 몰라 답답하다.
> · '샘내다'는 샘하는 마음을 먹다. 또는 샘을 부리다는 뜻입니다.
> **예** 동생은 언제나 형을 부러워하고 샘냈다.
> · '행복하다'는 충분한 만족과 기쁨을 느끼어 흐뭇하다는 뜻입니다.
> **예** 행복한 사람
> · '수상하다'는 보통과는 달리 이상하여 의심스럽다는 뜻입니다.
> **예** 저 사람 행동이 수상하다.

4 이 이야기 속 청년에게는 말을 함부로 하면 안 된다는 이야기를 해 줄 수 있습니다.

실천 배운 내용 마무리하기 132쪽

1 나, 동생   **2** 콧구멍   **3** 영준
4 ④   **5** (2) ○
6 (1) 표현해   (2) 구별해
7 (1) ②   (2) ①

---

1 이 시에 나오는 인물은 '나'와 '동생'입니다. '강아지풀'은 인물이 아닙니다.

2 말하는 이는 강아지풀을 꺾어 와서 동생의 콧구멍에 대고 간질였습니다.

3 말하는 이는 잠든 동생의 콧구멍을 간질이면 동생이 깜짝 놀라서 깰 것이라고 기대했을 것입니다.

4 예상했던 것과 달리 동생이 아무런 반응을 보이지 않아 당황했을 것입니다.

5 말하는 이가 강아지풀로 동생의 콧구멍을 간질였는데도 동생이 아무런 반응이 없다고 했으므로 (1)의 장면은 시의 내용과 어울리지 않습니다.

> **정답 친해지기** 시 「강아지풀」을 읽고 떠올릴 수 있는 장면 **예**
> · 동생이 꾸벅꾸벅 졸고 있는 장면
> · 아이가 강아지풀을 꺾는 장면
> · 강아지풀을 든 아이가 동생에게 조심조심 걸어가는 장면
> · 아이가 강아지풀을 동생의 코에 대고 간지럽히는 장면
> · 동생이 반응이 없는 것을 본 아이가 당황하는 장면 등

6 (1)에는 생각이나 느낌 따위를 언어나 몸짓 따위로 나타낸다는 뜻의 '표현해'가, (2)에는 성질이나 종류에 따라 갈라놓는다는 뜻의 '구별해'가 들어가야 합니다.

7 각 낱말의 뜻을 생각하여 선으로 이어 봅니다.

단원평가 133~135쪽

1 ①, ⑤   **2** (2) ×   **3** (1) ○
4 **예** 감기에 걸렸다. / 감기에 걸려 누워 있다.
5 ①, ③   **6** (2) ×   **7** 싫어하는
8 (1) ○   **9** ③, ⑤   **10** ③
11 ①   **12** (1) ○
13 **예** 요술 항아리가 욕심이 난다고 빼앗다니 정말 나쁜 행동이라고 생각해요. 앞으로 백성을 위해 옳은 판결을 내려 주세요.
14 (1) ○   **15** 불편해
16 **예** 내가 여우라면 처음 늑대 아저씨를 봤을 때 인사를 하지 않았더라도 두 번째로 봤을 때는 용기를 내 인사했을 것이다.
17 너무 가벼워서   **18** ②, ⑤
19 ③   **20** ①

---

1 준이와 싸웠을 때 송이는 속상하고 너무 화가 났을 것입니다.

2 송이는 혼자 그네를 탈 때 재미가 없고 마음이 텅텅 빈 상자 같고 허전하다고 하였습니다.

3 준이가 미안하다고 쓴 쪽지를 본 송이의 마음이 어떠했을지 짐작해 보면 송이가 어떤 행동을 할지 상상할 수 있습니다.

4 이 시에서 '나'는 감기에 걸려 누워 있습니다.

5 이 시에서 '나'는 감기에 걸려 재채기를 하고 누워 있으므로 이와 관련된 장면을 떠올릴 수 있습니다.

> **정답 친해지기** 시 「감기」를 읽고 떠올릴 수 있는 장면 예
> • 아이가 재채기를 하는 장면
> • 아이가 아파서 누워 있는 장면
> • 아이가 누워서 연필, 공책, 가방을 보는 장면 등

6 '나'가 다니는 학교가 어디인지는 생각할 필요가 없습니다. 시를 낭송할 때는 시 속 인물의 모습을 상상하고, 인물의 마음을 생각하며 낭송합니다.

> **정답 친해지기** 시 「감기」를 낭송하는 방법
> • 감기에 걸렸던 경험과 시의 내용을 바탕으로 시의 장면을 떠올려 봅니다.
> • 감기에 걸려 재채기하는 시 속 인물의 모습을 상상해 봅니다.
> • 시 속 인물의 마음을 생각하고 시의 분위기를 살려 낭송합니다.
> • 반복되는 말의 느낌을 살려 읽습니다.

7 '나'는 아이들이 싫어하는 채소 1위에 자신이 뽑혔다는 소식을 듣고 밤새도록 펑펑 울었습니다.

8 '나'는 사랑받는 친구들을 다 따라 해 볼 것이라고 했습니다.

> **정답 친해지기** '나'는 사랑받는 친구들을 따라해 보며 소시지처럼 분홍색이 되어 보기도 하고, 라면처럼 뽀글뽀글 파마를 하기도 했습니다.

9 브로콜리는 아이들에게 사랑받기 위해 아이들에게 사랑받는 다른 친구들을 따라 해 보며 노력을 하였지만 효과가 없었으므로 어깨가 축 처지고 시무룩한 모습과 눈물이 그렁그렁한 모습이 어울립니다.

10 '나'는 아이들에게 사랑받으려고 여러 가지 노력을 했지만 모두 효과가 없었으므로 아이들에게 사랑받는 모습을 상상하는 것은 알맞지 않습니다.

> **정답 친해지기** 이 시에서는 날씨가 추워서 몸을 잔뜩 웅크리고 학교에 가는 인물의 모습을 떠올릴 수 있습니다.

11 ⊙은 인물의 모습이 아니라 추운 날씨가 떠오릅니다.

12 원님은 요술 항아리가 욕심이 나서 자신이 가졌으므로 (1)의 생각이 어울립니다.

13 원님의 말과 행동을 보고 원님에게 어떤 말을 해 주면 좋을지 생각해서 써 봅니다.

> **채점 기준** 욕심을 내면 안 된다거나 공정한 판결을 내려달라는 등 요술 항아리를 빼앗은 원님에게 해 줄 말을 생각해 쓰면 정답으로 합니다.

14 여우와 늑대 아저씨는 서로 인사를 하지 않아서 불편한 마음을 느꼈습니다.

15 글 ④에서 여우와 늑대 아저씨는 불편하다고 생각하였습니다.

16 여우나 늑대 아저씨의 입장이 되어 자신이라면 어떻게 했을지 생각해서 써 봅니다.

> **채점 기준** 인사와 관련된 자신의 경험을 떠올려 보고, 자신이라면 어떻게 행동했을지를 생각해 완전한 문장으로 쓰면 정답으로 합니다.

> **정답 친해지기** 이야기를 읽고 생각이나 느낌을 나누는 방법
> • 인물의 마음을 짐작하고 인물에 대해 자신은 어떻게 생각하는지 표현해 봅니다.
> • 자신의 이야기 속 인물이라면 어떻게 할지 생각해 보고 인물에게 해 주고 싶은 말을 정리해 봅니다.

17 깃털이 너무 가벼워 바람에 모두 날아가 버렸다고 하였습니다.

18 말은 한번 내뱉으면 주워 담을 수 없다는 할아버지의 말은, 말을 신중히 하고 다른 사람에 대해 함부로 이야기하지 말라는 교훈을 줍니다.

19 시에 동생이 잠에서 깨 재채기를 하는 모습은 나타나지 않습니다.

20 생각했던 반응이 나오지 않아 당황한 마음이 어울립니다.

한·끝·시·리·즈　교과서 학습부터 평가 대비까지 한 권으로 끝! 국어 공부의 진리입니다.

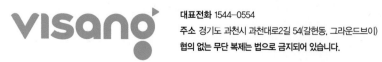

visang

대표전화 1544-0554
주소 경기도 과천시 과천대로2길 54(갈현동, 그라운드브이)
협의 없는 무단 복제는 법으로 금지되어 있습니다.